Erbrou Olga Guttke

Tala svenska

Ein Lehrwerk der schwedischen Sprache

Zeichnungen: Stefan Guttke

GROA
VERLAG

Gewidmet
meinen Kursteilnehmerinnen und Kursteilnehmern

Danksagung
Von Herzen danke ich meiner Mutter Frauke Natusch für alle Ratschläge, Ideen und ihre große Unterstützung, der VHS Lübeck, insbesondere Doris Schmittinger, die mit Geduld und unermüdlichem Einsatz die Entstehung dieses Lehrwerks von Anfang an begleitet hat, meinen Kursteilnehmerinnen und Kursteilnehmern für Geduld und viele Anregungen, den Lehrern an der VHS Lübeck für ihr Vertrauen und ihren Einsatz bei der Einführung von **Tala svenska**, Ann-Christin Olofsson, Kristianstad, für Korrekturlesung und fachliche Durchsicht, meinen Schwiegereltern Hanne-Lore und Siegfried Guttke, Herrn Dietmar Frank und Herrn Hans Wolfgang Jargstorff für ihre Hilfe und Unterstützung bei der Herausgabe dieses Lehrwerks.

Weiter möchte ich mich für die freundliche Bereitstellung von Beiträgen, Fotos und Informationsmaterialien ganz herzlich bedanken bei:
Carl Larsson - gården, Destination Stockholm, Dolomite Svenska AB, Sanna Ekholm-Jensen, Helena Falkman, Rainer Grauheding (SCA Holz), Göteborg & Co AB, Tommy Gustavsson (Turism & Fritid, Kristianstad), Karin Hallengren (Kristianstadsbladet), Hässleholms kommun, Hotell Eggers (Göteborg), Vinzenz Hubrich, IKEA Älmhult, Invandrartidningen "På Lätt Svenska", Marika Johansson, Kartcentrum (Vällingby), Stephanie Klöpf, Kolmårdens Djurpark, Kirsten Kopiske, Kristianstads filmmuseum, Kuossinjarka Stugby, Annegret Kussatz, Kerstin Kvint (Literary & Co-Produktion Agency), Laholm Turist, Länsförsäkringar (Kristianstad), Lindvallen (Sälen), Luftfartsverket (Stockholm-Arlanda Flygplats), Malmö Turist & Kongress AB, Mårbackastiftelsen, meiner Schwester Sophia Natusch, meinem Vater Wolfgang Natusch, Beata Niewinna, Nils Olsson Hemslöjd AB, Norrbottens Turistråd AB, Ölands Turist AB, Henrik Palm, Bernd Peisker, Dorothee Sachs, Fredrik Sandell, Peter Schepke, Sabine und Walter Schleiermacher, Siljan Turism AB, SJ Persontrafikdivisionen, Skånes Turistråd, Sockenföreningen (Everöd), Karin und Heiko Staack, Studio Glashyttan (Hanne Dreutler und Arthur Zirnsack, Åhus), Sveriges Kommunikationer, Marita Thiel, Rolf Timmermann, Uppsala Turist & Kongress AB, Värmlands Turistråd, Vasamuseet, Vattenfall Support AB, Wasabröd AB, Wisby Hotell, meiner Großtante Engel-Marlen Wittern, meiner Tante Wibke Wittern, Åhléns AB, Åremarks Lanthandel.

Und besonders danke ich meinem Mann, der mir immer zur Seite stand und die Entstehung dieses Lehrwerks überhaupt erst ermöglicht hat.

Zum Lehrbuch sind erhältlich:
Übungsbuch ISBN 978-3-933119-10-0
CD ISBN 978-3-933119-22-3

2. Auflage 2007

Gestaltung: Jargstorff & Design, Kiel, und Stefan Guttke
Umschlagfoto: Hans Wolfgang Jargstorff
Druck: Druckhaus Schöneweide, Berlin

Printed in Germany - ISBN 978-3-933119-00-1

Vorwort

Das Lehrwerk **Tala svenska** ist ein zeitgemäßes Lehrkonzept "aus der Praxis für die Praxis". Es richtet sich an alle, die sich für einen Aufenthalt in Schweden vorbereiten möchten oder beruflich mit der schwedischen Sprache in Kontakt kommen. Es ist flexibel einsetzbar in verschiedenen Kursarten und Institutionen. **Tala svenska** besteht aus Lehrbuch, Übungsbuch und einer CD-Einspielung (3 CDs).

Tala svenska legt den Schwerpunkt auf mündliche Kommunikation und kreatives Lernen. Die vielen aus dem Leben gegriffenen Dialoge machen mit typischen Urlaubs- und Alltagssituationen vertraut. Die spielerisch und motivierend aufgebauten **Tala svenska**-Übungen führen von der ersten Stunde an zum freien und situationsgerechten Sprechen. Stetiger Wechsel von Paar-, Kleingruppen- und Gesamtgruppenübungen ermöglicht einen variierten, attraktiven Unterricht. Die Fertigkeiten Sprechen, Schreiben, Hören und Lesen sind intensiv miteinander verknüpft.

In den Dialogen und Texten vermittelt **Tala svenska** sprachliche und grammatische Strukturen, Redewendungen und einen soliden Grundwortschatz. Die Gliederung nach Themenbereichen mit zusammenhängenden Wörtergruppen führen zu schneller und systematischer Wortschatzerweiterung.

Die grammatischen Strukturen sind systematisch und überschaubar als Grammatik-Kästchen mit Beispielen aus dem alltäglichen Sprachgebrauch dargestellt. Sie sind außerdem ausführlich im Übungsbuch auf Deutsch erklärt.

Das Übungsbuch ist sorgfältig auf das Lehrbuch abgestimmt. Es ist abwechslungsreich und anregend gestaltet und bietet mit Hilfe vieler verschiedener Übungstypen die Möglichkeit, bereits gewonnene Sprachkenntnisse zu festigen. Die Hörverständnisübungen nehmen Bezug zum Thema und erweitern es. Im Übungsbuch finden sich neben der ausführlichen Grammatik u.a. auch abschnittweise gegliederte chronologische Vokabellisten, Hinweise zur Aussprache und zu "false friends" und die Lösungen zu den Übungen.

Tala svenska hat eine klare graphische Aufbereitung. Die Zeichnungen sind anregend gestaltet und fordern zum Sprechen auf. Unterstützt von vielen Fotos bietet das Lehrwerk ein breites Spektrum an landeskundlichen Informationen, die den Blick auf Landestypisches und kulturelle Besonderheiten lenken. Ein weiterer Pluspunkt sind die alphabetischen Wörterverzeichnisse Schwedisch - Deutsch und Deutsch - Schwedisch.

Der transparente und leicht nachvollziehbare Aufbau ermöglicht es den Lernenden, die schwedische Sprache nicht nur im Unterricht, sondern auch selbst schrittweise zu entdecken. **Tala svenska** ist ein liebevoll zusammengestelltes Buch, das das nötige Rüstzeug gibt, um sich frei und sicher auf Schwedisch zu verständigen.

Viel Freude und Erfolg beim Lernen!

Doris Schmittinger, Volkshochschule Lübeck

Liebe Kursteilnehmerin, lieber Kursteilnehmer, liebe Kursleiterin, lieber Kursleiter!

Bevor Sie in die schwedische Sprache hineintauchen, möchten wir jedes Lernmoment in diesem Buch kurz erläutern, damit Sie gleich mit **Tala svenska** zurechtkommen.

Zeichenerklärung:

Der Dialog oder Text ist auf der CD eingespielt

Landeskundliche Information

Mündliche Sprechübung

Übung in der ganzen Gruppe

Übung zu viert

Übung zu zweit

Die Auftaktseiten:

Die Auftaktseiten geben Auskunft über das Lernziel des jeweiligen Abschnitts.

Die Dialoge und Texte:

Die Dialoge führen Sie durch die typischen Urlaubs- und Alltagssituationen. Alle längeren Dialoge sind auf der CD eingesprochen und eignen sich auch gut als Hörverständnisübungen. Die Texte vertiefen die Sprachkenntnisse und behandeln kulturelle Besonderheiten und Ausflugsziele Schwedens oder sind authentische Berichte.

Die Tala svenska-Übungen:

Diese Übungen, die meistens als Partner- oder Kleingruppenübung gestaltet sind, führen Sie spielerisch in Alltagssituationen hinein. Mit den **Tala svenska**-Übungen festigen Sie Wortschatz, grammatische Strukturen, sprachliche Wendungen und lernen frei und kreativ mit der Sprache umzugehen.

Die Grammatik:

Die grammatischen Strukturen sind abschnittsweise in Grammatik-Kästchen systematisch und schematisch mit Beispielen aus dem alltäglichen Sprachgebrauch dargestellt. Sie können bei den freieren mündlichen Übungen auch als Stütze dienen.
Die Grammatik-Übung im Anschluß sollte der erste Schritt in das neue grammatische Moment sein. Bei den meisten Übungen ist es ratsam, sie gemeinsam in der ganzen Gruppe durchzugehen.
Die Übung dient der Festigung, und aufkommende Fragen können gleich geklärt werden. Die Lösungen zu vielen Übungen finden Sie im Anhang des Lehrbuches.
Die ausführliche deutsche Erklärung zu den einzelnen grammatischen Momenten finden Sie im Übungsbuch abschnittsweise gebündelt. Sie ist als Ergänzung zum Grammatik - Kästchen zu sehen und kann durch die dazugehörige alphabetische Übersicht auch als Nachschlagewerk benutzt werden.

Die landeskundlichen Informationen:

Unter diesem Punkt finden Sie Kommentare zu landestypischen Besonderheiten.

Die Vokabeln:

Die Vokabeln der Dialoge und Texte sind chronologisch geordnet und abschnittsweise im Übungsbuch gebündelt. Dort werden auch Besonderheiten, z.B. “false friends”, und leicht verwechselbare Wörter erläutert. Außerdem finden Sie in den Wörterverzeichnissen Schwedisch - Deutsch, Deutsch - Schwedisch im Lehrbuch den Gesamtwortschatz von **Tala svenska**. Hier sind auch Wörter aus den Übungsanweisungen und Übungen zu finden.

Das Übungsbuch:

Das Übungsbuch enthält zahlreiche schriftliche Übungen und Hörverständnisübungen, die den gelernten Stoff festigen. Die vielen Kreuzworträtsel und spielerischen Übungen werden Ihnen hoffentlich das “Arbeiten” an der Grammatik und der schwedischen Sprache erleichtern.
Im Übungsbuch finden Sie außer den Übungen die Ausspracheregeln, Gesamtgrammatik, Vokabeln der Abschnitte, eine alphabetische Liste über unregelmäßige Verben, die Lösungen zu den schriftlichen Übungen und dort integriert die Tapescripts der Hörverständisübungen.

Die CD-Einspielung

Die CD-Einspielung bietet mit ihrer Länge von über 200 Minuten reichlich eingesprochene Dialoge, einige Texte, sowie einige schwedische Volkslieder.

Der GROA Verlag wünscht Ihnen viel Erfolg beim Lernen, viel Spaß bei den Übungen und Spielen und natürlich schöne Aufenthalte in Schweden.
Wir sind immer offen für Vorschläge und Anregungen und werden diese gern bei Neuauflagen berücksichtigen.

Erbrou Olga Guttke

Plön im April 1998

Inhalt

Avsnitt 21 — *Sehenswürdigkeiten* — 123

Themen, Wörtergruppen und Landestypisches:
Über Sehenswürdigkeiten und Urlaubserlebnisse erzählen - Wörter im Zusammenhang mit Sehenswürdigkeiten und Geschichte - etwas über die "Vasa"- Fragespiel über Sehenswürdigkeiten und Ausflugsziele in Schweden

Redeabsichten: Diabilder oder Fotos beschreiben - über Sehenswürdigkeiten und Ausflugsziele berichten - Interesse und Neugier zeigen - um Verzeihung bitten - etwas berichtigen - Erstaunen ausdrücken - etwas bestätigen - ausdrücken, daß man etwas wiedererkennt - Zeitdauer und Zeitpunkt ausdrücken

Dialog: En trevlig kväll med diabilder
Text: Regalskeppet Vasa

Grammatik:
- Das Verb- einfaches Passiv (*s*-Passiv)
- Die Präposition - einige temporale Präpositionen

Avsnitt 22 — *Gesundheit* — 129

Themen, Wörtergruppen und Landestypisches:
Ein Arztbesuch - Wörter im Zusammenhang mit Untersuchung, Krankheiten und Medikamenten - über körperliche Beschwerden sprechen - Körperteile (Memoryspiel) - die schwedische *personnummer* - über Gesundheit und Wohlbefinden reden - einige schwedische Gedichte

Redeabsichten: Jemanden hereinbitten - nach dem Wohlbefinden fragen und darauf reagieren - über Krankheitssymptome und Behandlung sprechen - Wendungen im Zusammenhang mit der ärztlichen Untersuchung - Zweck angeben - jemanden beruhigen - gute Besserung wünschen und darauf reagieren - über Gesundheit und Fitness sprechen

Dialog: Hos läkaren
Text: Några svenska dikter

Grammatik:
- Das Verb - Deponentien

Avsnitt 23 — *Diskussion, Umweltfragen, Fakten über Schweden* — 135

Themen, Wörtergruppen und Landestypisches:
Wörter im Zusammenhang mit Argumentation und Diskussion - etwas vergleichen - Umweltfragen - Daten über Schweden (Geografie, Bevölkerung, Politik, Industrie) - über das Thema Rauchen diskutieren

Redeabsichten: Loben - etwas erklären - einen eigenen Standpunkt vertreten - widersprechen - zustimmen - jemanden von etwas überzeugen - Wichtigkeit ausdrücken - etwas bezweifeln - Verständnis, Skepsis und Überzeugung zum Ausdruck bringen - Vor- und Nachteile erörtern - über Energiesparen sprechen - Dinge miteinander vergleichen

Dialog: En diskussion om miljöfrågor
Text: Sverige i stora drag

Grammatik:
- Das Adjektiv - regelmäßige und unregelmäßige Komparation

Avsnitt 24 — *Einladung und Weihnachten* — 141

Themen, Wörtergruppen und Landestypisches:
Ab- und Zusagen bei einer Einladung - eine Einladung schreiben - Wörter im Zusammenhang mit Weihnachten - schwedische Weihnachtsgebräuche - *julbord* in Schweden - über eigene Weihnachtstraditionen erzählen - ein Ausschnitt aus "Barnen på Bråkmakargatan" von Astrid Lindgren

Redeabsichten: Absagen und zusagen bei einer Einladung - eine Absage begründen - ein Telefongespräch einleiten - Freude ausdrücken - etwas bedauern - einen Vorschlag machen - viel Spaß wünschen - sich für den Anruf bedanken - über das eigene Weihnachtsfest sprechen - etwas assoziieren - Äußerung von Dritten wiedergeben

Dialog: Att tacka nej
Text: *Ur* Barnen på Bråkmakargatan (Astrid Lindgren)

Grammatik:
- Das Adjektiv - Superlativ (bestimmte Form)
- Direkte und indirekte Rede, direkter und indirekter Fragesatz

AVSNITT 1

In diesem Abschnitt lernen Sie u.a.
- sich zu begrüßen und zu verabschieden
- zu sagen, wie Sie heißen
- zu sagen, woher Sie kommen
- das Personalpronomen
- den Gebrauch des unbestimmten Artikels
- das Alphabet
- die Grundzahlen bis 10

Marstrand

Schloß Kalmar

Dalapferd in Mora

Lappland

Strand bei Yngsjö

1 Hej!

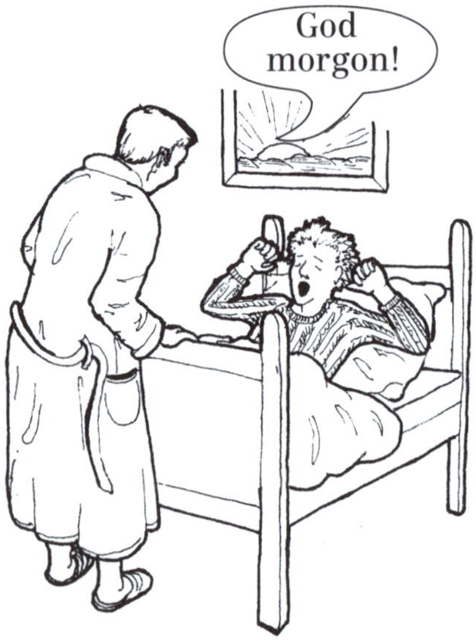

TALA SVENSKA

Bilden Sie einen Kreis. Werfen Sie sich einen kleinen Ball zu und üben Sie nacheinander sich zu begrüßen und sich zu verabschieden.

2 Jag heter...

- Hej, jag heter Ulrika.
- Hej! Karin heter jag.

TALA SVENSKA

Werfen Sie wieder einander den Ball zu und sagen Sie dabei, wie Sie heißen (wie im Beispiel oben).

3 Ett samtal i Malmö

P: en pojke M: en man

P: Vad heter du?
M: Jag heter Rune. Och vad heter du?
P: Jag heter Pelle.
M: Jaså, Pelle.
P: Du Rune?
M: Ja.
P: Kommer du från Malmö?
M: Ja. Och du Pelle, varifrån kommer du?
P: Jag är också från Malmö. ..... Du Rune?
M: Sch... Pelle, vi fiskar.

4 Nach dem Namen und der Herkunft fragen

TALA SVENSKA

Fragen Sie sich gegenseitig, wie Sie heißen und woher Sie kommen.

5a Das Personalpronomen

Vad heter *du*?
Jag heter Lena.
Varifrån kommer *hon*?

Singular	Plural
jag	vi
du	ni, ni (Anrede)
han	de*
hon	
den	
det	

*Das Pronomen *de* wird in der Umgangssprache „dom" ausgesprochen.

5b

Welches Personalpronomen ist jeweils einzufügen?

1. Varifrån kommer Sven?	... kommer från Malmö.
2. Kommer Lisa från Göteborg?	Nej, ... kommer från Stockholm.
3. Vad heter ... ?	Jag heter Kalle.
4. Varifrån kommer Anna?	... kommer från Kiruna.
5. Vad heter ... ?	Vi heter Göran och Britta.
6. Vad heter de?	... heter Eva och Olle.
7. Kommer Nils från Stockholm?	Nej, ... kommer från Uppsala.
8. Varifrån kommer du?	... kommer från Kalmar.

6 Det här är Lotta

E: Ella M: Maria N: Nils

E: Åh, vad söt. Är det en flicka?
M: Nej, det är en pojke. Alexander heter han.
E: Hej, hej Alexander! Vad söt han är! Och ni två? Vad heter ni?
N: Jag heter Nils, och det här är Lotta.

7 Die Namenskette

TALA SVENSKA

Machen Sie folgende Übung:
Einer beginnt, sich vorzustellen "Jag heter ... och jag kommer från ...". Der Nächste wiederholt: "Det här är ... och hon/han kommer från ... . Jag heter ... och jag kommer från ..." usw.

Apropos Du oder Sie im Schwedischen?
Ob geduzt oder gesiezt wird, darin sind sich auch die Schweden manchmal unsicher. Noch vor einigen Jahren wurde fast ausschließlich geduzt. Heute wird das förmliche *ni* wieder mehr gebraucht; immer öfter werden Sie auf der Post, Bank, in vielen Bekleidungsgeschäften und in Restaurants gesiezt, wenn Sie älter als 35 Jahre eingeschätzt werden. In der Geschäftswelt wird gesiezt, wenn man sich nicht kennt. Unter Jugendlichen und Gleichaltrigen wird nach wie vor geduzt.

8a
Das Substantiv - Genus und unbestimmter Artikel

Utrum	Neutrum
Det är ***en*** flicka.	***Ett*** samtal i Malmö

8b

In der folgenden merkwürdigen Wortreihe sind vier Substantive versteckt. Suchen Sie diese Substantive heraus und nennen Sie den Artikel. Finden Sie noch andere Wörter?

sötipojkettvåmanejasamtalhanfrånochonflickadjöjagoddag

9
Das Alphabet

Das schwedische Alphabet hat, wie Sie sehen, drei Buchstaben mehr als das deutsche.
Å, Ä und Ö stehen auch in den schwedischen Lexika an letzter Stelle!
Hören Sie sich die CD an und sprechen Sie die Buchstaben nach! Beachten Sie besonders die Vokale und üben Sie die Aussprache sorgfältig!
Mehr über die Aussprache der Buchstaben und der Vokale finden Sie im Übungsbuch.

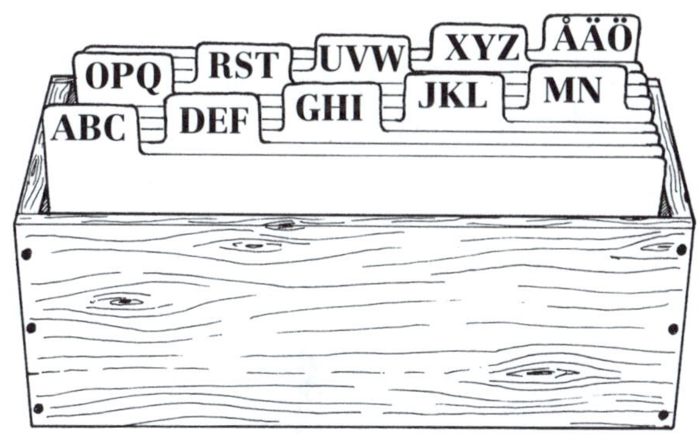

10a
Die Grundzahlen 0 - 10

0 noll	
1 ett (en)	6 sex
2 två	7 sju
3 tre	8 åtta
4 fyra	9 nio
5 fem	10 tio

10b

Hören Sie die CD und sprechen Sie nach!
Lassen Sie sich viel Zeit beim Üben der Aussprache und gehen Sie erst weiter zur nächsten Übung, wenn Sie meinen, die Zahlen 0 - 10 zu können.

11 Sverige

TALA SVENSKA

Stellen Sie sich gegenseitig Fragen und beantworten Sie diese nach folgendem Muster:

Var ligger Malmö?
Malmö ligger i ruta Ö-3.

Wo liegt Malmö?
Malmö liegt im Feld Ö-3.

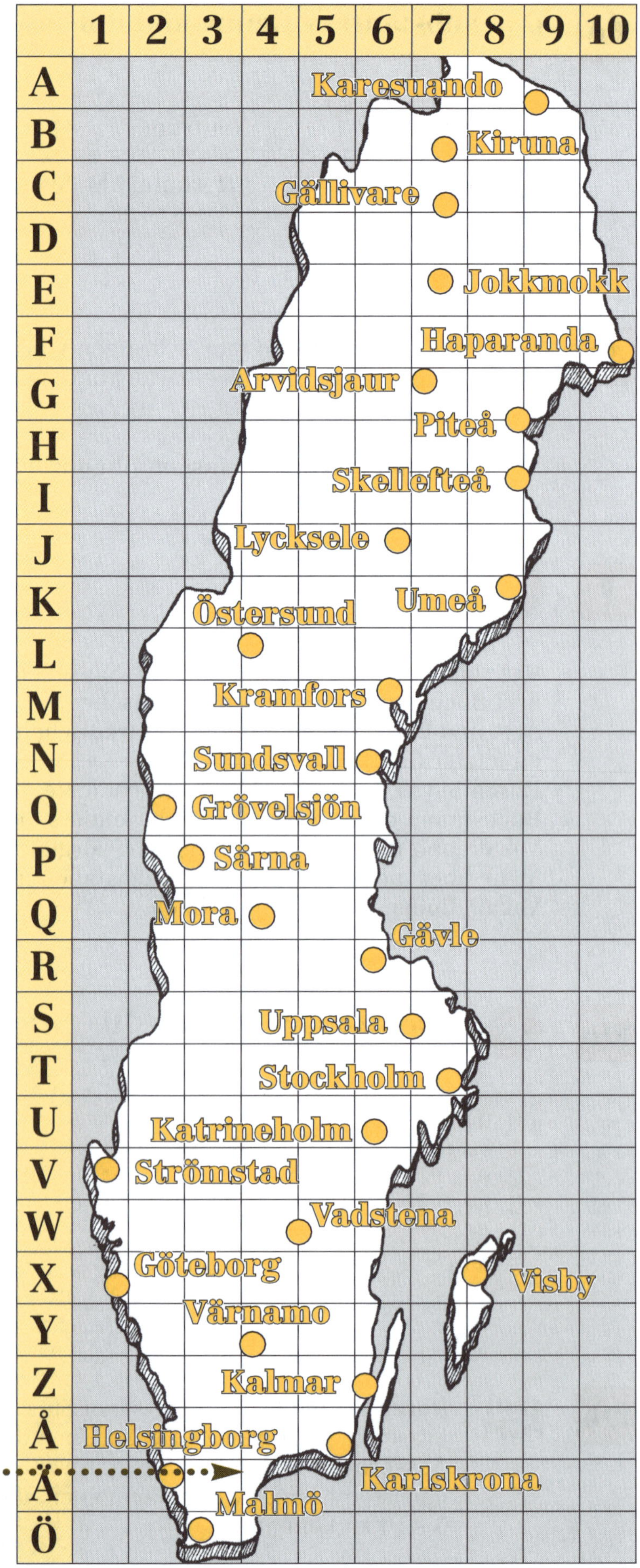

Eine Sehenswürdigkeit Schwedens unter tausenden: Schloß Vittskövle, die älteste Burg Schonens

AVSNITT 2

In diesem Abschnitt lernen Sie u.a.

- einen Namen zu buchstabieren
- sich nach etwas zu erkundigen
- eine Empfehlung auszusprechen
- Entfernungsangaben zu machen
- sich zu bedanken
- die Aussprache einiger Konsonantenkombinationen
- die Grundzahlen 11-1000
- den Gebrauch des bestimmten Artikels

Karseforsen in Laholm

Delfinen Beach Club, Mellbystrand

Mellbystrand

Angler mit einem Lachs (Laholm)

1a På flygplatsen

K: Kilsgårdh T: tjänsteman

K: Jag heter Per-Gunnar Kilsgårdh.
T: ... Förlåt? Hur var efternamnet?
K: Kilsgårdh. K-I-L-S-G-Å-R-D-H.
T: Och förnamnet?
K: Per-Gunnar.
T: Tack. Varsågod, här är boardingkortet. Utgång 12.

Flygplan på Arlanda flygplats

1b

Lesen Sie den Dialog und setzen Sie Ihren eigenen Namen ein.

2 Buchstabieren

TALA SVENSKA

Jeder schreibt einen komplizierten Namen auf einen Zettel. Die Zettel werden eingesammelt, gemischt und wieder verteilt. Einer beginnt, den Namen auf seinem Zettel zu buchstabieren. Der nächste schreibt diesen Namen an die Tafel und buchstabiert dann den Namen auf seinem eigenen Zettel usw.

3a Die Aussprache einiger Konsonanten

Vor den Vokalen a, o, u und å werden die Konsonanten g, k und sk wie im Deutschen ausgesprochen. Vor den Vokalen e, i, y, ä, und ö werden sie dagegen ähnlich dem deutschen j (wie z.B. in "Juni"), ch (wie z.B. in "lächeln") und sch (wie z.B. in "Schule") ausgesprochen.

G	K	SK	G	K	SK
[g]	[k]	[sk]	[j]	[ch]	[sch]
gata	karta	skatt	genom	kedja	sked
god	ko	sko	gift	kilometer	skinka
gul	kul	skura	gymnastik	kyrka	sky
går	kål	skål	gärna	kära	skära
			Göran	köra	skön

3b

Hören Sie sich die Wörter auf der CD an und sprechen Sie sie nach.

4a Die Grundzahlen 11 - 1000

11 elva	17 sjutton	23 tjugotre	60 sextio	224 tvåhundra-tjugofyra
12 tolv	18 arton	usw.	70 sjuttio	1000 (ett) tusen
13 tretton	19 nitton		80 åttio	
14 fjorton	20 tjugo	30 trettio*	90 nittio	
15 femton	21 tjugoett	40 fyrtio	100 (ett) hundra	
16 sexton	22 tjugotvå	50 femtio	200 tvåhundra	

* Das “o” wird bei der Aussprache weggelassen. Es wird also “tretti” gesprochen.

4b

Hören Sie die CD und sprechen Sie nach! Gehen Sie erst weiter zur Übung, wenn Sie meinen, die Zahlen zu können. Spielen Sie dann eine Variante des beliebten schwedischen Bingospiels:
Zeichnen Sie das nebenstehende Spielfeld ⊞ auf ein Blatt Papier. Schreiben Sie eine Zahl zwischen 1 und 30 (oder 30 und 60 usw.) in jedes Kästchen. Ein Teilnehmer ist Spielleiter und ruft Zahlen in beliebiger Reihenfolge auf (er notiert sie zur Kontrolle). Kreuzen Sie die aufgerufenen Zahlen an, wenn sie bei Ihnen vorhanden sind. Sobald ein Teilnehmer eine vollständige Reihe mit angekreuzten Zahlen hat (waagerecht, senkrecht oder diagonal), ruft er “Bingo!” und hat gewonnen. Jetzt übernimmt ein anderer die Rolle als Spielleiter und das Spiel beginnt von vorne.

5a Das Substantiv - bestimmter Artikel

Unbestimmter Artikel	Bestimmter Artikel
Här är *en campingplats.*	- Hur långt är det till *campingplatsen?* - Det är 2 kilometer.

5b

Schauen Sie sich die Wörter im Kästchen unten eine Weile an. Bestimmen Sie dann, wer A respektive B sein soll. Tragen Sie dann beliebige Zahlen in die Wegweiser neben Ihrem Buchstaben ein. Fragen Sie abwechselnd nach den Kilometerangaben zu den Wegweisern Ihres Partners und antworten Sie, wie im Beispiel oben. Tragen Sie die Kilometerangaben an entsprechender Stelle ein. Prüfen Sie zum Schluß Ihre Ergebnisse.

A

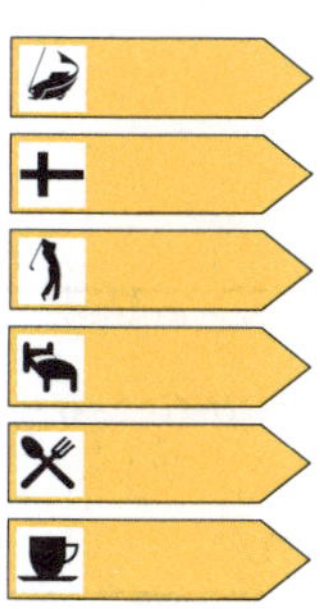

B

ett hotell	en fiskeplats
en golfbana	en campingplats
ett vandrarhem	ett museum
en kyrka	en restaurang
ett café	en bensinstation
en badplats	en turistbyrå

6a På turistbyrån i Laholm

A: Anna B: Bernd R: receptionist

R: Hej!
B: Hej! Finns det en campingplats här i närheten?
R: Ja, det finns det. Vi har en här i Laholm. Men campingplatsen i Lilla Tjärby är också bra.
A: Finns det en restaurang där också?
R: Nej, tyvärr. Men jag rekommenderar fiskrestaurangen i Mellbystrand.
B: Jaha, det låter bra. Har ni en karta över Laholmsbukten?
R: Javisst. I broschyren här finns en karta.
B: Tack. Hur långt är det till Halmstad?
R: Det är 2 mil.
A: Jaha. Är det långt till Mellbystrand?
R: Nej, det är det inte. Är ni här med bil?
A: Nej, vi tågluffar genom Skåne och Halland.
R: Det går en buss till Mellbystrand. Det är linje 78.
B: Var är busshållplatsen?
R: Busshållplatsen är här vid turistbyrån.
A: Tack för informationen.
R: Tack, tack. Trevlig semester!

Turistbyråns personal i Laholm

6b

Unterstreichen Sie alle Wörter, die den Buchstaben *å* enthalten. Diktieren Sie sich diese Wörter gegenseitig. Lesen Sie diese Wörter anschließend laut und üben Sie die Aussprache!

Apropos *Skåne, Halland* und *mil*

Die traditionelle Einteilung Schwedens in 25 Provinzen (*landskap*) hat heutzutage keine administrative Bedeutung mehr.

Eine schwedische Meile (*mil*) entspricht zehn Kilometern.

7 Laholmsbukten

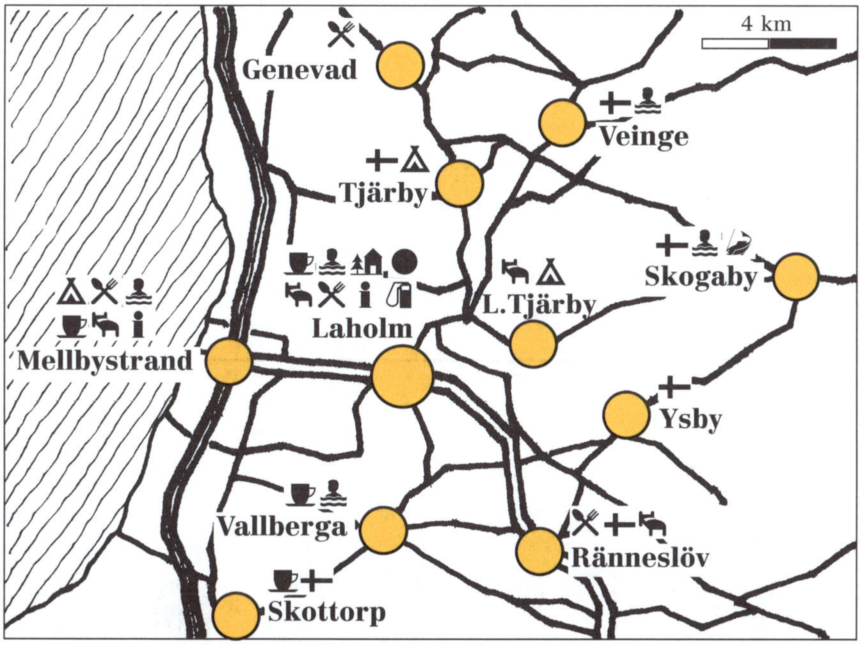

TALA SVENSKA

Schauen Sie auf die Karte. Fragen Sie sich gegenseitig und antworten Sie. Benutzen Sie folgende Wendungen:

Finns det en/ett... i ... ?

Ja, det finns det./Javisst.
Nej tyvärr, det finns det inte./Nej tyvärr.

8 Pfeildialog

Person A (Tourist):		*Person B (Rezeptionist):*
begrüßt B	→	begrüßt A
fragt, ob es ein/eine ... in ... gibt	⇄	bedauert und empfiehlt ein/eine ... in ...
fragt, ob es weit nach ... ist	⇄	verneint und sagt, daß es ist nicht weit ist
fragt, ob es auch ein/eine ... in ... gibt	⇄	bejaht
fragt nach einer Karte über Halland	⇄	bejaht und sagt, daß in der Broschüre eine Karte ist
bedankt sich für die Information	⇄	wünscht A einen netten Urlaub
verabschiedet sich von B	⇄	verabschiedet sich von A

TALA SVENSKA

Lesen Sie den Dialog "På turistbyrån" noch einmal durch und vergewissern Sie sich, daß Sie alles verstanden haben, bevor Sie die Arbeit an dem Pfeildialog beginnen. Bestimmen Sie, wer von Ihnen Person A bzw. Person B ist. Jeder erarbeitet für sich seinen Teil des Dialoges. Spielen Sie dann gemeinsam den Dialog durch, indem Sie den Pfeilen folgen. Benutzen Sie die Karte und füllen Sie spontan die Lücken. Tauschen Sie anschließend die Rollen. Versuchen Sie zum Abschluß, der Gruppe einen Dialog ohne Buch vorzuspielen.

AVSNITT 3

In diesem Abschnitt lernen Sie u.a.

- nach dem Befinden zu fragen
- zu erzählen, wie es Ihnen geht
- die Adresse und Telefonnummer anzugeben
- jemanden anzurufen
- etwas über sich selbst und Ihre Familie zu erzählen
- die Aussprache einiger Konsonantenkombinationen
- den Genitiv zu gebrauchen
- den Infinitiv und das Präsens zu gebrauchen

St. Petri-Kirche in Malmö

Lilla Torg in Malmö

Der Hafen in Malmö

1a Ett telefonsamtal

J: Jan Lundgren   E: Eva Lundgren   H: Heinz Möckesch

Heinz Möckesch från Lübeck är på konferens i Malmö. Han köper ett telefonkort och ringer till en affärsvän från en telefonkiosk. Men först tittar han i telefonkatalogen. Jan Lundgrens telefonnummer är 52 98 65. Adressen är Rundelsgatan 17. Heinz slår numret och Jans fru Eva svarar:

E: Eva Lundgren.
H: Ja goddag, det är Heinz Möckesch från Lübeck. Träffas Jan Lundgren?
E: Ja, ett ögonblick.

E: Jan, telefon!
J: Tack, vem är det?
E: Jag vet inte. Någon från Tyskland.

Stortorget

J: Ja hallå, det är Jan.
H: Hej, det är Heinz från Lübeck.
J: Hejsan Heinz, det var längesedan. Hur mår du?
H: Jag mår bra, tack. Hur står det till själv?
J: Tack, bara bra. Var är du? Är du i Malmö?
H: Ja, jag är här i Malmö på konferens.
J: Vad trevligt! Har du lust att komma på en kopp kaffe?
H: Ja gärna. Men var bor du egentligen? Var ligger Rundelsgatan?
J: Den ligger i närheten av Stortorget.
H: Jaha, det är lätt att hitta. Fint, då kommer jag om en stund.
J: Välkommen!
H: Tack! Hej så länge!

1b

Diktieren Sie sich gegenseitig sieben Wörter aus dem Dialog. Korrigieren Sie anschließend.

2 Wie geht es dir?

TALA SVENSKA

Fragen Sie sich gegenseitig, wie es Ihnen geht und antworten Sie. Benutzen Sie folgende Sätze:

Hur mår du? Hur står det till? Hur har du det? Hur är det?	Jag mår bra, tack. Tack, bara bra. Fint, tack. Så där. Tack, inte så bra.

Fragen Sie sich dann gegenseitig, wo Sie wohnen, und beachten Sie bitte bei der Antwort, daß es im Schwedischen heißt: *Jag bor på Rundelsgatan 17.* Schreiben Sie nun zu zweit einen ähnlichen Dialog und spielen Sie ihn der Gruppe vor.

3a Die Aussprache einiger Konsonantenkombinationen

-rd	-rl	-rn	-rs	-rt	-rg	-ng / -gn
bord Tord	Karl härlig	barn Arne	affärsvän först	kort Berta	Göteborg torg	långt regn

dj, hj, gj und **lj** werden wie ein deutsches [j] ausgesprochen: z.B. *djur, hjul, gjuta, ljus*
tj, kj und **ch** (z.T.) werden ähnlich dem deutschen [ch] ausgesprochen: z.B. *tjugo, kjol, check*
sj, ch (z.T.), **stj, skj** und **sch** wie [sch]: z.B. *sju, chock, stjärna, skjorta, schampo*

3b

Hören Sie die Wörter auf der CD und üben Sie die Aussprache!

4a Das Substantiv - Genitiv

Vad har Jan för telefonnummer?	***Jans*** telefonnummer är 35873.
Vad har Eva för adress?	***Evas*** adress är Lindgatan 4.
Vad har Malmö för riktnummer [Vorwahl]?	***Malmös*** riktnummer är 040.

4b

Schauen Sie in den unten abgebildeten Teil einer Telefonbuchseite.
Fragen Sie sich gegenseitig nach Telefonnummern und Adressen und antworten Sie wie im Beispiel oben.

Å

Ågren Charlott o. **Malte** Parkg. 84	39 74 39
Åkerlund Maria Amiralsg. 24	30 09 11
Åkesson Bengt Zenithg. 33	69 45 32
Åkesson Karin Trelleborgsg. 3	39 12 43
Åkesson Tord Parkg. 41	37 10 65
Åkesson Göran Vendelsväg 5	23 27 61
Åkevall Karl Poppelg. 32	35 49 12
Åkrell Kjell o. **Sara** Myntg. 6	64 48 23
Åhlander Berta Kilbäcksg. 90	68 51 51
Åslund Lars o. **Lena** Ekg. 1	24 76 33

Malmö
040/

Ö

Ödahl Signe Körsbärsg. 14	64 77 77
Ödmark Birgitta Poppelg. 95	35 84 91
Ögren Arne o. **Lotta** Nobelv.43	29 04 22
Öhman Curt Amiralsg. 76	66 41 35
Öhman Bengt Bodilsg. 5	34 22 27
Österberg Thore Almhögsg. 24	37 01 41
Österberg Kerstin Vilebov. 100	25 70 19
Österberg Anders o. **Gun** Lönng. 2	67 80 09
Östersgård Camilla Nobelv. 140	21 80 12
Östlind Cecilia Smedjeg. 15	29 44 56
Östlind Lennart Zenithg. 63	37 15 47

Apropos *telefonnummer*
Am Telefon meldet man sich in Schweden mit seinem Vornamen, seinem ganzen Namen, seinem Nachnamen oder mit seiner Telefonnummer. Man sagt z.B. *femton tjugofyra noll sju* (15 24 07).

5a Das Verb - Infinitiv und Präsens

Konjugation	Infinitiv	Präsens
1.	(att) tala	Jan ***talar*** svenska.
2a.	(att) ringa	Heinz ***ringer*** till Jan.
2b.	(att) köpa	Kalle ***köper*** ett telefonkort.
3.	(att) bo	Ulla ***bor*** i Jönköping.
4.	(att) stå	Numret ***står*** inte i telefonkatalogen.

5b

Lesen Sie die nachfolgenden Sätze und fügen Sie die richtigen Verben (im Präsens) ein:

stå - slå - må - åka - låta - vara - ha - ligga - komma - heta - ringa - tågluffa - titta - bo

1. Jag ... om en stund.
2. Vi ... genom Skåne och Halland.
3. Heinz ... till en affärsvän.
4. Det ... bra.
5. Var ... du?
6. Hur ... ni?
7. Axel ... till Malmö.
8. Jag ... i Malmö på konferens.
9. Vad ... du?
10. Stockholm ... i Sverige.
11. Heinz ... numret.
12. Vad ... Stockholm för riktnummer?
13. Karin ... på kartan.
14. Numret ... inte i telefonkatalogen.

6a Sanna berättar

Jag heter Sanna Ekholm-Jensen och jag bor på Folkungagatan 96 i Stockholm. Jag är 33 år gammal. Jag arbetar på Karolinska Institutet. Jag är gift med Niels. Han är 32 år och arbetar med konst, musik och teater.
Vi har en son och en dotter. Sebastian är 10 år och går i skolan. Josefin är fem år och går till dagis varje dag. Josefins katt heter Måns. Vi bor i en trerumslägenhet i Stockholms centrum, i närheten av Sebastians skola och Josefins daghem. Vi har också en sommarstuga på landet. Stugan ligger i Skåne. Vi åker till stugan på semestern.

Familjen Ekholm-Jensen

6b

Stellen Sie Fragen zum Text und beantworten Sie diese nach folgendem Muster:

Är ... gift/...år gammal?	Ja, det är ... / Nej, det är ... inte.
Har ... ?	Ja, det har ... / Nej, det har ... inte.
Bor/arbetar/går/åker ...	Ja, det gör ... / Nej, det gör ... inte.

7 Eine kleine Umfrage

Namn:	Ålder: [Alter]
Adress:	Civilstånd: [Familienstand]
	Barn:
Telefonnummer:	Bostad: [Wohnstätte]

Civilstånd:

gift

sambo

förlovad

ogift

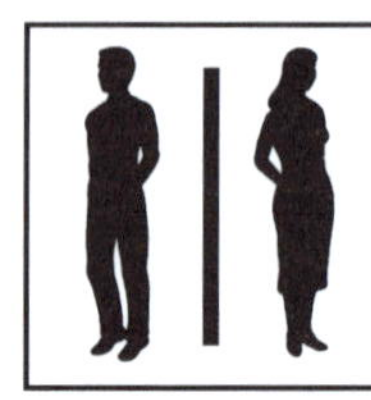
skild

änka/änkling

TALA SVENSKA

Nehmen Sie als erstes ein Blatt Papier und erstellen Sie eine Karteikarte, wie sie oben zu sehen ist.
Befragen Sie Ihren Partner und tragen Sie die Information in die Karteikarte ein.
Stellen Sie folgende Fragen:

Vad heter du?
Var bor du?
Vad har du för telefonnummer? (Antworten Sie hier: Mitt (Meine) telefonnummer är... .)
Hur gammal är du?
Är du gift / ogift / sambo?
Har du barn?
Bor du i hus / i lägenhet / i en stad / i en by på landet?

Anschließend bildet die ganze Gruppe einen Kreis. Die Karten werden eingesammelt, gemischt und wieder verteilt. Erzählen Sie jetzt anhand Ihrer neuen Karteikarte etwas über einen Kursteilnehmer.

Avsnitt 4

I det här avsnittet lär du dig bl.a.
- att växla pengar på banken
- att fråga vad något kostar
- att köpa något i en kiosk
- ord och uttryck i samband med ett konditoribesök
- att använda de personliga pronomina *den* och *det*
- att använda modala hjälpverb

In diesem Abschnitt lernen Sie u.a.
- in der Bank Geld zu wechseln
- zu fragen, was etwas kostet
- etwas am Kiosk zu kaufen
- Wörter und Wendungen im Zusammenhang mit einem Cafébesuch
- die Personalpronomen *den* und *det* zu gebrauchen
- das Modalverb zu gebrauchen

1 På banken

S: Johannes Schmidt T: tjänsteman

Johannes Schmidt är på semester med familjen. Han måste växla pengar och går in på banken.

S: Hej, jag skulle vilja växla DM. Vad är det för växelkurs?
T: För 100 DM får ni 427 kronor.
S: Då växlar jag 300 DM.
T: Ja, ett ögonblick ... . Så, det blir 1256:- svenska kronor.
S: 1256:- kronor??
T: Ja, det stämmer, vi tar en expeditionsavgift på 25 kronor.
S: Jag förstår. Tack så mycket!
T: Tack, tack!

en femtiokronorssedel
(en femtiolapp)

en enkrona

en femkrona
(en femma)

2 Att växla pengar

[Geld wechseln]

TALA SVENSKA

Gör en liknande dialog med den aktuella växelkursen.
[Gestalten Sie einen ähnlichen Dialog mit dem aktuellen Wechselkurs.]

3 Vid kiosken

L: Lena E: expedit

L: Hej, jag skulle vilja ha ett vykort, tack.
E: Var det bra så?
L: Vad kostar ett äpple?
E: Det kostar 2:-.
L: OK. Jag tar ett äpple också.
E: Varsågod, det blir 5:50 tillsammans.
L: Kan ni växla en femtiolapp?
E: Javisst, det går bra. Tio, tjugo, trettio, fyrtio och femtio, varsågod.
L: Tack så mycket! Hej!
E: Hej !

4a Hur man uttalar priser på svenska
[Wie man Preise auf Schwedisch ausspricht]

0:50	**femtio öre**
1:-	**en krona**
2:-	**två kronor**
37:50	**trettiosju och femtio**

4b

Vad kostar följande varor? [Was kosten folgende Waren?]

1. ett paket cigaretter (45:-)
2. ett äpple (2:-)
3. en Cola (6:50)
4. en påse karameller (7:80)
5. ett vykort (3:50)
6. en glass (9:-)
7. en läsk (5:-)
8. ett frimärke (6:-)
9. en chokladkaka (12:50)
10. en påse chips (12:80)
11. en Ramlösa (mineralvatten) (8:-)
12. en banan (3:-)

5a De personliga pronomina *den* och *det*
[Die Personalpronomen *den* und *det*]

Utrum	Vad kostar tidningen?	***Den*** kostar 7:-.
Neutrum	Vad kostar äpplet?	***Det*** kostar 2:50.

5b

Fråga varandra vad sakerna i kiosken kostar. Använd formerna *den* och *det* i svaret.
[Fragen Sie sich gegenseitig, was die Sachen im Kiosk kosten. Benutzen Sie die Pronomen *den* und *det* in der Antwort.]

6 Att handla i en kiosk
[An einem Kiosk einkaufen]

TALA SVENSKA

Läs dialogen "Vid kiosken" noga en gång till. Titta på teckningen med kiosken och gör dialoger. Byt roller. Spela även scenen med en annan kurskamrat. [Lesen Sie sich den Dialog "Vid kiosken" noch einmal sorgfältig durch. Schauen Sie auf die Zeichnung mit dem Kiosk und gestalten Sie kleine Dialoge. Tauschen Sie die Rollen. Spielen Sie die Szene auch mit einem anderen Partner durch.]

7a På konditoriet
M: Maj U: Ulla E: expedit

Maj och Ulla är i stan och shoppar. Maj är kaffesugen och Ulla är lite hungrig. De går in på ett konditori för att fika.

M: Det är självservering. Ska vi välja här vid disken med detsamma?
U: Ja, det kan vi göra.
M: Jag bjuder.
U: Nejmen oj! Tack!
M: Jag vill ha en bakelse. Med grädde och marsipan. Och du Ulla, vad vill du ha då?
U: Jag vet inte...
E: Hej!
U: Hej! Jag skulle vilja ha en kopp kaffe och en ostsmörgås. Sedan skulle jag vilja ha en kanelbulle också ...eller nej, jag tar hellre ett wienerbröd, tack.
E: Ja tack. Något annat?
U: Nej tack, det är bra så.
M: Kan jag få en kopp te och en gräddbakelse med marsipan, tack!
E: Det blir 52:-.
M: Varsågod. Är kaffet med påtår?
E: Javisst. Så, 8:- tillbaka, varsågod.
M: Tack så mycket. Ulla, ska vi sitta ute?
U: Ja, det gör vi!

7b

Läs dialogen en gång till. Träna sedan glosorna. Använd följande fraser: [Lesen Sie den Dialog noch einmal durch. Üben Sie dann die Vokabeln. Benutzen Sie folgende Wendungen:]

- Vad heter "eine Tasse" på svenska?
- "Eine Tasse" heter "en kopp" på svenska.

Apropos *påtår*, *stan* und *smörgås*

In vielen schwedischen Cafés bezahlt man für eine Tasse Kaffee/Tee und kann sich dann umsonst noch eine Tasse nachschenken. Diese zweite Tasse Kaffee/Tee nennt sich *påtår*. *Stan* (Abkürzung von *staden*) ist die Bezeichnung für die nächstliegende Stadt, wenn man auf dem Lande wohnt. *Att gå på stan* bedeutet, daß man im Stadt-Zentrum bummeln geht. *Smörgås* ist ein belegtes Butterbrot.

8a

Modala hjälpverb
[Das Modalverb]

Ulla	***vill*** ***skulle*** ***kan*** ***måste*** ***ska***	dricka kaffe vilja åka till stan. titta på TV. växla pengar. shoppa idag.

I en fråga: ***Ska*** Ulla shoppa idag?
Måste Ulla växla pengar?

8b

Es sollen sinnvolle Sätze gebildet werden. Einer beginnt mit einem Wort aus Spalte 1. Der Nächste fügt ein Wort aus Spalte 2 hinzu usw. Nach dem Abschluß des Satzes stellt der Nächste in der Reihe diesen Satz zu einer Frage um usw.

1	**2**	**3**	**4**
jag	vill	shoppa	idag.
du	skulle vilja	ha	en kopp kaffe.
han	kan	dricka	i telefonkatalogen.
hon	måste	växla pengar	ett glas saft.
vi	ska	fiska	på banken.
ni		komma	till stan.
de		ta	på semestern.
		titta	varje dag.
			ett wienerbröd.

9

Duvanders Conditori

TALA SVENSKA

Fråga varandra vad ni skulle vilja ha och svara. Använd följande fraser:
[Fragen Sie sich gegenseitig, was Sie haben möchten und antworten Sie. Benutzen Sie folgende Wendungen:]
Vill du ha ... ? Ja tack, gärna. / Nej tack, jag tar hellre ... .
Arbeta sedan fyra och fyra. Improvisera situationen "På konditoriet".
[Arbeiten Sie dann zu viert. Improvisieren Sie die Situation "Im Café".]

Avsnitt 5

I det här avsnittet lär du dig bl.a.
- att fråga efter vägen
- att visa vägen
- namn på affärer och institutioner i en svensk stad
- att be om ursäkt
- att använda det relativa pronomenet *som*
- några viktiga prepositioner

In diesem Abschnitt lernen Sie u.a.
- nach dem Weg zu fragen
- den Weg zu beschreiben
- einige Geschäfte und Institutionen einer schwedischen Stadt kennen
- sich zu entschuldigen
- das Relativpronomen *som* zu gebrauchen
- einige wichtige Präpositionen

Trefaldighetskyrkan i Kristianstad

Teatern i Kristianstad

En gågata i Kristianstad

1a Kristianstad - en stad i Sverige

Kristianstad är en renässansstad som ligger i Skåne. Det är en fästningsstad. Grundaren är Christian IV. Staden har cirka 28 000 invånare.
Kristianstad har två torg, Stora Torg och Lilla Torg. Vid Stora Torg ligger Trefaldighetskyrkan, Rådhuset, turistbyrån, posten och länsmuseet. Framför museet står skulpturen Sinfonia och på torget står en annan skulptur som heter Ikaros.
I hörnet av Nya Boulevarden och Västra Storgatan ligger Stadshotellet. Vid Lilla Torg ligger bl.a. apoteket, en skoaffär och handelsbanken. Bredvid banken ligger en klädbutik. Mitt på Lilla Torg står ett klockspel och här kan man köpa frukt och grönsaker varje dag.
På Östra Storgatan, som är en gågata, finns Sveriges enda filmmuseum. Mellan filmmuseet och klädbutiken Hennes och Mauritz ligger en bokhandel. I hörnet av Östra Storgatan och Tivoligatan finns en resebyrå. Västra Storgatan är också en gågata. Här finns bland annat en bio, ett konditori och en fotoaffär. Järnvägsstationen ligger på Västra Boulevarden, mitt emot Trefaldighetskyrkan. Det finns också en simhall i närheten av stationen.
Varuhuset Domus ligger på Östra Boulevarden. Till höger om Domus ligger busstorget och till vänster om varuhuset ligger en kiosk och ett gatukök.
Sjukhuset ligger utanför centrum. Kristianstad har en teater också. Den ligger i Tivoliparken. Nu hittar du säkert i Kristianstad!

Lilla Torg

1b

Ställ frågor till varandra på texten. Börja med följande frågor:
[Stellen Sie sich gegenseitig Fragen zum Text. Beginnen Sie mit folgenden Fragen:]

1. Var ligger Kristianstad?
2. Vem är Kristianstads grundare?

Apropos *länsmuseum*:
Län bezeichnet ein großes Verwaltungsgebiet in Schweden, z.B. *Stockholms län, Skåne län.*

2a Det relativa pronomenet *som*

[Das Relativpronomen *som*]

Kristianstad är en stad ***som*** ligger i Sverige.
Eva och Jan har en dotter ***som*** heter Lena.

2b

Bilda meningar med det relativa pronomenet ***som***! [Bilden Sie Sätze mit dem Relativpronomen ***som***!]

1.	Ikaros är en skulptur.	Hon heter Lisa.
2.	Sverige är ett land.	Det ligger utanför centrum.
3.	Lasse köper en glass.	Den står på Stora Torg.
4.	Kristianstad har ett sjukhus.	Den har 28 000 invånare.
5.	Familjen Johansson har tre barn.	Det har cirka 8 miljoner invånare.
6.	Familjen har en hund.	Han är 17 år gammal.
7.	De har en flicka.	Den kostar 11:-.
8.	Lotta köper ett äpple.	Den heter Karo.
9.	Kristianstad är en stad.	De heter Jan, Kalle och Anna.
10.	Sten har en son.	Det kostar 2:-.

3a Prepositioner

[Die Präposition]

Skulpturen står ***på*** torget.
Apoteket ligger ***vid*** Lilla Torg.

Andra prepositioner: ***i, mellan, framför, bakom, över, under, bredvid***

3b

Beskriv vad du ser på bilden! Använd prepositionerna. Använd också uttrycket: ***till höger/vänster om.*** (fontän -en = *Springbrunnen*, staty -n = *Statue*)
[Beschreiben Sie, was Sie auf dem Bild sehen, und gebrauchen Sie die Präpositionen.
Gebrauchen Sie auch den Ausdruck: ***rechts/links von.***]

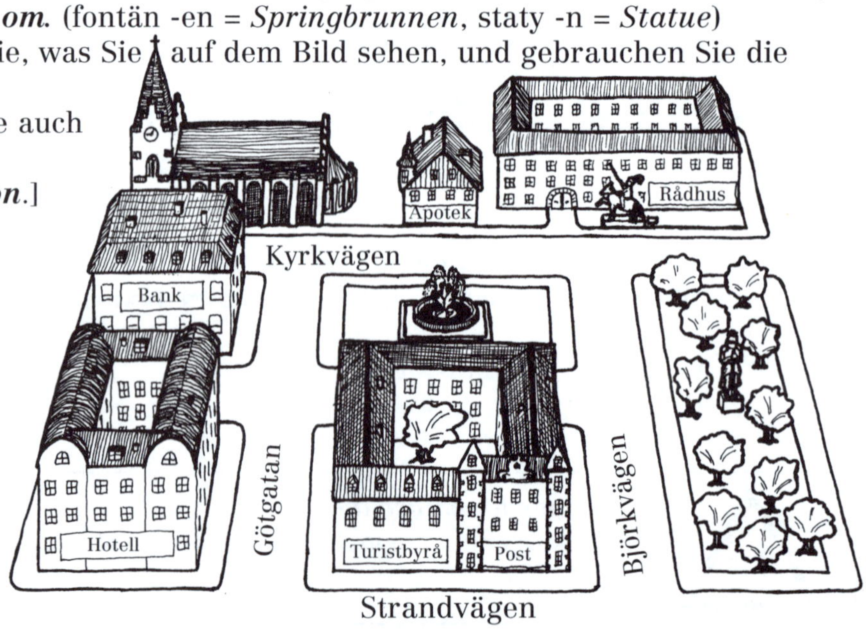

4 Att hitta rätt

S: Allan Svensson O: Berit Ohlsson N: Sture Nilsson

S: Ursäkta mig, var är posten?
O: Posten? Den är där till höger vid Stora Torg.
S: Och Sparbanken?
O: Den ligger på Cardellsgatan.
S: Hur kommer jag dit?
O: Ser du hotellet där rakt fram?
S: Ja.
O: Där är Östra Storgatan. Du går Östra Storgatan rakt fram till Lilla Torg. Sedan tar du till vänster. Det är Cardellsgatan. Sparbanken ligger på höger sida.
N: Förlåt, jag undrar hur jag kommer till stationen. Jag vill köra dit med bilen. Den står på parkeringsplatsen vid Domus.
O: Domus ... ja, du kör Östra Boulevarden rakt fram. Vid korsningen svänger du sedan till vänster in på Nya Boulevarden. Du kör rakt fram en bit, förbi Stadshotellet och tar till höger vid trafikljuset. Stationen ligger på vänster sida mittemot kyrkan.
S: Jag tror att vi hittar nu. Tack för hjälpen!
N: Tack så mycket!
O: Ingen orsak !

Stora Torg

5 Vem är först framme vid hotellet?

Ett spel för två personer.

[Wer ist zuerst im Hotel? Ein Spiel für zwei Personen.]

A

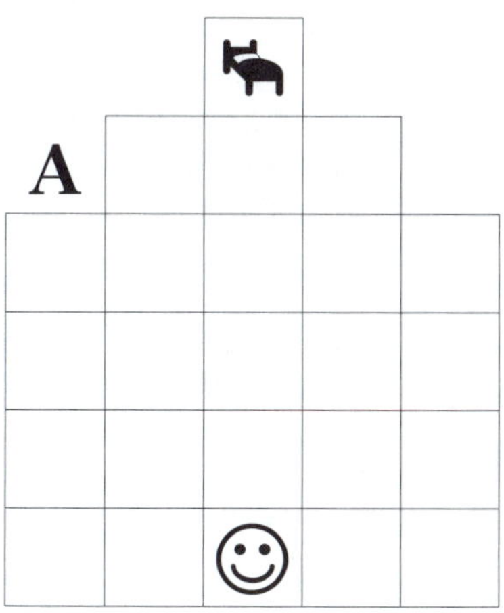

Ord som anger riktning:
[Richtungsangaben]

→ till höger
← till vänster
↑ rakt fram

B

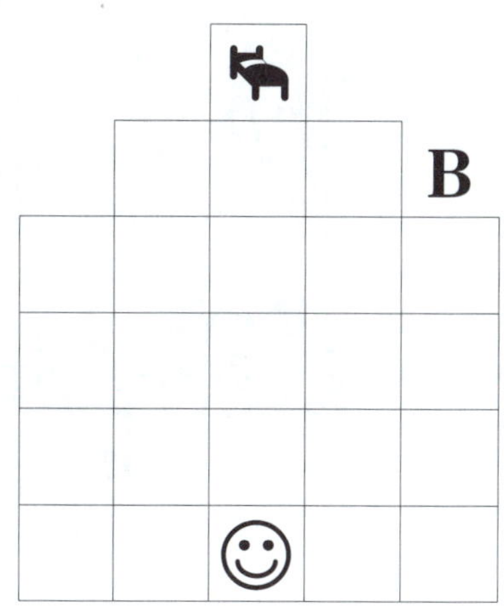

TALA SVENSKA

Legen Sie je eine Spielfigur (Pfennig) auf das Gesicht auf Spielplan A und B. Sperren Sie 5 Felder des Spielplans B durch eine Markierung mit Kreuzen. Es darf aber keine Sackgasse durch die Kreuze entstehen! Ihr Kontrahent macht dasselbe in seinem Buch. Sagen Sie ihm nun die Richtung an, in die Sie mit Ihrer Spielfigur gehen möchten: ***Jag går till höger/till vänster/rakt fram***.

Der Kontrahent schiebt die Spielfigur auf seinem Spielplan B ein Feld in diese Richtung weiter und sagt: ***Ja, det går bra***. Läuft die Spielfigur gegen ein Feld mit einem Kreuz, so muß sie stehenbleiben und er sagt: ***Nej, det går inte***. Sie selbst schieben Ihre Spielfigur auf dem Spielplan A entsprechend weiter. Nun ist der Kontrahent am Zug.
Wer zuerst im Hotel ist, hat gewonnen.

6

Kristianstads stadskarta
[Ein Stadtplan von Kristianstad]

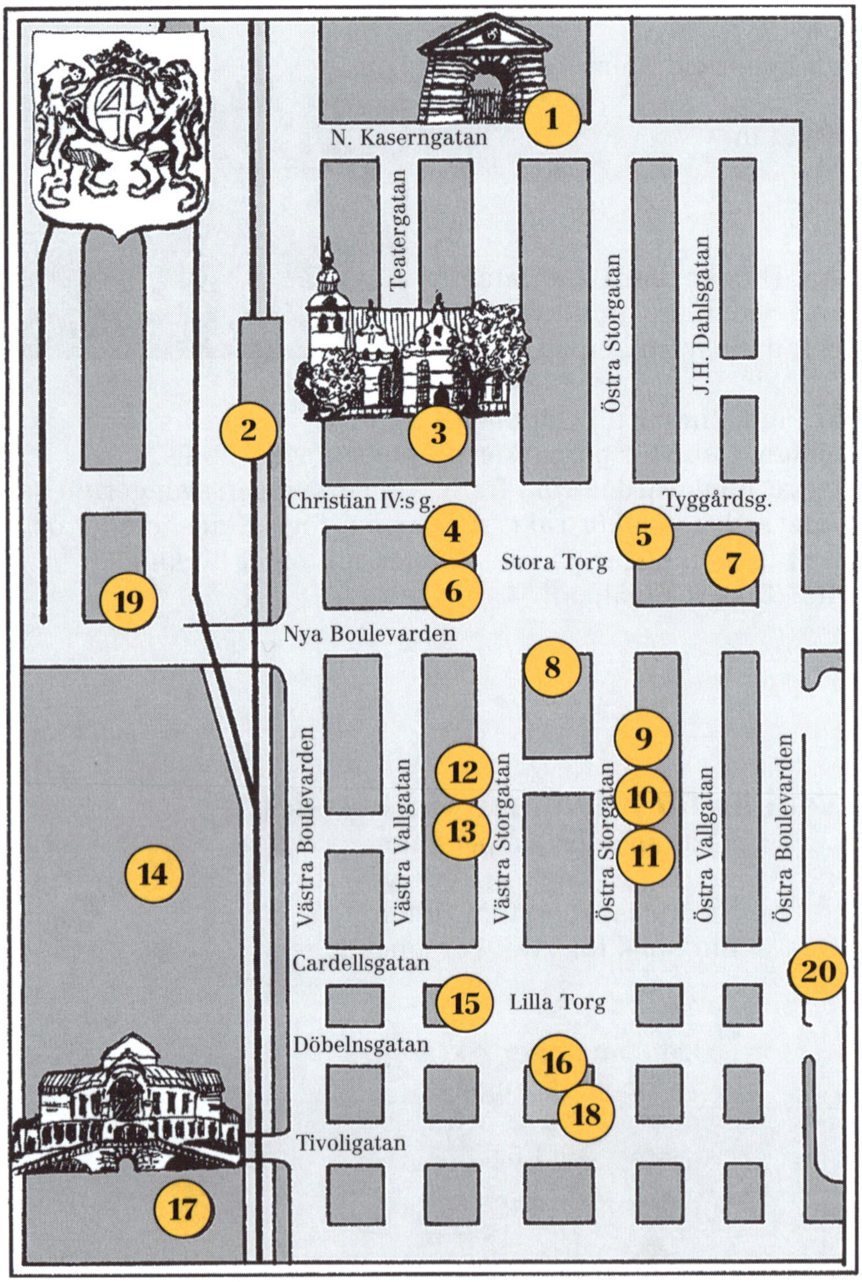

Länsmuseet

1. Norreport
2. Järnvägsstationen
3. Trefaldighetskyrkan
4. Rådhuset
5. Post
6. Turistbyrån
7. Länsmuseet
8. Stadshotellet
9. Filmmuseet
10. Bokhandel
11. Klädbutik
12. Konditori
13. Bio(graf)
14. Tivoliparken
15. Handelsbanken
16. Apotek
17. Teatern
18. Resebyrå
19. Simhall
20. Varuhuset Domus

TALA SVENSKA

Öva situationen "Att hitta rätt"! Använd kartan.
Börja t.ex. så här: Jag står vid stationen. Hur kommer jag till Stadshotellet?
Glöm inte uttrycken:
[Üben Sie die Situation "Att hitta rätt"! Benutzen Sie die Karte. Fangen Sie z.B. so an: Ich stehe am Bahnhof. Wie komme ich zum Stadthotel?
Vergessen Sie nicht die Ausdrücke:]

rakt fram, förbi, i hörnet av, på höger/vänster sida, mittemot, bredvid, mellan

Vad vet du om Kristianstad?
Försök nu att tillsammans berätta lite om Kristianstad!
[Versuchen Sie jetzt, zusammen ein wenig über Kristianstad zu erzählen!]

AVSNITT 6

I det här avsnittet lär du dig bl.a.
- att fråga och tala om vad klockan är
- namnen på veckodagarna
- några vanliga tidsuttryck
- att berätta lite om vardagsvanor
- att använda reflexiva pronomina

In diesem Abschnitt lernen Sie u.a.
- zu fragen und sagen, wie spät es ist
- die Namen der Wochentage
- einige übliche Zeitausdrücke
- etwas über Alltagsgewohnheiten zu erzählen
- das Reflexivpronomen zu gebrauchen

Moraklockor från Nils Olsson Hemslöjd AB, Nusnäs

1a

Smalspåret

S: Signe A: Anna K: konduktör

I Småland mellan Växjö och Västervik går 187 km smalspårig järnväg. Med Smalspåret når du bad, fiske, kanot, camping, Smålands glasbruk och Astrid Lindgrens stad Vimmerby.
Anna och Signe gör en utflykt med Smalspåret.

A: Signe, vet du när vi är framme i Växjö?
S: Nej, men jag kan titta i tidtabellen. Tåget är framme 13.25.
A: Tack. Vad är klockan nu?
S: Du, jag tror att min klocka går efter. Den är tio i nio!
A: Oj då! Batteriet är slut antagligen.
S: Ja, det måste det vara. Vi kan fråga konduktören. Han kommer faktiskt där borta.
K: Brittatorp nästa!
S: Förlåt, hur mycket är klockan?
K: Hon är strax ett.
S: Tack så mycket.
A: Utmärkt! Då är vi snart framme.

1b

Diktera fem ord var för varandra. Rätta till slut. [Diktieren Sie sich gegenseitig fünf Wörter. Korrigieren Sie anschließend.]

2a

Klockan

[Die Zeitangabe]

Vad är klockan?
Hur mycket är klockan? }

Klockan är ***kvart i fyra***.
Hon är ***tjugo över fem***.
Den är ***fem över halv två***.

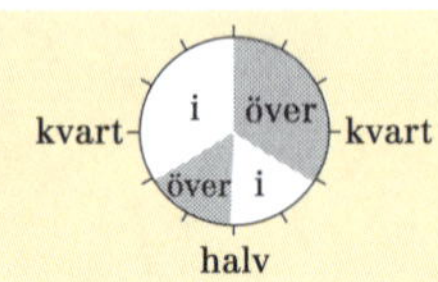

2b

Titta i tidtabellen. Fråga varandra och svara! Använd följande fraser: [Schauen Sie in den Fahrplan. Fragen Sie sich gegenseitig und antworten Sie. Benutzen Sie folgende Wendungen:]

Du åker från ... klockan ... .
När/Hur dags är du framme i ... ?

TIDTABELL

Växjö - Hultsfred - Västervik | Västervik - Hultsfred - Växjö

Växjö - Hultsfred - Västervik	A	B	Västervik - Hultsfred - Växjö	A	A
Växjö	07.40	16.25	Västervik	08.52	14.45
Brittatorp	08.15	17.00	Verkebäck	09.05	15.05
t Åseda	09.05	17.45	t Hultsfred	10.20	16.20
fr Åseda	09.07	17.47	fr Hultsfred	10.35	16.30
Hultanäs	09.15	17.55	Gårdveda	10.52	16.45
Gårdveda	10.00	18.40	Hultanäs	11.35	17.30
t Hultsfred	10.20	19.00	t Åseda	11.50	17.40
fr Hultsfred	10.30	19.25	fr Åseda	12.05	18.05
Verkebäck	11.47	20.40	Brittatorp	12.50	18.50
Västervik	12.10	20.55	Växjö	13.25	19.25

Anm: A) dagligen B) söndag

Apropos *klockan*
Die schwedische "telefonische Zeitansage" wird *Fröken Ur* genannt und hat die Nummer 90 510.

3a En vanlig onsdag

Helena Falkman berättar.

Helena Falkman

Jag heter Helena Falkman. Jag bor i Everöd, en by i Skåne. Jag är sjutton år och går i skolan. En vanlig onsdag kan se ut så här:

Jag vaknar kvart i sju. Jag är nästan alltid trött när väckarklockan ringer. Jag stiger upp, tvättar mig, kammar mig och klär på mig. Sedan äter jag frukost. Jag har en halvtimme på mig. Till frukost dricker jag en kopp kaffe och äter flingor med mjölk och en smörgås med marmelad eller honung.

Efter frukosten måste jag alltid skynda mig till bussen. Jag är i skolan omkring klockan åtta. Skolan börjar tjugo över åtta, så vi elever har ungefär en kvart på oss att prata lite.

Från tjugo över åtta till klockan elva, alltså på förmiddagen, har vi matte, svenska och historia. Just nu lär vi oss mycket om Gustav Vasa. Sedan har vi lunchrast. Vi får varm lunch här i skolan varje dag. På eftermiddagen har vi lektioner till klockan tre. Då slutar skolan. Jag åker hem med bussen och är hemma ungefär klockan halv fem. Jag äter middag och tar en promenad. Sedan gör jag läxor. På kvällen läser jag tidningen, tittar lite på TV eller lyssnar på musik. Jag går och lägger mig ungefär klockan elva.

3b

Skriv fem frågor var på texten. Byt frågor och svara skriftligt på dem. Rätta gemensamt.

[Schreiben Sie fünf Fragen zum Text auf. Tauschen Sie die Fragen und beantworten Sie diese schriftlich. Korrigieren Sie gemeinsam.]

Apropos *frukost*

Schwedische Mahlzeiten sind: *frukost, lunch, mellanmål, middag* und *kvällsmat*. Eine leichte Mahlzeit am späten Abend oder in der Nacht nennt man *vickning*.

4a Reflexiva pronomina
[Das Reflexivpronomen]

Jag tvättar ***mig***.	Vi tvättar ***oss***.
Du tvättar ***dig***.	Ni tvättar ***er***. Ni tvättar ***er***.
Hon tvättar ***sig***.	De tvättar ***sig***.
Den tvättar ***sig***.	
Det tvättar ***sig***.	

4b

Läs meningarna och sätt in rätt reflexivt pronomen. [Lesen Sie die Sätze und setzen Sie das richtige Reflexivpronomen ein.]

1. Sven tvättar ... varje morgon.
2. Jag måste alltid skynda ... efter frukosten.
3. Vi lär ... mycket just nu.
4. Hon kammar ... med en kam.
5. "Vill ni lära ... svenska", frågar Eva.
6. Han lär ... svenska.
7. Tore rakar [rasieren] ... aldrig.
8. Jag går och lägger ... klockan elva.
9. Vill du lära ... spanska?
10. Ni måste tvätta ... , barn!
11. Olle, du måste ta av ... jackan!
12. Eva och Jan vill gifta [heiraten]... .
13. Vi måste skynda ...!
14. Hur många minuter har vi på ...?
15. De ser ... i spegeln och ler.

5 En fredag med Birgitta
[Ein Freitag mit Birgitta]

TALA SVENSKA

Berätta om Birgittas dag! [Erzählen Sie über Birgittas Tag!]
Berätta sedan om din vardag. När stiger du upp?/Vad äter du till frukost?/Hur kommer du till arbetet?/Vad gör du på kvällen? osv.
[Erzählen Sie dann über Ihren Alltag. Wann stehen Sie auf?/Was essen Sie zum Frühstück?/Was machen Sie am Abend? usw.]

6 Helenas anslagstavla
[Helenas Pinwand]

TALA SVENSKA

Titta på Helenas anslagstavla. Vad gör hon? Fråga varandra och svara.
Använd följande fraser:
[Schauen Sie auf Helenas Pinwand. Was macht sie? Fragen Sie sich gegenseitig und antworten Sie. Verwenden Sie folgende Sätze:]

Vad gör Helena på måndag/tisdag/... ?
När ... Helena ... ?

7 Veckoöversikt
[Wochenübersicht]

	måndag	tisdag	onsdag	torsdag	fredag	lördag	söndag
förmiddag							
eftermiddag							
kväll							

TALA SVENSKA

Fyll i 7 aktiviteter i veckoöversikten. En deltagare börjar att fråga en annan kursdeltagare om hon/han har tid. Får man ett negativt svar fortsätter hon/han att fråga någon annan. Får man ett positivt svar kommer man överens om att träffas och nästa kursdeltagare fortsätter att fråga.

[Tragen Sie 7 Aktivitäten in die Wochenübersicht ein. Einer beginnt, einen anderen Teilnehmer zu fragen, ob er Zeit hat. Verneint dieser, fragt er den nächsten. Bejaht er, verabredet er sich mit ihm und dieser Spieler ist mit Fragen an der Reihe.]

Zum Beispiel: Har du tid på tisdag eftermiddag?
- Nej tyvärr, på tisdag eftermiddag spelar jag tennis.

oder: - Ja, jag har tid. Ska vi spela tennis?

Avsnitt 7

I det här avsnittet lär du dig bl.a.

- att ta in på hotell
- ord i samband med hotellets standard
- att anmärka på något
- att ringa efter en taxi
- att använda de indefinita pronomina *någon, något, ingen, inget*
- att använda de demonstrativa pronomina *den här, den där*

In diesem Abschnitt lernen Sie u.a.

- ein Hotelzimmer zu buchen
- Wörter im Zusammenhang mit dem Hotelstandard
- sich über etwas zu beschweren
- ein Taxi zu bestellen
- die Indefinitpronomen *någon, något, ingen, inget* zu gebrauchen
- die Demonstrativpronomen *den här, den där* zu gebrauchen

Skolskeppet Viking i hamnen i Göteborg

Gågata i Göteborgs centrum

Kanalbåten "Paddan" i Göteborg

Carl Milles "Poseidonbrunn" på Götaplatsen i Göteborg

1a Att ta in på hotell

M: Hans Meyer R: receptionist

Hans Meyer, en handelsresande från Stuttgart är i Göteborg. Han tar in på Hotell Eggers.

R: Välkommen till Hotel Eggers! Vad kan jag stå till tjänst med?
M: Goddag, jag skulle vilja ha ett enkelrum med dusch för två nätter.
R: Vi har ett mycket fint rum ledigt med utsikt över centrum.
M: Vad kostar det?
R: Ett enkelrum inklusive frukost kostar 625:-.
M: Det låter bra.
R: Vill ni se på rummet?
M: Nej tack, det är inte nödvändigt. Finns det telefon och TV på rummet?
R: Ja, vi har telefon och TV på alla rum.
M: Då tar jag det.
R: Skulle ni vilja fylla i anmälningsblanketten?
M: Javisst.
R: Finns det legitimation?
M: Legitimation? Går det bra med den här? I Tyskland har vi "Personalausweis"
R: Javisst, det är inget problem. Här i Sverige gäller t.ex. körkortet som legitimation.
M: Jaså, vad intressant. Jag är här med bil. Har hotellet något garage?
R: Nej tyvärr har vi inget garage. Men ni kan parkera bilen i parkeringshuset om hörnet här. Det kostar 80:- per dag.
M: Ja, då gör jag det.

Hotel Eggers vid Drottningtorget i Göteborg

R: Varsågod, här är nyckeln.
M: Tack. Kan ni beställa en taxi till klockan 17:30?
R: Javisst, det går bra.
M: Tack för det.
R: Tack, tack.

1b

Läs dialogen en gång till. Träna sedan glosorna. Använd följande fraser: [Lesen Sie den Dialog noch einmal. Üben Sie dann die Vokabeln. Benutzen Sie folgende Wendungen:]

- Vad heter "Willkommen" på svenska?
- "Willkommen" heter "välkommen" på svenska.

2a De indefinita pronomina *någon, något, ingen, inget*

[Die Indefinitpronomen *någon, något, ingen, inget*]

Har Hotell Svea ***någon***(en) hiss?	Nej, Hotell Svea har ***ingen (inte någon)*** hiss.
Har Hotell Scania ***något*** (ett) garage?	Nej, Hotell Scania har ***inget (inte något)*** garage.
Finns det (en) pool på Hotell Saga?	Nej, på Hotell Saga finns ***ingen (inte någon)*** pool.

2b

Här får du information om tre hotell med ganska dålig standard. Fråga varandra och svara som i exemplet ovan.
[Hier sehen Sie drei Hotels mit ziemlich schlechtem Standard. Fragen Sie sich gegenseitig und antworten Sie wie im Beispiel oben.]

Standard	**Hotell Saga**	**Hotell Svea**	**Hotell Kung Karl**
TV (en)	Nej	Ja	Ja
Radio (en)	Ja	Nej	Ja
Parkeringshus (ett)	Ja (80:-/dag)	Nej	Nej
Garage (ett)	Nej	Ja	Nej
Parkeringsplats (en)	Nej	Nej	Ja
Allergirum (ett)	Nej	Nej	Ja
Pool (en)	Nej	Ja	Nej
Hiss (en)	Ja	Ja	Nej
Bar (en)	Nej	Ja	Nej
Handikapprum (ett)	Ja	Nej	Nej
Uppehållsrum (ett)	Ja	Ja	Ja

3 Att anmärka på något

A: Astrid B: Björn

A: Vad är det här för ett hotell! Fönstret går inte att öppna!

B: Ja, det är obegripligt! Här finns inte någon askkopp och den där radion fungerar inte. I det här badrummet finns det ingen tvål och inte en enda handduk. Nästa år tältar vi, den saken är klar!

4a De demonstrativa pronomina *den här, den där*
[Die Demonstrativpronomen *den här, den där*]

Utrum	***Den där*** radion fungerar inte!	***Den här*** duschen är inte bra!
Neutrum	***Det där*** rummet har ingen TV!	***Det här*** hotellet har inget garage!

4b

Du är på ett hotell men är inte riktigt nöjd. Anmärk på något! Bilda meningar med *den/det här* (•) och *den/det där* (➜) som i exemplet. Tänk på den bestämda artikeln!
[Sie sind in einem Hotel, sind aber nicht richtig zufrieden. Beschweren Sie sich! Bilden Sie Sätze mit *den/det här* (•) und *den/det där* (➜), wie im Beispiel angegeben.]

1. hotell / inte bra •
2. hotell / inget garage •
3. radio / fungerar inte ➜
4. hotell / ingen pool •
5. rum / ingen TV ➜
6. rum / ingen telefon •
7. nyckel / passar inte ➜
8. parkeringshus / kostar 90:- /dag! ➜
9. hiss / fungerar inte •
10. hotell / ligger inte i centrum •
11. restaurang / inte bra ➜
12. rum / ingen utsikt över parken •
13. hotell / ingen hiss •
14. TV / fungerar inte ➜

5 Att boka hotellrum
[Ein Hotelzimmer buchen]

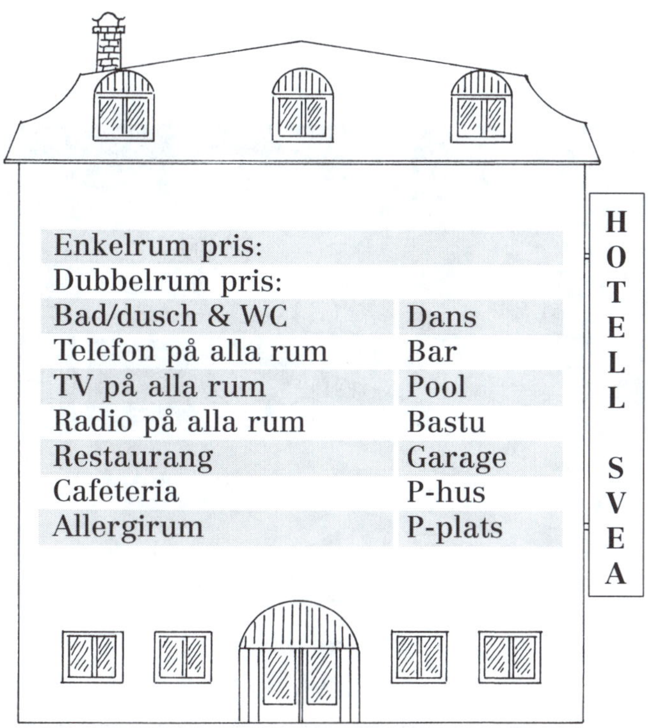

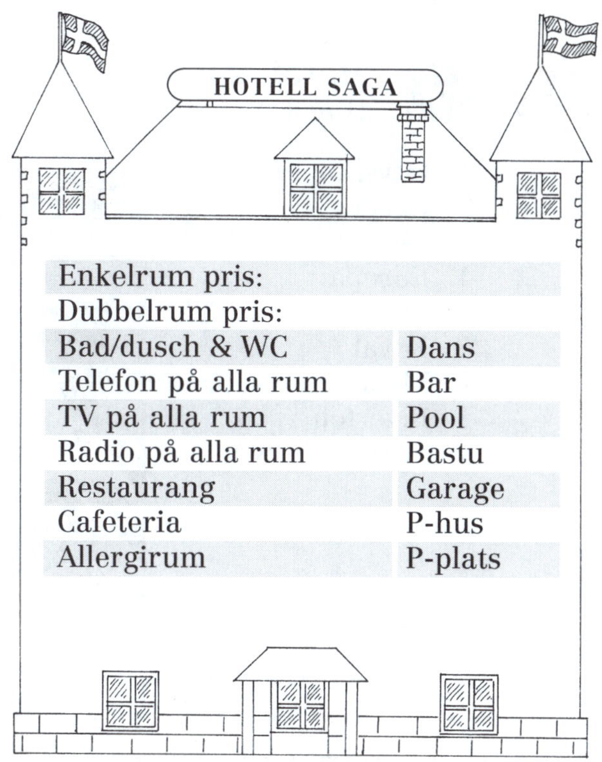

TALA SVENSKA

Läs igenom dialogen "Att ta in på hotell" en gång till. Välj var sitt hotell och fyll i hotellets standard (pris, "ja" eller "nej"). Boka sedan ett hotellrum. Person A bokar hotellrummet och person B är receptionisten. Byt roller!
[Lesen Sie sich den Hoteldialog noch einmal durch. Entscheiden Sie dann, wer von Ihnen welches Hotel hat. Tragen Sie den Hotelstandard (Preis, "Ja" oder "Nein") in Ihr Hotel ein. Buchen Sie ein Hotelzimmer. Person A bucht das Hotelzimmer und Person B ist die Empfangsdame/der Portier. Tauschen Sie Rollen!]

6 Att ringa efter en taxi

T: taxicentral B: Börje

T: Taxicentralen!
B: Goddag! Kan jag få en taxi till Strandvägen 17?
T: Ja, hur var namnet?
B: Andersson.
T: Och vart ska ni?
B: Till stationen.
T: Ja, då kommer bilen strax.
B: Tack.

7 Kan jag få en taxi...

TALA SVENSKA

Ring efter en taxi! Hitta på adresser eller använd kartan på den här sidan. [Bestellen Sie ein Taxi. Erfinden Sie Adressen oder benutzen Sie die Karte auf dieser Seite!]

8 Hotell-spelet

[Das Hotel-Spiel]

1. City-Hotel Ritz
2. Eggers
3. Ekoxen - Kung Karl
4. Europa
5. Sheraton
6. Royal
7. Victors
8. Riverton
9. Scandic Crown

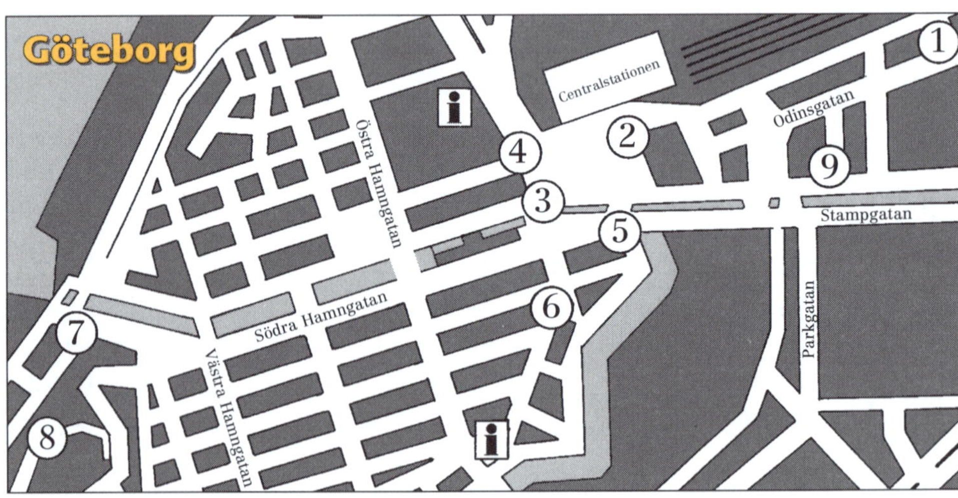

☐ en resväska [Reisetasche] ☐ en klocka [Uhr] ☐ ett paraply [Regenschirm] ☐ en hatt [Hut]

TALA SVENSKA

Jedem Spieler in der Gruppe wird eines der oben aufgeführten Gegenstände zugeordnet. Seinen Gegenstand "versteckt" jeder Spieler in einem der Göteborger Hotels, indem er hinter den Gegenstand die Nummer des Hotels aufschreibt. Nun "fahren oder laufen" die Spieler abwechselnd zu einem Hotel und fragen einen der Spieler, ob der betreffende Gegenstand sich dort befindet. Wer einen Gegenstand zuerst findet, bekommt einen Punkt. Wer am meisten Punkte hat (also maximal 3), hat gewonnen. Benutzen Sie folgende Phrasen:
-Jag tar en taxi/går till fots/cyklar/tar bilen/tar bussen till hotell ... . Finns ... här?
-Nej, i det här hotellet finns ingen/inget ... ./Ja, varsågod, här är ... .

AVSNITT 8

I det här avsnittet lär du dig bl.a.
- att handla mat
- olika livsmedel
- viktenheter och förpackningar
- receptet på "Janssons frestelse"
- några måttenheter
- att använda plural i obestämd form

In diesem Abschnitt lernen Sie u.a.
- Lebensmittel einzukaufen
- verschiedene Lebensmittel
- Gewichtseinheiten und Verpackungen
- das Rezept von "Janssons frestelse"
- einige Maßeinheiten
- den Plural in der unbestimmten Form zu gebrauchen

1 I snabbköpet

A: Agneta B: Bertil

A: Köer, köer, köer!
B: Ja, det är lördag idag.
A: För två bananer måste man vänta här i timmar. Och bara tre kassor som har öppet. Det är inte klokt!
B: Men vi hinner säkert till Åhléns också. De har öppet till 16.00 idag.

2 Öppettider

[Öffnungszeiten]

MAT FÖR VARDAG

KONSUM

KRISTIANOPEL
Månd - Fred 9.00 - 18.00
Lörd - Sönd 9.00 - 15.00
0455 - 660 18

FÅGELMARA
Månd - Fred 9 - 17.30
Lördagar 9 - 12.00
Söndagar Stängt!
0455 - 640 19

Ombud för:
Tipstjänst, Penninglotteriet
Systembolaget (Endast F-mara),
Apoteket.

MAT FÖR FEST

Åremarks Lanthandel
Bed & Breakfast
Rum & Frukost
Urnvägen 22, 297 72 Everöd Telefon/fax: 044-23 80 13

Vi har öppet när andra har stängt!

Måndag - Lördag	08.00 - 20.00
Söndagar	09.00 - 20.00
Helgdagar	09.00 - 20.00

Aino och Rune Åremark

matnära
ÖPPET ALLA DAGAR **9 - 21**
DEGEBERGA
TINGSVÄGEN 61
TEL. 35 50 53

ICA MAT KÖPET
TOLLARP
ÖPPETTIDER
Måndag-fredag....9-20
Lördag..........9-18
Söndag..........10-18
Välkommen!

TALA SVENSKA

Här ser du några snabbköp och en lanthandel med olika öppettider. Fråga varandra och svara. Använd följande fraser: [Hier sehen Sie einige Supermärkte und einen Dorfladen mit unterschiedlichen Öffnungszeiten. Fragen Sie sich gegenseitig und antworten Sie. Benutzen Sie folgende Sätze:]

När öppnar/stänger ...?	... öppnar/stänger klockan ... .
När har ... öppet på vardagar/ lördagar/ söndagar?	... har öppet från ... till ... .

3a

Eva handlar mat

E: Eva   A: Aino (expediten)

Familjen Nilsson bor i en by på landet. Eva Nilsson handlar alltid i en liten butik som ligger mitt i byn. Idag vill Eva handla ganska mycket, så hon tar bilen och kör till affären. Hon går in i affären och hälsar på Aino som jobbar där:

Åremarks Lanthandel

E: Hejsan Aino, hur har du det?
A: Tack, det är bra, och du själv?
E: Jo tack, det är fint. Åke jobbar inte idag, så vi målar trädgårdsmöbler.
A: Jaså, ja det behövs ibland.
E: Jag skulle vilja ha två burkar ansjovis till Janssons frestelse.
A: Åh, det låter gott, något annat?
E: Vad kostar köttfärsen idag?
A: Den kostar 39:90 kilot.
E: Ja, då tar jag fyra hekto. Är salladen färsk?
A: Ja, den är jättefin!
E: Då tar jag ett salladshuvud, några tomater och två gurkor också.
A: Eva, behöver du mjöl? Det är extrapris på det idag.
E: Mjöl? Ja, varför inte, då bakar jag något gott ikväll.

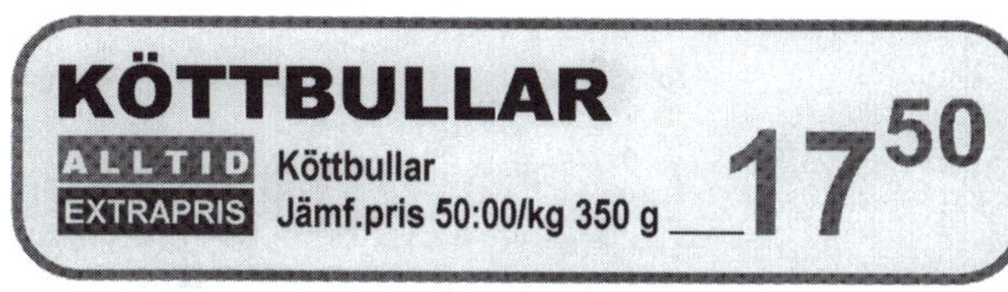

Dessutom handlar Eva köttbullar, en back lättöl, tre liter mjölk, grädde, en flaska äppelsaft, ett paket smör, en limpa, kaffe, en påse potatis, en tub majonnäs, två burkar ananasringar, några lökar, två apelsiner, en bit ost, ett paket tändsticksaskar och fyra rullar toalettpapper. Aino packar allt i två stora kassar. Eva betalar och tackar. Sedan bär hon ut allting till bilen och kör hem.

3b

Stryk under åtta ord var som ni tycker är särskilt svåra. Diktera dem för varandra. Rätta till slut. [Unterstreichen Sie jeder für sich acht Wörter, die Sie für besonders schwierig halten. Diktieren Sie einander diese Wörter. Korrigieren Sie anschließend.]

Systembolaget i Åhus

Apropos *öl* und *jämf.pris*
In Schweden kann man außer leichtem Bier alkoholische Getränke nur im *Systembolag*, der staatlichen Monopol-Ladenkette, kaufen. Auf dem Lande sind viele kleinere Geschäfte Vertreter (*ombud*) für das *Systembolag*.
Jämf.pris (*jämförpris*) ist eine zusätzliche Kilo- oder Literpreisangabe, um Preise der verschiedenen Verpackungsgrößen vergleichen zu können.

4a Substantiv - plural (obestämd form)

[Das Substantiv - Plural (unbestimmte Form)]

Jag skulle vilja ha två ***gurkor***, tack.
Jag tar två ***påsar*** med äpplen.
Har du ***apelsiner***?

Dekl.	Singular	Plural
1.	en gurka	många gurk***or***
2.	en påse	många pås***ar***
3.	en apelsin	många apelsin***er***
4.	ett äpple	många äpple***n***
5.	ett ägg	många ägg

4b

Gå igenom grammatiken noga. Ha tålamod och tänk på att det tar tid att lära sig ett främmande språk! Titta på teckningen med lanthandeln. Vad heter varorna i singular och i plural? Du har hjälp av gloslistan i övningsboken.
[Gehen Sie die Grammatik sorgfältig durch. Haben Sie Geduld und denken Sie daran, daß es Zeit braucht, eine fremde Sprache zu lernen! Schauen Sie auf die Laden-Zeichnung. Wie heißen die Waren im Singular und im Plural? Die Vokabelliste im Übungsbuch hilft Ihnen.]

5 Handla i en lanthandel!
[In einem Dorfladen einkaufen]

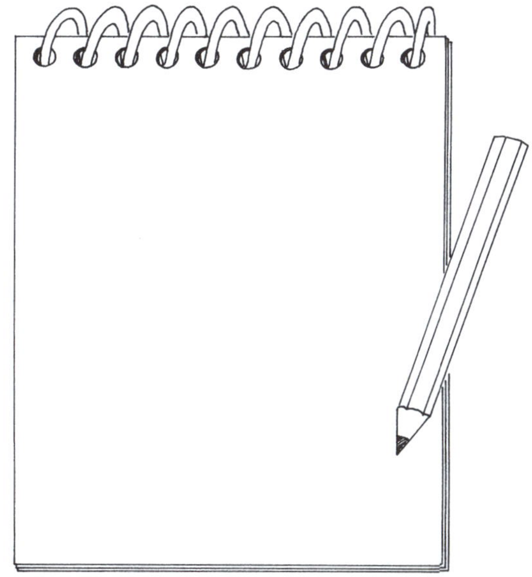

TALA SVENSKA

Läs igenom dialogen "Eva handlar mat" en gång till! Skriv sedan var sin inköpslista på tyska, byt listorna och handla i lanthandeln! Person A är kund och person B är - den endast svensktalande (!) - expediten. Byt sedan roller.
[Lesen Sie den Dialog "Eva handlar mat" noch einmal durch. Schreiben Sie jeder eine Einkaufsliste auf Deutsch, tauschen Sie die Listen und kaufen Sie im Dorfladen ein! Person A ist der Kunde und Person B ist der - nur Schwedisch sprechende (!) - Verkäufer. Tauschen Sie dann die Rollen.]

6 Recept på Janssons frestelse
4 portioner

Ingredienser:
En burk ansjovisfiléer
(ungefär 20 ansjovisar)
1 kg potatis (ca 12 potatisar)
2 gula lökar
3 dl grädde eller mjölk
1-2 matskedar (msk) margarin

Ugnstemperatur 225 grader.
Först skalar du potatisen och skär den i strimlor. Sedan skalar du löken, skär den i bitar och steker den hastigt. Nu kan du smörja en form och varva potatis, ansjovis och lök. Du slutar med potatis. Sedan häller du över hälften av grädden, lägger på några klickar margarin och låter formen stå (mitt i ugnen) i 45 minuter.
Till slut häller du över resten av grädden och låter formen stå i ugnen ca 15 minuter till. Du kan servera Janssons frestelse med en sallad.

Lycka till och smaklig måltid!

7 Byt recept!
[Tauschen Sie Rezepte aus!]

TALA SVENSKA

Vet du något bra recept? Skriv upp receptet på tyska först och berätta sedan på svenska för dina kurskamrater vad du behöver för ingredienser och hur du lagar maträtten eller bakar kakan!
[Kennen Sie ein leckeres Rezept? Schreiben Sie es erst einmal auf Deutsch auf und erzählen Sie dann auf Schwedisch den anderen Kursteilnehmern, welche Zutaten Sie dafür benötigen und wie Sie Ihr Gericht zubereiten oder Ihren Kuchen backen.]

Avsnitt 9

I det här avsnittet lär du dig bl.a

- att beställa mat och dryck på en restaurang
- tala om hur någonting smakar
- uttrycka att du tycker/inte tycker om något
- hur en svensk matsedel kan se ut
- att använda imperativ
- att använda adverben *också, inte heller*

In diesem Abschnitt lernen Sie u.a.

- im Restaurant Essen und Getränke zu bestellen
- zu sagen, wie etwas schmeckt
- auszudrücken, daß Sie etwas mögen bzw. nicht mögen
- eine schwedische Speisekarte kennen
- den Imperativ zu gebrauchen
- die Adverbien *också, inte heller* zu gebrauchen

Restaurang Kipper i Kristianstad

Gästgivaregården i Åhus

Wisby Hotell i Visby

1a

Ett restaurangbesök

M: Mamma P: Pappa G: Göran, 5 år T: Tomas, 3 år S: Servitör

Familjen Dahlgren är i Visby med sin segelbåt för att uppleva medeltidsveckan. De tittar på ett äkta tornerspel och sedan bestämmer de sig för att äta en bit mat. De går in på Wisby Hotells restaurang som ligger alldeles ovanför hamnen.

P: Ska vi ta bordet här vid fönstret?
M: Ja, det ser väl trevligt ut.
G: Pappa, vart går pojken där ute?
P: Jag vet inte Göran, kanske till hamnen.
G: Mamma, jag vill ha pommes frites!
M: Göran! Sluta gnälla nu, är du snäll! Jag vet att du är trött och hungrig. Vi beställer mat strax.
S: Varsågoda, här är matsedeln.
P: Tack! Är det någonting ni kan rekommendera?
S: Vi har en mycket fin hälleflundrafilé.
M: Har ni barnmeny?
S: Javisst. Korv och pommes frites eller köttbullar och potatismos.
P: Tomas och Göran, vad vill ni ha nu då?
T: Pommes frites!
G: Jag vill också ha pommes frites.
P: Då tar vi två portioner med korv och pommes frites, tack. Jag skulle vilja ha räksallad som förrätt. Som huvudrätt tar jag "Gödkalv och Hummer".
M: Jag har svårt att bestämma mig … . Jag tycker så mycket om soppa... kan jag få en fisksoppa som förrätt. Sedan tar jag hälleflundrafilé med sås och kokt potatis.
S: Gärna det. Något att dricka?
P: Ett glas juice och ett glas mjölk och två lättöl, tack!
S: Ja tack, jag kommer strax.

S: Varsågoda! Smaklig måltid!
P: Tack så mycket!
M: Åh, det smakar gott!
P: Ja, entrecoten är mör och fin. Inte så seg som på restaurang Loftet.

G: Mamma, jag orkar inte mer.
T: Inte jag heller. Jag är proppmätt!
M: Ät upp maten nu så blir det glass sedan.
T: Jippi, glass!
P: Vill du också ha glass Anita?
M: Nej tack Sven, jag är så nöjd.
P: Är ni färdiga, så ber jag om notan.
M: Tack för maten Sven, det var jättegott!
G: Tack för maten pappa!

Restaurang "Friheten" på Wisby Hotell i Visby

1b

Skriv av sju meningar var men utelämna ett ord i varje mening (skriv "..." i stället). Byt meningar och fyll i de ord som saknas. Rätta gemensamt till slut.
[Schreiben Sie sieben Sätze ab, aber lassen Sie ein Wort pro Satz aus (schreiben Sie stattdessen an dieser Stelle "..."). Tauschen Sie die Sätze und tragen Sie die fehlenden Wörter ein. Korrigieren Sie anschließend gemeinsam.]

2a Verb - imperativ
[Das Verb - Imperativ]

Sluta gnälla nu!	***Sluta*** gnälla nu, är du snäll! / Var snäll och ***sluta*** gnälla!
Ät upp maten!	***Ät*** upp maten, är ni snälla! / Var snälla och ***ät*** upp maten!

2b

Säg till någon i gruppen att:
[Sagen Sie zu jemandem in der Gruppe:]

1. stänga fönstret
2. rekommendera något gott
3. reservera ett bord
4. beställa en taxi
5. köpa kaffe
6. bestämma sig
7. svänga till höger
8. titta på kartan
9. hjälpa till
10. tala långsamt
11. komma i morgon
12. handla mat
13. boka ett hotellrum
14. växla pengar
15. ringa till Jan

3 Det fattas något
[Es fehlt etwas]

1 saltströare -n - (salt)
2 pepparströare -n - (peppar)
3 (vin)glas -et -
4 duk -en -ar
5 sked -en -ar
6 dessertsked -en -ar
7 servett -en -er
8 djup tallrik -en -ar
9 kniv -en -ar
10 tallrik -en -ar
11 gaff/el -eln -lar

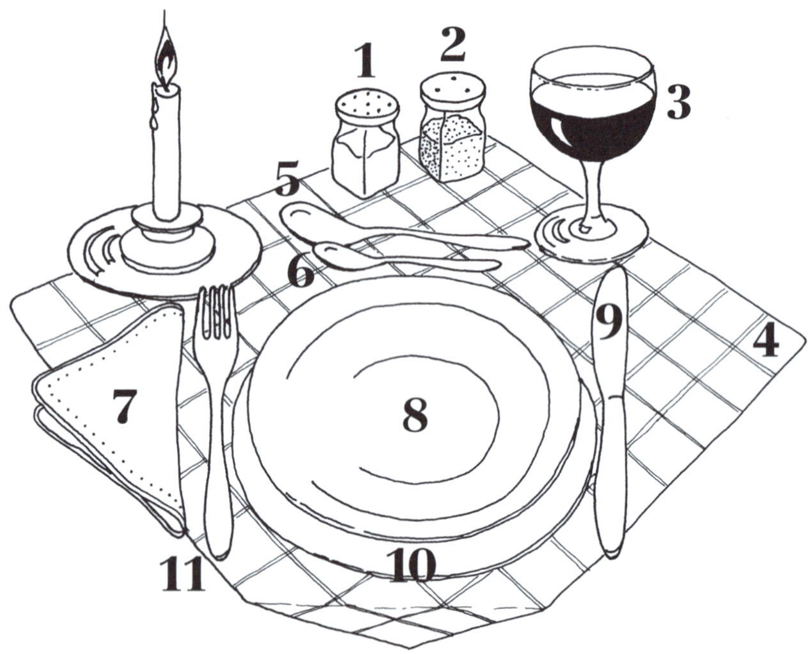

En kursdeltagare "dukar bordet" för en person och räknar upp vad han dukar. Han "glömmer" några saker. Nästa kursdeltagare räknar upp vad som fattas på bordet. Varje kursdeltagare dukar bordet en gång. Använd följande fraser:

[Ein Kursteilnehmer "deckt den Tisch" für eine Person, zählt auf, was gerade auf den Tisch kommt und "vergißt" ein paar Sachen. Der nächste zählt auf, was noch auf dem Tisch fehlt. Jeder in der Runde deckt einmal den Tisch. Benutzen Sie die Wendungen:]

Jag dukar ... .
Det fattas ... .

Apropos *bord*

Smörgåsbord oder *gående bord* sind ein skandinavisches Buffet.

4a Adverben *också, inte heller*
[Die Adverbien *också, inte heller*]

Hanna tycker om glass.	Kristin tycker ***också*** om glass.
Hanna tycker inte om öl.	Kristin tycker ***inte heller*** om öl.

4b

Kryssa för vad ni tycker om (+) eller inte tycker om (-). Tala sedan om en sak i taget som exemplet visar:
[Kreuzen Sie jeder für sich an, was Sie mögen (+) oder nicht mögen (-). Erzählen Sie von jeweils einer Sache nach folgendem Muster:]

A : Jag tycker om/inte om ... .
B : Jag tycker också/inte/inte heller om ... .

Drycker	+	-
öl		
vitt vin		
rött vin		
te		
kaffe		
konjak		
whisky		
champagne		

Frukt & bär	+	-
apelsiner		
äpplen		
aprikoser		
fikon [Feigen]		
russin [Rosinen]		
lingon [Preiselbeeren]		
körsbär [Kirschen]		
blåbär		

Fisk & kött	+	-
lax		
sill		
räkor		
kräftor		
lever		
lammkött		
skinka		

Grönsaker & kryddor	+	-
ärter		
svamp		
sparris [Spargel]		
vitlök		
spenat		
chilipeppar		
persilja [Petersilie]		

5 Ät en bit mat på restaurangen - ett rollspel
[Essen im Restaurant - ein Rollenspiel]

TALA SVENSKA

Lesen Sie den Dialog "Ett restaurangbesök" noch einmal durch. Spielen Sie eine Szene im Restaurant zu viert und benutzen Sie die Speisekarte auf der nächsten Seite. Schlagen Sie Wörter, die Sie nicht verstehen, im Wörterverzeichnis nach. Die Rollen: Mama (mag keinen Fisch, kann sich schlecht entscheiden), Papa (bezahlt die Rechnung), Sandra (4 Jahre, will ihr Essen nicht aufessen) und ein Kellner (empfiehlt ein Gericht). Die Situation: Sie sind in Visby und möchten essen gehen. Sie gehen in das Restaurant von Wisby Hotell und suchen sich einen Tisch. Wählen Sie Essen und Getränke und bestellen Sie. Haben Sie Phantasie! Viel Spaß! "Trinkgeld" heißt *dricks* und für "Stimmt so!" sagt man: *Det är jämt.*

FRIHETEN - Wisby Hotell

MATSEDEL

förrätter

Räksallad på Joppes vis 48:-

Västerbotten & Löjrom 76:-
SMÖRDEGSINBAKAD VÄSTERBOTTENOST MED LÖJROM OCH RÖDLÖK.

Gravad Oxfilé 78:-
MED GOTLÄNDSK HONUNGSENAP OCH VINTERSALLAD.

Sydfransk fisksoppa 75:-
MUSTIG SOPPA MED DAGENS FÄRSKA FISKAR. SERVERAS MED ROUILLE OCH ROSTAT BRÖD.

huvudrätter

Hälleflundra 175:-
KOKT HÄLLEFLUNDRAFILÉ MED SÅS PÅ FÄNKÅL OCH CAMPARI.

Svärdfisk 178:-
GRILLAD SVÄRDFISK MED SKALDJURSRISOTTO OCH CITRON-BEURRE BLANC.

Gödkalv & Hummer 190:-
GRILLAD ENTRECOTE AV GÖDKALV MED RAGU PÅ ROSTAD POTATIS OCH ÖRTER.
SERVERAS MED HUMMERMEDALJONG.

Renfilé 184:-
SERVERAS MED JORDÄRTSKOCKEPURÉ, LINGONSYLT OCH STORVILTJÄGARSÅS.

Tournedos Rossini 192:-
SVENSK OXFILÉ MED GÅSLEVER, TRYFFEL OCH DEMI GLACE.

efterrätter

Chokladbrulé 48:-
VIT CHOKLADBRULÉ MED STJÄRNANIS OCH VANILJ.

Glass & Choklad Wisby Hotell 56:-
VANILJGLASS OCH CHOKLADSÅS PÅ VÅRT ALLDELES SPECIELLA VIS.

Saffranspannkaka 63:-
VÅR ERKÄNT GODA SAFFRANPANNKAKA MED SALMBÄR OCH LÄTTVISPAD GRÄDDE.

barnmeny

Köttbullar och potatismos. 40:-
GLASS SERVERAS TILL EFTERRÄTT

Grillkorv och pommes frites. 35:-
GLASS SERVERAS TILL EFTERRÄTT

Pannkaka med sylt och grädde 38:-
GLASS SERVERAS TILL EFTERRÄTT

drycker

Rött vin: Côte du Rhône A.C.	glas	33:50
Vitt vin: Alzeyer Wartberg QbA	glas	33:50
Öl: Carlsberg de Luxe	flaska	27:50
Loka (mineralvatten)	flaska	15:50
läsk	flaska	18:-
Äppeljuice	flaska	20:-
Coca-Cola	glas	18:50
Mjölk	glas	18:00
Te	kanna	20,50
Kaffe	kanna	25,00

SAMTLIGA PRISER INKLUDERAR MERVÄRDESSKATT

Avsnitt 10

I det här avsnittet lär du dig bl.a.

- att köpa frimärken på posten
- ord och uttryck i samband med brev
- att gratulera någon på födelsedagen
- lite om midsommartraditionen i Sverige
- namn på andra helger
- namn på månaderna
- ordningstal, datum och årtal
- att använda objektpronomen

Midsommar i Sverige

1 På posten

K: kund E: expedit

K: Hej, jag skulle vilja skicka ett vykort till Tyskland. Vad kostar det?
E: Vykort och brev kostar 7:- kronor.
K: Då tar jag ett sjukronorsfrimärke. Är vykortet framme den sjuttonde?
E: Det är den fjortonde idag. Ja, med lite tur kommer det nog fram i tid.

2a Ordningstal, datum och årtal

1	första	5	femte	9	nionde	13	trettonde
2	andra	6	sjätte	10	tionde	14	fjortonde
3	tredje	7	sjunde	11	elfte	15	femtonde
4	fjärde	8	åttonde	12	tolfte	osv.	

Vilket datum är det idag?	Idag är det ***den femtonde mars***.
När är Anneli född?	Anneli är född ***1997 (nittonhundranittiosju)***.
När fyller Sune år?	Sune fyller år/har födelsedag tisdagen ***den fjärde juni***.

2b

Titta på månaden april i almanackan! När har ... namnsdag? När är det flaggdag? Fråga varandra och svara!

vår
mars
april
maj

sommar
juni
juli
augusti*

V	MÅNDAG	TISDAG	ONSDAG	TORSDAG	FREDAG	LÖRDAG	SÖNDAG
14	1 Harald	2 Gunnel	3 Ferdinand	4 Irene Skärtorsdagen	**5** Nanna Långfredagen	6 Vilhelm Påskafton	**7** Irma Påskdagen
15	**8** Vanja Annandag Påsk	9 Otto	10 Ingvar	11 Ulf	12 Julius	13 Artur	**14** Tim
16	15 Olivia	16 Patrik	17 Elias	18 Volmar	19 Olaus	20 Amalia	**21** Annika
17	22 Allan	23 Georg	24 Viveka	25 Markus	26 Teresia	27 Enok	**28** Ture
18	29 Kennet	30 Mariana Valborgs-mässoafton					

* Augusti uttalar man "agusti".

höst
september
oktober
november

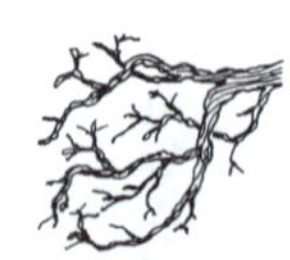

vinter
december
januari
februari

Apropå *Sveriges flagga*

I Sverige är flaggan ofta i topp. Man flaggar på allmänna flaggdagar, helgdagar eller när det finns anledning. Under tiden 1 mars till 31 oktober hissar man flaggan kl. 08.00, under övrig tid av året kl. 09.00. Man halar den vid solnedgången men inte senare än kl. 21.00.

3 Lite om dig själv

TALA SVENSKA

Fråga varandra och svara! Använd följande fraser:

När fyller du år?	Jag fyller år den ...
Vilket år är du född?	Jag är född ...

Ta fram era almanackor och tala om vad ni har för planer i år/nästa år.
Fråga varandra:

Vad har du för dig i januari, februari, mars, ... ?

4a Ett födelsedagsbrev

Fredrik fyller arton år den andra juni. Fredriks mormor som bor i Norrtälje köper en fin födelsedagspresent till honom. Sedan skriver hon ett brev, packar ett paket och går till posten. Här är brevet:

Norrtälje den 2/6 1992

Kära Fredrik!
Grattis på födelsedagen! Vad tiden går fort! Nu är du redan arton år och myndig. Jag ser dig cykla omkring med din första cykel. Jag girerar lite pengar till körkortet. Hoppas du tycker om Sverigespelet. Fotot från Norrtälje är till mamma. Hur har Pia det? Träffar du henne ibland? Som du vet kan jag tyvärr inte komma och hälsa på er. Jag orkar inte resa så mycket nu längre. Men ni kommer väl som vanligt till midsommar? Det är alltid så roligt att ha er här! Det är fel på bilen men jag hoppas att Olle reparerar den på lördag. Här i Norrtälje är det 25 grader i skuggan. När jag är färdig med brevet ska Signe och jag åka till sjön för att bada. Sten som bor hos Gunilla och Jens följer med oss. Jag hoppas att födelsedagskalaset blir trevligt!
Hälsa Anna så gott och ge henne en kram från mig. Hälsa mamma och pappa också.

Kram
Mormor

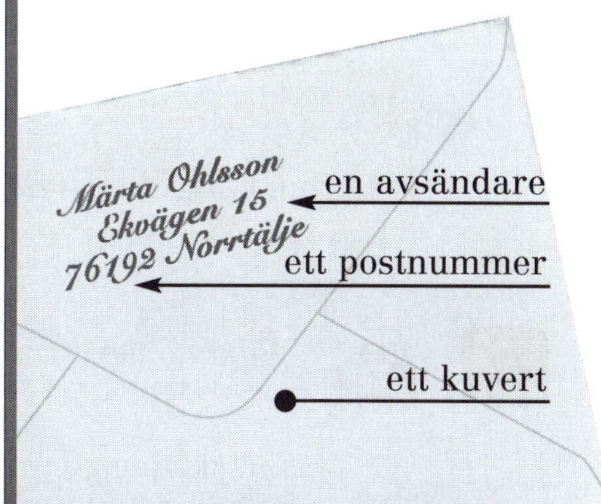

4b

Dela upp texten i två delar. Diktera var sin del för varandra. Rätta till slut.

5 Ja, må han leva! - en svensk födelsedagsvisa

Ja, må han* leva!
Ja, må han leva!
Ja, må han leva uti hundrade år!
Javisst ska han leva!
Javisst ska han leva!
Javisst ska han leva uti hundrade år!

*Är det en kvinna eller flicka som fyller år sjunger man "Ja, må hon leva!")

6a Personliga pronomina - objektform

Kan du skicka paketet till ***mig***?
Ser du Lars? - Ja, jag ser ***honom***.
Jag ringer upp ***dig*** på onsdag.

* Pronomina ***de*** och ***dem*** uttalar man [dom].

Subjektform	Objektform
jag	***mig***
du	***dig***
han	***honom***
hon	***henne***
den	***den***
det	***det***
vi	***oss***
ni, ni	***er, er***
de*	***dem****

6b

Vilket objektpronomen saknas?

1.	Vad ska jag ge Anna?	Ge ... en flaska parfym!
2.	Är paketet till mig?	Ja, det är till ... .
3.	När kan ni laga radion?	Vi kan laga ... på måndag.
4.	Kan Sten följa med er?	Ja, han kan gärna följa med ... .
5.	När kan jag ringa dig?	Ring ... på onsdag, är du snäll!
6.	Ser du Ulla och Göran?	Ja, jag ser ... där borta.
7.	Träffar du Sven i morgon?	Nej, tyvärr träffar jag ... inte.
8.	Tycker du om Lisa?	Ja, jag tycker verkligen om ... .
9.	Kan du posta brevet?	Ja, jag kan posta ... .
10.	Tänk på mig, Lotta!	Ja, jag ska tänka på ... .

7 En trevlig födelsedagspresent

TALA SVENSKA

Berätta för varandra vad ni ska ge er son, dotter, fru, vän/väninna i födelsedagspresent. Använd gärna lexikon! Du har hjälp av följande fraser:

Min son/dotter/fru/vän/väninna/ fyller år den ... .
Jag har en fin födelsedagspresent till honom/henne. Han/hon ska få en/ett ...av mig.

8a Midsommar i Sverige

Fredrik berättar:

Midsommar är en stor högtid på sommaren. Den infaller alltid helgen runt den 24 juni, så att midsommarafton alltid är en fredag och midsommardagen en lördag. Särskilt i Dalarna och på Skansen i Stockholm har man en rik midsommartradition och många reser dit för att uppleva festen där. Midsommarstången intar en central plats. Det är en gammal sol- och fruktbarhetssymbol. På midsommarafton samlas man på idrottsplatser eller hos någon bekant. Ibland ordnar kyrkan en midsommarfest också. Gemensamt klär man midsommarstången med löv och blommor, reser den och dansar runt den. Man dansar till vislekar och folkmusik. Många har folkdräkt på sig och kvinnor och barn har kransar i håret. Den svenska sommarnatten är kort runt midsommar, så man fortsätter ofta att dansa till fiolmusik och dragspel på logar och bryggor, tills solen går upp igen.
En annan sida av midsommarfirandet är att många ungdomar träffas med bilar, motorcyklar, bandspelare och sprit. Här råder en annan "romantik" och polisen har mycket att göra.
Maten till midsommar består av sill i många variationer och nypotatis med dill. Nubben hör naturligtvis också till. Till efterrätt äter vi alltid jordgubbar med vispgrädde.
Midsommar är kärlekens fest. Man säger att flickor som denna natt lägger sju sorters blommor under huvudkudden, drömmer om mannen de kommer att gifta sig med.

Midsommar i Dalarna

8b

En kursdeltagare börjar att säga ett påstående som har anknytning till texten ovan.
T.ex. *Midsommar är en högtid på sommaren* eller *midsommar är en högtid på våren*. En annan kursdeltagare ska avgöra om påståendet stämmer eller inte och säger "Det är rätt" eller "Det är fel". Var påståendet fel försöker hon/han att rätta till det som inte stämmer. Sedan fortsätter hon/han med ett annat påstående osv.

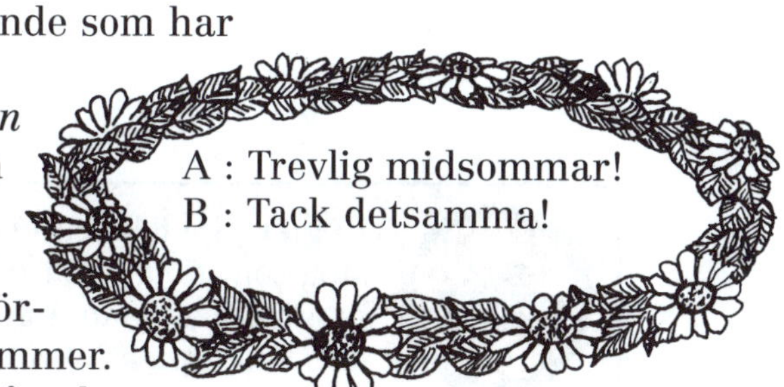

9 Almanack-spelet

3 Nyårsdagen (1/1)
Du sover till kl. 15.00 ✻

6 Trettondagsafton (5/1)
Du bjuder vänner på middag. ❑

7 Trettondagen (6/1)
Du fyller år. Grattis! ▶15

11 Långfredagen
Här måste du vänta tills den sista deltagaren går om dig.

12 Påskafton (vardag)
Du får ett påskägg. ❑

13 Påskdagen
Du firar påskgudstjänst i kyrkan. ✻

14 Annandag Påsk
Du är hos vänner och äter påskbord. Det är en rolig kväll. ▶16

17 Valborgsmässoafton (30/4)
(vardag) Du går till majbålet och grillar korv. ◀ 10

18 Första maj (1/5)
Du demonstrerar. ◀ 15

20 Kristi Himmelfärdsdag
Du gör en utflykt med familjen. ▶22

23 Pingstafton
Du gifter dig och är lycklig. ▶29

24 Pingstdagen
Din sons konfirmation. ❑

25 Annandag Pingst
Du hälsar på din mormor. Drick kaffe med henne. ✻

28 Sveriges nationaldag (6/6)
(vardag) Du vill hissa flaggan men kan inte hitta den. ◀ 21

31 Midsommarafton (vardag)
Klä midsommarstången! ✻

32 Midsommardagen
Du är i Lappland och upplever midnattssolen. ❑

35 Allhelgonadagen (1/11)
Gå till kyrkogården och tänd ett ljus! ▶37

38 Nobeldagen (10/12)
(vardag) Du känner nobelpristagaren i fysik. Gratulera honom! ▶41

40 Luciadagen (13/12) (vardag)
Kvinna: Du är Sveriges Lucia. ▶42
Man: Du vill inte vara stjärngosse. ✻

43 Julafton (24/12) (vardag)
Du klär ut dig till tomte och delar ut julklappar. ▶46

44 Juldagen (25/12)
Du hälsar på släkten och dansar kring granen. ✻

45 Annandag Jul (26/12)
Du äter för mycket av julbordet. ◀ 30

48 Nyårsafton (31/12) (vardag)
Grattis! Vi skålar med champagne. Du är spelets vinnare!

✻ Stå över ett kast.
❑ Slå ett extra kast.
▶ Gå fram till nummer...
◀ Gå tillbaka till nummer...

TALA SVENSKA

Regler: Spela med en tärning. Varje deltagare har en spelpjäs. Man flyttar det antal steg som tärningen utvisar. Hamnar man på en "almanacka" måste man följa anvisningen. Obs! Man måste gå ut på jämt tärningskast. Den som först hamnar på nummer 48 vinner spelet. Lycka till!

AVSNITT 11

I det här avsnittet lär du dig bl.a.
- släktord
- vad som är typiskt för en svensk kaffebjudning
- hur man tackar i Sverige
- att använda possessiva pronomina
- att använda de reflexiva possessiva pronomina *sin, sitt, sina*

1a Kafferep hos Märta

M: Märta F: Frida

Märta och Frida träffas ibland för att dricka eftermiddagskaffe tillsammans. Idag är det Märtas tur att stå för kaffe och kakor. Det ringer på dörren och Märta går och öppnar.

M: Hej kära du, stig på. Det regnar ser jag. Jag kan ta ditt paraply.

F: Tack. Hejsan Märta. Ja usch, det öser ner.

M: Tack för senast, Frida! Ditt födelsedagskalas var fantastiskt.

F: Tack själv, Märta. Det var en härlig dag. Många presenter och blommor. Hur har du det med ryggen?

M: Jag har problem nu efter operationen. Man måste ta det lugnt. Kaffet är klart, Frida. Kom in och sätt dig.

F: Tack ska du ha. Är det dina släktingar på det där fotot?

M: Ja, just det. Fotot är från 1930. Det här är jag. Här är min mor. Min syster Eva sitter i knät på min kusin.

F: Det är väl din son på bröllopsfotot?

M: Precis. Hans fru Inga är så söt och rar! Hon strålar som en sol och klagar aldrig. Hennes föräldrar kommer från Finland. Varsågod, ta för dig av vetebrödet, Frida!

F: Tack. Åh, vad gott!

M: Ja, det är mitt vanliga recept, du vet. Det här är mina barnbarn Jens och Charlott. Tänk, vad tiden går. Jens börjar studera medicin till hösten.

F: Han är ganska lik sin far, tycker jag.

M: Det har du rätt i. Charlott är mer lik sin mamma.

F: Är det här din syster?

M: Nej, det är min kusin Anna och det här är hennes man. Mycket duktig är han. Han renoverar sitt hus alldeles själv.

F: Ja, han ser ut att ha energi för två! Förresten, har ni kvar er sommarstuga?

M: Du menar vårt hus på Öland? Ja, vi turas om att vara där på sommaren och i september hyr vi ut stugan till en tysk familj. Vill du ha påtår, Frida?

F: Tack, gärna.

Så här kan Märta och Frida prata i timmar!

1b

Läs dialogen en gång till. Träna sedan glosorna. Använd följande fraser:

- Vad heter "eine Schwester" på svenska?
- "Eine Schwester" heter "en syster" på svenska.

2a Possessiva pronomina

Min morfar bor i Kiruna.
Mina döttrar heter Lotta och Josefin.
Mitt barnbarn hälsar på idag.
Är det *hans* fru?

	Utrum	Neutrum	Plural
jag	min	mitt	mina
du	din	ditt	dina
han	hans	hans	hans
hon	hennes	hennes	hennes
den	dess	dess	dess
det	dess	dess	dess
vi	vår	vårt	våra
ni, ni	er, er	ert, ert	era, era
de	deras	deras	deras

2b

Bilda meningar som i exemplet:
klocka/jag: Vems klocka är det här? Det är min klocka.

1. hus/han
2. nycklar/ni
3. paraply/hon
4. medicin/vi
5. blommor/du
6. sommarstuga/de
7. almanacka/ni
8. bil/jag
9. korg/han
10. kuvert/du
11. kaffekopp/jag
12. resväskor/hon
13. bollar/vi
14. pengar/vi
15. karta/han
16. telefonnummer/de
17. broschyrer/du
18. tidningar/hon
19. påse/du
20. äpple/jag
21. penna/han
22. fiol/hon
23. foton/jag
24. bulle/han

3a De reflexiva possessiva pronomina *sin, sitt, sina*

Utrum	Neutrum	Plural
sin	sitt	sina

Han tar sin hatt.

Han tar hans hatt.

3b

Sätt in *hans, hennes, deras, sin, sitt* eller *sina*!

Lars och … (1) fru åker med … (2) bil till Uppsala. Lars och Ulla ska hälsa på … (3) dotter. Ulla är lite arg. … (4) kamera ligger hemma på köksbordet. Nu kan hon inte fotografera … (5) första barnbarn. Det är tur att Lars har med sig … (6) videokamera. Ulla tänker på … (7) dotterson. Hon tänker på … (8) små (*klein*) fingrar och fötter som hon snart ska hålla i … (9) händer. Lars och Ulla är snart framme i … (10) födelsestad Uppsala. De är lite nervösa när de svänger in på Sveavägen där … (11) dotter bor. De parkerar bilen, tar … (12) saker och ringer på dörren.

4 Min familj - ett foto från 1930

TALA SVENSKA

Berätta för varandra om er familj. Om ni vill kan ni berätta om en "fantasifamilj".
Till exempel:
Min bror, min syster (mina syskon) heter ... . Han är ... år gammal. Hans fru heter ... . Mina föräldrar bor i ... osv.
Du har hjälp av gloslistan i övningsboken. Ta gärna med ett fotoalbum.
Pluralformer av vissa släktord:
mor - mödrar far - fäder son - söner dotter - döttrar bror - bröder

5a Vetebröd och "tack för senast"

Typiskt för en svensk kaffebjudning är vetebrödet, antingen som vetelängd, fläta, krans eller bulle. Den släta bullen har ingen fyllning. Kanelbullen har kanel, smör och socker som fyllning. Vetelängder och flätor har ofta en fyllning av smör, socker, kardemumma eller kanel, hackad mandel, nötter eller mandelmassa.
Till Lucia och jul bjuder man på lussekatter och annat vetebröd som är gult av saffran.
På en svensk kaffebjudning bjuder man alltid först på vetebröd och småkakor och avslutar med tårtan. Eftersom man i Sverige för det mesta äter varm mat på kvällen, dricker man gärna kaffe ungefär klockan 15.00.
I Sverige tackar man gärna och ofta. Man tackar för maten, för frukosten, för kaffet eller teet. Man tackar för igår, för idag, för ikväll och man tackar för senast, dvs. man tackar värdfolket för bjudningen inom en vecka skriftligt, per telefon eller första gången man ses igen efter bjudningen eller kalaset.

5b

Välj en bit text var, ungefär 4 meningar och läs dem noga. Diktera sedan meningarna för varandra. Rätta till slut!

6 Vad är typiskt för en tysk kaffebjudning?

TALA SVENSKA

Tala med varandra om vad som är typiskt för en tysk kaffebjudning? Vad bjuder man på? Vilken tid på eftermiddagen träffas man för att dricka kaffe? Finns det en speciell kaka till jul? Tackar man lika mycket i Tyskland?

Avsnitt 12

I det här avsnittet lär du dig bl.a.

- att tanka på en bensinstation
- att klara situationen på svenska om du får motorstopp
- att nämna olika skador på bilen
- namn på några bildelar
- lite om "Summer Session" på Uppsala Universitet
- att använda preteritum
- några vanliga tidsuttryck

Linnégården i Uppsala

Carl von Linné (1707 - 78)

Uppsala domkyrka

1a

På bensinstationen

A: Anna S: serviceman

Det var Annas otursdag i söndags. Hon råkade få motorstopp på bilen när hon körde till sina föräldrar. Men tack vare att macken hade söndagsöppet kunde hon få hjälp ändå:

S: Hej, vad kan jag hjälpa dig med?
A: Hej, mitt namn är Anna Johansson. Det var jag som ringde för en stund sedan och hade motorstopp.
S: Ja just det, gick det bra att bogsera hit bilen?
A: Jodå, jag hade tur och fick hjälp. Det var inget problem.

De går ut till bilen.

S: Jag förmodar, att det antingen är fel på bränslepumpen eller på tändningen. Jag ska köra in bilen i verkstaden och ta mig en titt.

Efter en stund.

S: Som jag trodde, var det fel på tändningen, så jag bytte kabel. Samtidigt kollade jag bromsvätskan och fyllde på olja. Annars är allt okej.
A: Tack för att du lagade bilen. Men titta, är det inte väl lite luft i bakdäcket där?
S: Jo, det är sant. Jag ska fylla på lite åt dig.
A: Vad bussigt! Jag är lite oteknisk.
S: Åh, det påstår alla tjejer. Så där ja, det duger!
A: Jag ska bara tanka också.
S: Ta pump nummer två, så slipper du tanka vid sedelautomaten.

Anna tankade, gick till kassan, betalade och tackade för hjälpen. Hon tvättade framrutan och slängde allt godispapper som låg och skräpade i bilen. Jag hade tur i oturen, tänkte Anna, innan hon körde iväg.

1b

Stryk under åtta ord var som ni tycker är svåra. Diktera dem för varandra. Rätta till slut.

Apropå *bilkörning*

Motorvägen har två körfält i varje riktning. Det är tillåtet att köra 110 km i timmen.

Motortrafikleden har ett körfält i varje riktning. Det är tillåtet att köra 110 km i timmen.

I Sverige måste man köra med halvljus även på dagen!

Du får inte köra bil med mer än 0,2 promille alkoholhalt i blodet.

2a Verb - preteritum

Konj.	Preteritum
1.	Jag *talade* med Rolf i går.
2a.	*Ringde* du Göran?
2b.	Jag *köpte* stugan i Småland 1993.
3.	Sven *bodde* i London i många år.
4.	Eva *hade* otur. Hon *fick* motorstopp på bilen.

2b

Gå igenom grammatiken noga först. Läs sedan meningarna och sätt in det ord som passar (i preteritum)!

ha, slänga, betala, vara, ringa, hjälpa, åka, byta, tanka, tvätta, förmoda, gå, bogsera, ta, fylla, kolla

1. Servicemannen ... Anna med bilen.
2. De ... till Flen i lördags.
3. Göran ... innan han körde till Stockholm.
4. Eva ... att det var fel på tändningen.
5. Karin ... tur i oturen.
6. De ... bilen till verkstaden.
7. Lasse ... sig en titt på bilen.
8. Sune ... säkring.
9. Det ... inget problem.
10. Lotta ... allt godispapper.
11. Karin ... till kassan för att betala.
12. Anna ... framrutan.
13. Arne ... med en hundralapp.
14. Sture ... till Lotta i förrgår.
15. Servicemannen ... på olja.
16. Kalle ... bromsvätskan.

3 Några bildelar

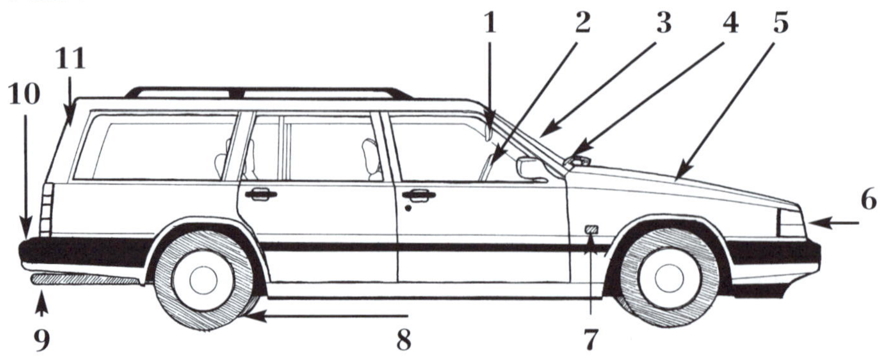

däck -et -
ratt -en -ar
stötfångare -n -
motorhuv -en -ar
vindrut/a -an -or
backspeg/el -eln -lar
avgasrör -et -
bagageluck/a -an -or
blink/er -ern -rar
vindrutetorkare -n -
strålkastare -n -

TALA SVENSKA

Vad förmodar ni att bildelarna heter? Fråga varandra och svara.
Välj bland orden i spalten till höger och använd följande fraser:
-Vad är nummer 1?
-Jag förmodar att nummer 1 är en/ett ... .
Slå upp ordet i ordlistan bak i boken och kontrollera ditt svar.

4 En otursdag

TALA SVENSKA

Ta fram papper och penna. Hitta på en liten berättelse om en otursdag där bilen gick sönder, men skriv bara upp stödord och tänk på följande:
När hände det?/Vart ville du köra?/Var hände det?/Vad hände med bilen?/Hur kom du till verkstaden eller hem?/Vem hjälpte dig?
Välj bland följande fel på bilen:

Ljuset fungerar inte.
Bensinen är slut.
Det läcker olja.
Handbromsen fungerar inte.
Motorn kokar.
Bilen har punktering.
Oljenivån är för låg.
Batteriet är slut.
Fläktremmen är lös.
Bilen startar inte.

Byt stödord med en kurskamrat. Fundera en stund och berätta sedan om otursdagen (i preteritum) med hjälp av stödorden som du fick av din kurskamrat.

5a Prepositioner - några vanliga tidsuttryck (förfluten tid)

Nutid	Förfluten tid
idag	Jag körde till Lund ***igår***.
(nu) i sommar	Vi seglade ***i somras***.
(nu) i jul	Vi var hos mina föräldrar ***i julas***.
(nu) i juni	Sven hade semester ***i juni***.
i år	Jakob köpte sin bil ***i fjol***.
-	Jag fick motorstopp på bilen ***i söndags***.
-	Lena tankade ***i morse***.

5b

Titta på bilderna och berätta vad Arne gjorde! Tänk på att även ändra tidsuttrycken till förfluten tid!

1. måndag

2. idag

3. påsk

4. sommar

5. april

6. onsdag

7. på morgonen

8. söndag

9. vinter

10. jul

6a "Summer Session" vid Uppsala universitet

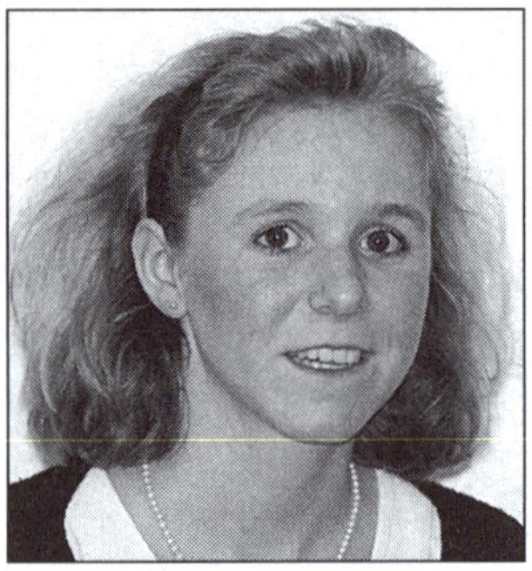

Stephanie Klöpf läste svenska i fyra terminer på "Volkshochschule" i Lübeck och arbetar för tillfället som europasekreterare på universitetet i Stuttgart.

På sommarlovet bestämde jag mig för att resa till Uppsala. Där kan man delta i en två-, fyra- eller åttaveckors språkkurs på universitetet. De som deltar i "Uppsala University International Summer Session" kan lära sig mycket svenska. Dessutom är Uppsala en intressant stad där det finns många sevärdheter t.ex. Gunillaklockan, Linnégården och slottet. Men det finns också fina affärer om man vill shoppa. Stockholm ligger bara 73 km från Uppsala så vi åkte dit två gånger. Jag fick se ganska mycket av huvudstaden t.ex. Skansen, skeppet Vasa, Nordiska museet m.m. Vi lärde oss också mycket om Sveriges sociala förhållanden. Jag fick tillfälle att besöka ett mentalsjukhus, en invandrarförläggning och ett fängelse.

Nu ska jag berätta lite om vad som hände under kursen. Första lektionen på morgonen började klockan halv nio. Vi arbetade till klockan tio. Sedan hade vi paus, köpte en bulle och drack kaffe. Under pausen pratade jag med andra kursdeltagare från olika länder. Det var så intressant att vi kom för sent till andra lektionen varje dag!
Läraren var bra och mycket rolig. Vi läste texter, skrev uppsatser, gjorde hörförståelseövningar och diskuterade med varandra. Vi lärde oss grammatik, lyssnade på sånger och mycket mera. Vi fick till och med läxor! Efter lunchen, som tyvärr inte alls var bra (potatis varje dag!), hade vi lektioner igen. Man kunde välja mellan "Svenskt uttal & konversation och grammatik" eller ett ämne på engelska (Swedish history, Modern Swedish social institutions, Arts in Sweden). Det fanns också kurser i svensk matlagning och vävning. Som "student" på Uppsala universitet lärde vi känna lite av studentlivet dvs. vi deltog i de aktiviteter som olika studentföreningar (s.k. nationer) anordnar. Det kunde vara disco, föreläsningar, diskussionsaftnar m.m. Ibland träffades vi bara för att fika eller äta en bit mat och prata med varandra.
Det var säkert roligt för svenskar att höra oss prata svenska. Ingen av oss talade felfritt och varje nationalitet hade sin speciella accent. Det var en härlig tid i Uppsala. Jag lärde mig mycket, upplevde mycket och träffade många människor.
Är du intresserad av "Uppsala University International Summer Session" och behöver information?

Här är adressen:
Uppsala International Summer Session
Uppsala universitet
Box 513
S- 751 20 Uppsala

Stephanie Klöpf

6b

Ställ frågor på texten till varandra. Börja med följande frågor: Vad bestämde sig Stephanie för att göra på sommarlovet? Vad är "Summer Session"?

7 Samtala med varandra

TALA SVENSKA

Samtala med varandra i gruppen. Fundera en stund först och skriv gärna upp stödord. Har du varit på en språkresa någon gång? Skulle du vilja delta i en kurs vid Uppsala universitet? Känner du till Uppsala eller någon annan svensk stad?
Du kan säkert berätta om något intressant som du upplevde när du var i Sverige (eller i något annat land)

Avsnitt 13

I det här avsnittet lär du dig bl.a.

- att hyra en stuga
- ord i samband med standardinredning av stugor
- färgerna
- väderstrecken
- att beskriva något
- några ordspråk
- att använda adjektiv (attributivt)
- att använda *där* som relativadverb

Fjällen i Lappland

Kuossinjarka stugby

Nordkalottsleden vid norska gränsen

1a Att hyra en stuga

M: Marie Eriksson R: receptionist

Det finns många olika sätt att tillbringa semestern på. Man kan t.ex. åka utomlands och bo på hotell eller vandrarhem, tågluffa, bila med husvagn, tälta, hyra en stuga, segla, cykelsemestra, åka till fjällen där man kan vandra eller man kan stanna hemma och koppla av. Marie och Jan Eriksson tittar i många broschyrer och diskuterar länge. Till slut bestämmer de sig för att hyra en stuga i Lappland och göra endagsturer. Marie ringer till Kuossinjarka stugby.

R: Kuossinjarka stugby!
M: Hej, mitt namn är Marie Eriksson. Jag skulle vilja hyra en stuga för en vecka.
R: Javisst, det går bra. Vill du ha stugan nu i juni?
M: Ja, tack. Från den femtonde till den tjugoandra juni.
R: För hur många personer?
M: Vi är två vuxna.
R: Jaha, för två personer har vi en liten, söt stuga ledig, med el, kylskåp, kokplatta och utrustning för självhushåll.
M: Är det långt till närmaste fjäll?
R: Nej då, det är bara några kilometer.
M: Vad bra! Finns det WC i stugan?
R: WC och rinnande varmt och kallt vatten finns tyvärr inte i stugan. Men här på campingplatsen finns en speciell stuga där man kan hämta vatten, och där finns det toaletter och duschar.
M: Det är inget problem! Vad kostar stugan i veckan?
R: Vi har högsäsong nu, så stugan kostar 1940:- i veckan.
M: Det var inte farligt! Då tar jag den.
R: Fint, ni kan hämta nyckeln här i receptionen den femtonde juni vid tretiden. Välkomna då!
M: Tack så hemskt mycket! Hej då!
R: Hej, hej.

<u>KOPPLA AV I NORR</u>

Kuossinjarka
STUGBY

Minigolf, krocket, badminton? Tillvaron är aldrig trist. Ni kan koppla av med aktiviteter av olika slag. Upplev att vandra på Kungsleden eller Padjelantaleden. Kanske gör ni en utflykt till Stora Sjöfallet eller besöker skogsparken Muddus. Välkommen!

1b

Välj en bit text var (ungefär sju meningar). Ta fram ett papper och översätt texten till tyska. Läs sedan igenom dialogen en gång till. Byt översättningar, lägg igen boken och översätt tillbaka texten till svenska. Rätta till slut.

2a Adjektiv - obestämd form (attributivt)

Utrum	Neutrum	Plural
En ***stor*** husvagn. En ***röd*** stuga.	Ett ***stort*** hus. Ett ***rött*** hus.	Många ***stora*** husvagnar/hus. Många ***röda*** stugor/hus.

2b

Gå igenom grammatiken noga först. Fyll sedan i färgerna med färgkritor.

rött	blått	svart	vitt	grönt	lila	grått	brunt	gult

Måla sedan varje färg på en liten lapp. Vik ihop lapparna och lägg dem i t.ex. en mugg. Ta upp en lapp i taget och bilda meningar med den färgen som kom upp. Ex: Du tog upp färgen gul. Första ordet är stuga. Meningen lyder då t.ex. Jag hyr en gul stuga.

stuga - paraply - penna - båt - hus - frimärke - bil - cykel - paket - kopp - påse - hatt - servett - kuvert - blomma - tallrik - duk - tält - burk

3 Min semester

TALA SVENSKA

Det finns olika sätt att tillbringa semestern på. Hur semestrade du i fjol? Hur skulle du vilja semestra nästa år? Vart skulle du vilja resa? Varför? Berätta för varandra och försök att använda några av nedanstående (eller andra) adjektiv.
liten - stor - trevlig - smutsig - ren - bra - fin - vacker - härlig - underbar- rolig - dyr - billig

4a *Där* som relativadverb

Vi var i Kuossinjarka ***där*** vi vandrade, fiskade och kopplade av.

4b

Bilda meningar!

1. Vi är i fjällen . . . . Det finns renar.
2. Jag var i Uppsala . . . . Jag deltog i universitetets sommarkurs i svenska.
3. Anna körde till macken . . . . Hon fick hjälp med bilen.
4. Sverige är ett land . . . . Man tackar mycket.
5. Jag är i Norrtälje . . . . Det är 25 grader i skuggan.
6. Vi åkte med TT-Line . . . . Det fanns en mycket trevlig restaurang.
7. Jan handlade på snabbköpet . . . . . Det var långa köer.
8. Marie och Jan var i Lappland . . . . . De hyrde en liten, söt stuga.
9. I vintras var jag i Åre . . . . Jag åkte skidor.

5 Stugsemester

Stilleryd
3 rok, 55 m²
HS = 3435:-
LS = 2150:-

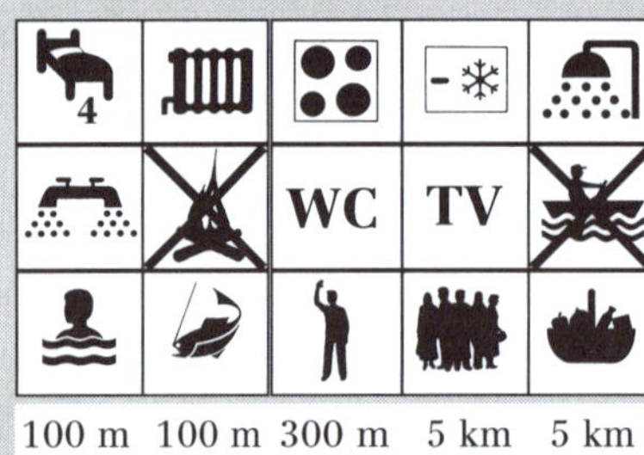

Trummenäs
4 rok, 48 m²
HS = 2575:-
LS = 1675:-

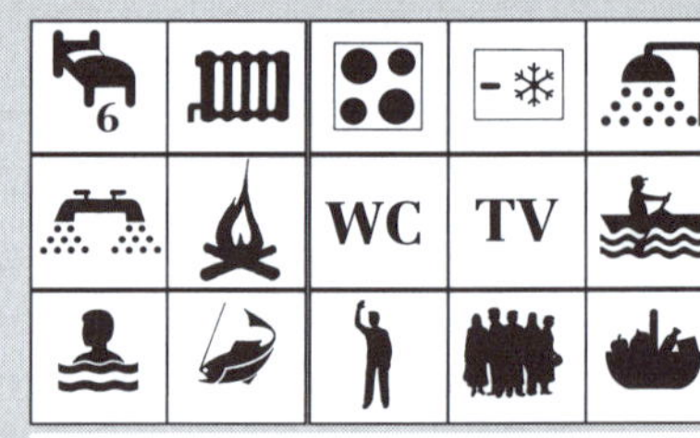

Nyborg
2 rok, 37 m²
HS = 2395:-
LS = 1565 : -

Hammarö
1 rok, 24m²
HS = 1890:-
LS = 1230: -

säng
elspis
kylskåp
elvärme
öppen spis
TV färg-TV
varmt och kallt vatten
dusch
båt ingår
avstånd till granne
avstånd till tätort
avstånd till affär
avstånd till fiske
avstånd till badplats
HS högsäsong
LS lågsäsong
rok rum och kök

TALA SVENSKA

Bestäm först var och en för sig stugornas standard genom att kryssa över det som stugorna inte har. Fyll också i avstånden till badplats, fiske, granne, tätort och affär (exempel Stilleryd). Boka sedan en stuga hos varandra. Spela gärna upp en dialog för gruppen till slut.
Du har hjälp av följande fraser: Finns det ... i stugan?
Hur långt är det till närmaste...?/Är det långt till närmaste...? Vad kostar stugan per vecka?

6 Ett vykort

Det här vykortet skickar Marie och Jan till Linda:

Kuossinjarka stugby den 17 juni

Kära Linda!

Efter en lång resa genom Sverige är vi nu äntligen i Lappland. Det är ett underbart landskap. Du hade rätt, midnattssolen är verkligen en upplevelse!
Nu hyr vi en gullig, röd liten stuga vid en ganska stor sjö, 12 km väster om Jokkmokk. Det är inte långt till närmaste fjäll där det finns renar och massor av mygg och knott. Tur att vi köpte myggmedel innan vi åkte. Vi badar, vandrar, fiskar och njuter av vädret som är varmt och skönt.

Många hälsningar
Marie och Jan

Linda Oskarsson
Pålmansvägen 34

724 60 Västerås

7a Väderstreck

Uppsala ligger ***norr*** om Stockholm.
Vetlanda ligger ***söder*** om Eksjö.
Ludvika ligger ***väster*** om Avesta.
Oxelösund ligger ***öster*** om Norrköping.

7b

Titta på kartan i boken. Var ligger städerna nedan i förhållande till staden inom parentes? Välj sedan fyra egna städer (med en annan stad i parentes) och skriv dem på en lapp. Byt lappar med en kurskamrat och säg var städerna ligger.

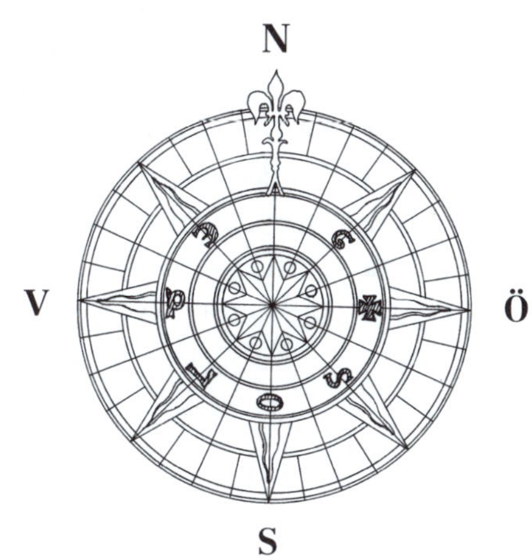

1. Jokkmokk (Gällivare)
2. Kiruna (Jokkmokk)
3. Lycksele (Vilhelmina)
4. Sorsele (Arvidsjaur)
5. Gällivare (Malmberget)
6. Malmberget (Jokkmokk)
7. Arvidsjaur (Sorsele)
8. Storuman (Vilhelmina)

8 Vykort och foton

TALA SVENSKA

Här är framsidan av vykortet som Marie och Jan skrev till Linda.
Vad ser du på bilden? Tänk på att använda adjektiv!
Ta med några vykort hemifrån och beskriv vad du ser på dem för dina kurskamrater! Du kan också välja ett foto ur den här boken.

9 Några ordspråk

- Gammal i skinnet men ung i sinnet.
- Gammal som gatan.
- En tyst minut är en lång minut.
- En liten läcka kan sänka ett stort skepp.
- Två hårda stenar mal sällan gott mjöl.
- Dålig hantverkare klagar på sina verktyg.
- Vackra äpplen kan också vara sura.
- Glatt sinne behöver ingen spelman.
- Fattig är inte den som har lite utan den som behöver mycket.

Avsnitt 14

I det här avsnittet lär du dig bl.a.

- ord och uttryck i samband med camping
- vad allemansrätten innebär
- namn på några djur
- att använda plural i bestämd form
- att använda adjektiv (predikativt)
- att använda några indefinita pronomen

En älg

En ren

1a

På campingplatsen

U: Ulrika A: Anders R: receptionist

På somrarna brukar Ulrika och Anders alltid ha fyra veckors semester. Till sommarstugan på Gotland reser de bara varannan sommar. Vartannat år kör de nämligen med bil och husvagn genom Sverige. Sevärdheterna är så intressanta, och landskapen så vackra, tycker de. I år vill de till fjällen. Första semesterdagen kör de hemifrån Gränna till Kolmårdens Djurpark. Sedan bilar de genom hela Närke och Västmanland, två skogiga och bergiga landskap. Till slut orkar Ulrika och Anders inte köra mer. De svänger in på en campingplats för att stanna över natten.

R: Välkomna hit!
A: Tack. Vad kostar en övernattning med husvagn?
R: Har ni campingkort?
A: Nej, det har vi inte.
R: Jaha, det måste ni ha om ni vill campa här. Det kostar 49:- och är giltigt ett år. Utan el kostar en övernattning med husvagn 205:- och med el 235:-. Var åttonde natt är fri. Så det lönar sig att stanna lite längre!
A: Utmärkt! Då köper vi campingkortet och stannar här över natten. Vi tar en plats med el.
R: Ja, då får du fylla i den här blanketten, och så får jag be om din namnteckning. Den här brickan ska ni lägga synlig i er bil. Ni kan ställa bilen och husvagnen bredvid de andra husvagnarna där borta. Eluttagen finns där på stolparna.
U: Tack. Var finns toaletterna?
R: Toaletterna och alla tvättrum finns i huset på andra sidan vägen. Där finns uppehållsrummen med TV och ett litet kök också.
A: Kan man dricka vattnet här?
R: Javisst, utan vidare.
U: Vi behöver byta gasoltuber? Var kan vi göra det?
R: Dem kan ni byta i affären som är här om hörnet.
U: Tack för hjälpen!
R: För all del. Det var så lite!

1b

Läs dialogen en gång till. Träna sedan glosorna. Använd följande fraser:
- Vad heter "tauschen" på svenska?
- "Tauschen" heter "byta" på svenska.

2

Husvagn eller tält

TALA SVENSKA

Du har säkert varit på en svensk campingplats. Var då? Var du där med husvagn eller tält? Köpte du ett campingkort? Hur såg det ut där? Berätta!

3a Substantiv - plural (bestämd form)

Dekl.	Plural - bestämd form
1.	*Flickorna* besökte djurparken.
2.	*Pojkarna* köper glass vid kiosken.
3.	*Girafferna* bara stod och tittade.
4.	*Fotona* på elefanten blev bra.
5.	*Lodjuren* låg i solen.

3b

På teckningen nedan ser du en liten del av Kolmårdens Djurpark som ligger i närheten av Norrköping. Slå gärna upp gloslistan med djuren i övningsboken!
Du står vid huvudentrén. Fråga varandra t.ex. så här:
- Ursäkta mig, hur kommer jag till björnarna?
- Du går Körvägen rakt fram förbi kamelerna.
  Björnarna är på vänster sida.

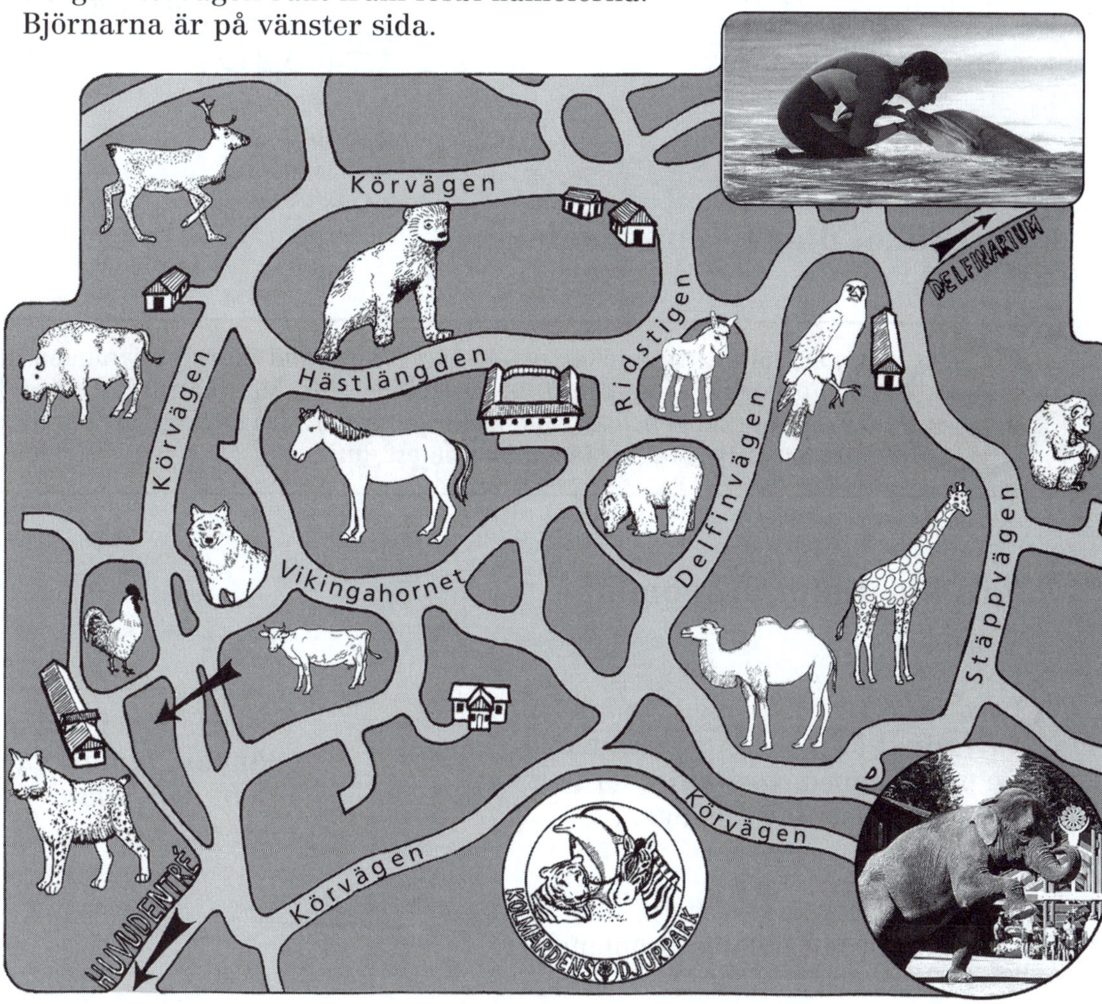

Visste du att ...
* Ulf Svensson grundade Kolmårdens Djurpark 1965?
* Kolmårdens Djur- och Naturpark har en yta på 250 hektar?
* Kolmården representerar 100 olika arter från hela världen?
* Kolmårdens Djurpark har Sveriges enda Safaripark?
* Kolmården som enda djurpark i Sverige har rovfågeluppvisning?

För aktuella tider och priser ring: DELFRIDA 011-249050

4a Adjektiv - obestämd form (predikativt)
De oregelbundna adjektiven *liten* och *gammal*

Utrum	Neutrum	Plural
Älgen är ***stor***.	Lodjuret är ***stort***.	Älgarna är ***stora***.
Stugan är ***liten***.	Huset är ***litet***.	Husen är ***små***.
Bilen är ***gammal***.	Tältet är ***gammalt***.	Bilarna är ***gamla***.

4b

Titta på teckningarna och bilda meningar som i exemplet ovan!

1. full - tom

2. liten - stor

3. smutsig - ren

4. vacker - ful

5. gammal - ny

6. billig - dyr

5 Vilket djur? - en frågelek

TALA SVENSKA

En av deltagarna tänker på ett djur. Välj bland djuren i övningen med djurparken. De andra frågar sig fram till personens djur. Man kan fråga t.ex.: Är djuret stort? Lever det i skogen? osv. Man får bara besvara frågorna med "ja" eller "nej". Fortsätt att spela tills alla har fått tänka på ett djur.

6a Några indefinita pronomina

Varannan vecka tar jag bilen till Uppsala.
Vartannat år reser vi till Västmanland.
De pratade med ***varandra*** i lördags.
Varje dag läser jag tidningen.

Andra indefinita pronomina:
annan, *annat, andra, alla, allt, var, vart, man*

6b

Sätt in rätt indefinitpronomen!

1. ... år reser jag till Spanien.
2. De bilar med husvagn ... tredje år.
3. Pia och Anders ringer ... på kvällarna.
4. ... kan byta gasoltuber i affären.
5. ... morgon dricker jag en kopp kaffe.
6. Vi kommer en ... gång.
7. Jag måste handla ungefär ... dag.
8. - Var det bra så? - Tack det var ... .
9. - Vykortet var inte så vackert. Kan jag få ett ... ?
10. Eva åt upp ... bullar.
11. De ... stugorna är där vid vägen.

7a Allemansrätten

Sveriges natur står öppen för oss alla. Du kan ströva fritt i skog och mark. Men: Du måste vara varsam mot naturen och visa hänsyn mot människor och djur. Detta kallas allemansrätten.

Det är tillåtet att ta sig fram till fots, cykla, rida och åka skidor över annans mark - om du inte skadar gröda eller skogsplantering. Du får inte gå över privat tomt utan lov. Du får passera en grind, om du stänger den ordentligt efter dig så att boskap inte kommer lös.

Du får slå upp ett tält något eller några dygn, om du håller avstånd från bostadshus eller frågar om lov. Du måste vara särskilt hänsynsfull om du har husvagn.

Man får göra upp eld om det inte är fara för brand. Släck elden ordentligt innan du lämnar platsen!

Du får bada och åka båt på sjöar och vattendrag och du får förtöja din båt något dygn och gå iland, utom vid tomt eller där någon myndighet förbjuder tillträde. Visa särskilt mycket hänsyn om du har motorbåt!

Det är tillåtet att plocka vilda blommor, bär, svamp och torrt ris på marken. Du får inte ta kvistar, grenar, näver, bark, ollon och nötter från träd och buskar. Tänk på att en del blommor och växter är fridlysta. Dem får man inte plocka! Turistbyråerna har broschyrer över vilka växter som är fridlysta på den plats där du är.

Hunden får följa med i naturen, men under tiden 1 mars - 20 augusti får den inte springa lös i skog och mark.

Jakt och fiske ingår inte i allemansrätten. Det är tillåtet att fiska vid Saltsjökusterna och i många sjöar. Men för många sjöar och åar måste man ha fiskekort.

Som grundregel gäller att vi inte får skräpa ner eller orsaka annan skada och att vi alltid ska vara försiktiga och visa hänsyn när vi är ute i skog och mark.

7b

Ställ frågor till varandra på texten! Börja med följande frågor:
1. Får hunden springa lös i april? 2. Ingår jakt och fiske i allemansrätten?

Apropå *fridlysta växter*
Några fridlysta växter är t.ex. blåsippan, gullvivan, liljekonvalj och hedblomster.

8

Skogspromenaden

TALA SVENSKA

Spela med en tärning. Varje deltagare har en spelpjäs. Målet är att nå fjällstugan. I tur och ordning får varje spelare gå fram ett steg mot fjällstugan. Slår man ett jämt tal går man till höger och slår man ett udda tal går man till vänster. Hamnar man på en ring med en symbol försöker man förklara vad den regeln ur allemansrätten innebär. Klarar spelaren inte det får hon/han gå tillbaka ett steg (man kan välja själv i vilken riktning). Den som är först framme vid fjällstugan har vunnit. Ha det så roligt!

AVSNITT 15

I det här avsnittet lär du dig bl.a.
- att tala om vädret
- ord och uttryck i samband med väder
- lite om luciatraditionen
- luciasången "Sancta Lucia"
- att argumentera för eller emot någonting
- att använda adverb som bestämning till ett verb
- rumsadverb

Lindvallen i Sälen

Lindvallen i Sälen

1a

Aprilväder

A: Anita S: Svea

Det är lördag och Anita går ner till byn för att handla. Det regnar och blåser förskräckligt. Hon träffar Svea på bygatan.

A: Usch, vilket dåligt väder vi har idag!

S: Ja, så ostadigt. Regnigt och så den här stormen. Ibland haglar det och så skiner solen emellanåt.

A: Ja, igår åskade det till och med. Ett riktigt aprilväder.

S: Det kan man verkligen påstå. Och bara två plusgrader.

A: Ja, det är ganska kyligt för att vara i mitten av april. Men enligt väderleksrapporten skulle det bli fint idag.

S: Säger du det. Ja, väderleksrapporten vågar man aldrig lita på.

A: Nej, minsann! Jag fick ett brev av min bror i morse. Uppe i Grövelsjön har de is och snö fortfarande men solen skiner åtminstone.

S: Ja, ungarna är glada när de kan åka skidor och skridskor. Nej du Anita, vi står och fryser.

A: Usch ja, vi får kila vidare innan vi blir alldeles genomvåta. Trevlig helg!

S: Tack detsamma!

1b

Stryk under alla ord som har med väder att göra. Diktera ett ord i taget växelvis för varandra. Rätta till slut.

2

Om väder ur bondepraktikan

Om hundar
När hundens buk mycket knurrar,
Äter mycket gräs, grinar och murrar,
Då vill det gärna så tillgå,
att vi snart därefter ett regn få.

Om röda skyar
När röda skyar på himmelen står,
Den nästa dag blir gärna skön,
Om aftonen när solen nedergår,
Det ger oss aftonen till lön.

3 Sverigevädret idag

Solen går upp 05.57
Solen går ner 19.44

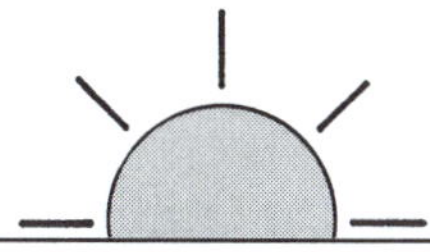

Ett högtryck ger soligt väder i Götaland. Vid ostkusten uppehållsväder, omkring halvklart. Svag ostlig vind. Temperatur omkring +6 grader. Moln och regnområden rör sig söderut över Svealand. Lokalt även åska. Måttlig till frisk vind. Temperatur omkring +4 grader. Ett lågtryck över Norrland ger snö i fjällen. Frisk ostlig vind. Vid ostkusten mulet och lokalt regn. Temperatur -5 - +2 grader.

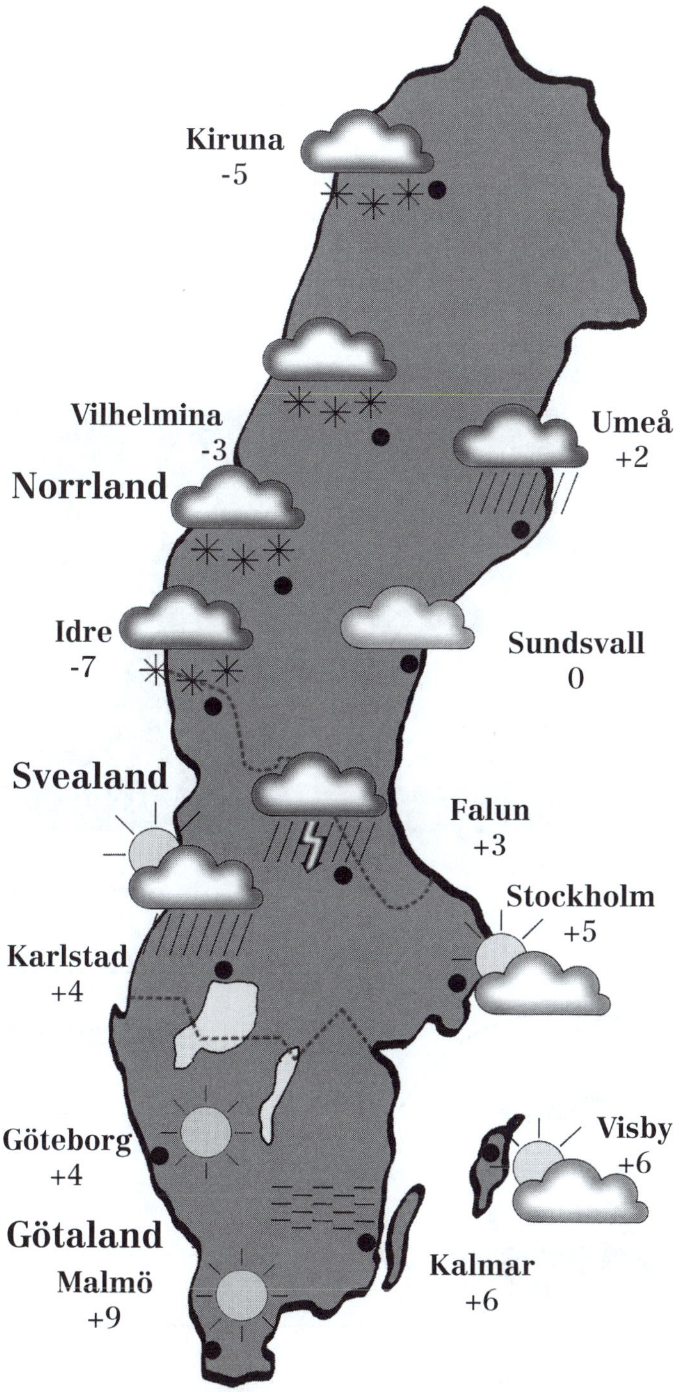

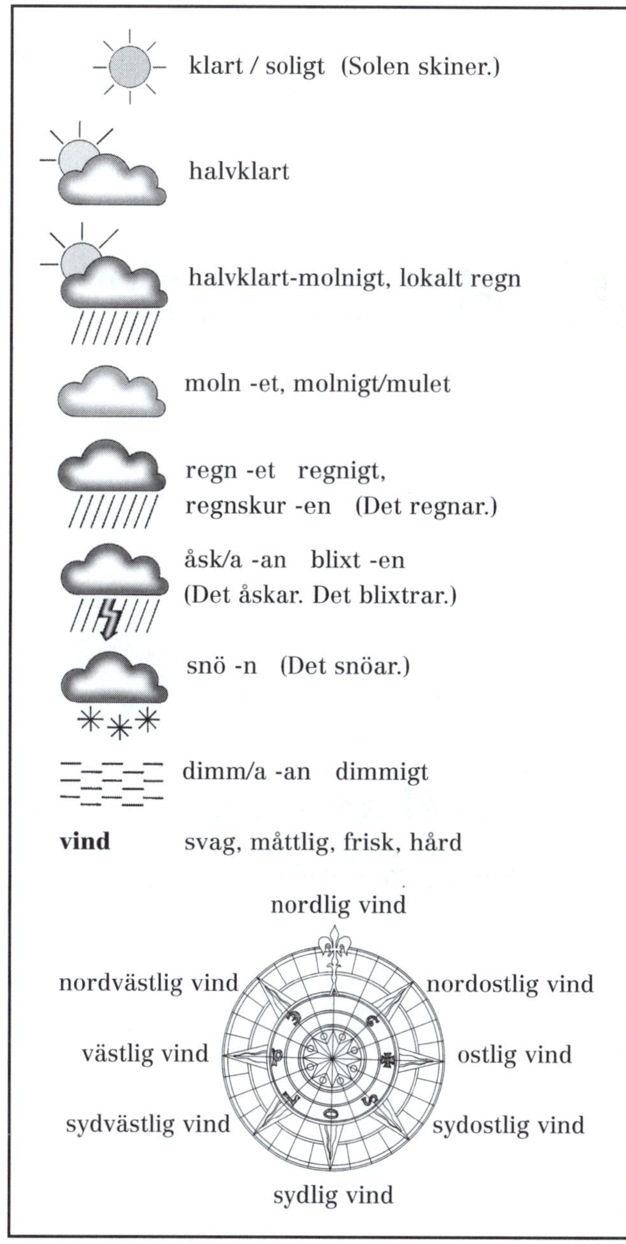

TALA SVENSKA

Titta på kartan! Hur är vädret i de olika städerna?
Fråga varandra och svara!
Hur är vädret idag, där du bor?/Hur var det i helgen/på din semester?
Arbeta sedan två och två. Välj en stad från kartan och skriv ett litet samtal om vädret.
Spela gärna upp dialogen för varandra i gruppen.

4a Adverb - adverb som bestämning till ett verb

Rune sprang ***snabbt*** till affären.
Kan du tala ***långsamt*** och ***tydligt***, är du snäll!

4b

Läs meningarna och ändra adjektiven till adverb!

1. (långsam) Varför går han så ... ?
2. (hastig) I receptet står det: Stek löken ... .
3. (snabb) Spring inte så ... !
4. (vacker) Huset ligger mycket ... .
5. (dålig) Tyvärr ser jag så ... .
6. (sen) Olle kommer ofta för ... .
7. (tydlig) Du måste skriva ... .
8. (tidig) Anna steg upp ... i morse.
9. (underbar) Ullas vetebröd smakar ... !
10. (ordentlig) Stäng grinden ... efter dig!

5 En resa "till solen" - för och emot

person A (för)

man blir snabbt brun

man kan koppla av

person B (emot)

man mår dåligt av värmen

flygresan är dyr

TALA SVENSKA

Bestäm först vem som är person A respektive B. Person A skriver upp några argument <u>för</u> en charterresa till varma länder och person B argument <u>emot</u> en sådan resa. Diskutera sedan med varandra!

6a

Lucia

Det är tidigt på morgonen den trettonde december. Ute är det kallt och det snöar. Inne i villan på Horngatan åtta håller barnen Lars, Eva, Pia och Jan på att laga frukost. Eftersom det är Luciadagen idag, vill de "lussa" för sina föräldrar. De tar fram en stor bricka som de sätter ett ljus, två koppar kaffe och ett fat med pepparkakor och lussekatter på. Det doftar underbart! Det är nog doften av saffran i lussekatterna som är så speciell, tänker Pia när hon försiktigt tänder ljusen i adventsstaken som står på köksbordet.
Innan barnen går in till föräldrarna, tar de snabbt på sig lusskläderna. Pia är Lucia i år. Hon tar på sig ett långt, vitt nattlinne och knyter ett brett, rött sidenband runt midjan. Luciakronan med lingonris och fyra ljus sätter hon på huvudet. Eva är tärna. Förutom nattlinnet har hon glitter runt midjan och i håret.

Lars, som ska vara stjärngosse, har också ett vitt nattlinne på sig, men på huvudet har han en stor strut och i handen håller han en stjärna.
Jan, som bara är fyra år, är tomte. Han ser så söt ut med sin tomteluva och springer nervöst hit och dit.
Nu är allt färdigt. Pia tar brickan och tillsammans smyger de tyst uppför trappan till föräldrarnas sovrum, öppnar dörren och börjar sjunga:

6b

Stryk under åtta ord var som ni tycker är svåra. Diktera dem för varandra. Rätta till slut!

Apropå *Lucia*
I Sverige väljer man "Sveriges Lucia" men även samhällen, städer, skolor och företag väljer sin egen Lucia och ordnar luciatåg.

7a Adverb - rumsadverb

	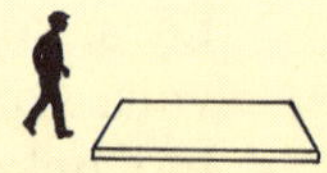	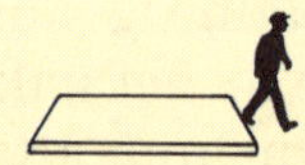
Göran bor ***här*** i Malmö.	Kom ***hit*** Kalle!	Han åkte ***härifrån*** i morse.
Där är Jan.	De gick ***dit*** och tittade.	Ulla gick snabbt ***därifrån***.
Uppe i Luleå snöar det.	De stiger ***upp*** tidigt.	Eva kommer ***uppifrån*** Umeå.
Ute är det kallt.	Ska vi gå ***ut***?	***Utifrån*** hörde man musik.
Jag är ***hemma*** i kväll.	Sten körde ***hem*** över helgen.	Lotta tog med sig te ***hemifrån***.

7b

Sätt in rätt rumsadverb!

1.	där/dit	Bilen står ... .
2.	bort/borta	Jag åker ... i morgon.
3.	här/hit	Kom ...!
4.	hemma/hem	Jag åker ... över helgen.
5.	där/dit	Hur kommer jag ...?
6.	upp/uppe	Det snöar ... i Umeå.
7.	där/dit	Apoteket är ... till höger.
8.	upp/uppifrån	Janne kommer ... Kiruna.
9.	här/hit	Jag kommer ... i morgon.
10.	fram/framme	När är vi ... i Lund?
11.	ute/ut	Eva leker ... .
12.	hemifrån/hem	Vi tog med oss smörgåsar och varm choklad ... .
13.	inne/in	Det är kallt ute. Jag går ... nu.
14.	nere/nerifrån	De cyklade ... Malmö ända till Jokkmokk.
15.	hemma/hem	En hemmafru arbetar ... .
16.	inne/in	... i lägenheten är det varmt.
17.	här/härifrån	Varifrån är du? Jag är ... Saltsjöbaden.
18.	där/dit	Du måste gå ... och titta!
19.	ner/nere	De går ... för trappan.

8 Oves fåtölj

TALA SVENSKA

Berätta vad Ove gjorde med sin fåtölj! Du har hjälp av följande ord:
pall -en -ar (*Hocker*), hyll/a -an -or (*Regal*), fåtölj -en -er (*Sessel*), ben -et - (*Bein*), sönder (*kaputt*).

AVSNITT 16

I det här avsnittet lär du dig bl.a.

- namn på några yrken
- att berätta om ditt yrke
- att berätta om din hobby och dina fritidsintressen
- lite om skolan i Sverige och "studenten"
- att använda verbet *bruka*
- tidsadverb och andra viktiga adverb

Stolt student

Studenter på väg från skolan till rådhuset

En avskedskram

1a

Efter studenten

L: Lotta S: Sven

Sven och Lotta var klasskompisar på gymnasiet. Av en slump träffar de varandra i en bokhandel i Stockholm.

L: Nejmen Sven, det var längesen.

S: Hejsan Lotta! Hur har du det nuförtiden?

L: Tack, jag mår jättebra. Och du själv? Vad sysslar du med nu efter studenten?

S: Ja, jag var arbetslös några månader, men nu jobbar jag på pappas kontor och tjänar lite pengar. Men i våras sökte jag till polisskolan och kom faktiskt in.

L: Grattis! Så du vill bli polis. Det är ett hårt men spännande yrke.

S: Ja, det är det faktiskt och jag hoppas att jag trivs med det. Vad gör du då, Lotta? Du är säkert gift!

L: Nej du, det är jag inte. Jag läser till lärare på lärarhögskolan i Växjö.

S: Lärare!? Men ville inte du bli läkare?

L: Jo, det stämmer, men jag upptäckte lyckligtvis rätt snabbt att det var lärare jag ville bli! Och det ångrar jag inte. Det är jätteroligt! Men visst är det kämpigt ibland! Just nu har jag praktik på en skola i Vällingby. En ganska jobbig klass med tuffa fjortonåringar! Förresten, spelar du trumpet fortfarande?

S: Jag hinner knappast öva. Jag brukar spela handboll på kvällarna och intresserar mig också för fotografering. Och så vill man ju träffa kompisarna också. Men har du någon fritid egentligen?

L: Jodå, jag går på danskurs och simmar och så brukar jag sy en del när jag är ledig. Men oj, vad klockan är mycket. Jag har en tid hos tandläkaren klockan tre. Lycka till på polisskolan, Sven!

S: Tack. Ha det så bra i Växjö. Vi ses!

L: Det gör vi säkert. Hej då.

1b

Välj en bit text var (ungefär sju meningar). Ta fram ett papper och översätt texten till tyska. Läs sedan igenom dialogen en gång till. Byt översättningar, lägg igen boken och översätt tillbaka texten till svenska. Rätta till slut.

Apropå *skolan i Sverige*

I Sverige börjar barnen skolan vid sju års ålder, men många går ett frivilligt år från sex år, som nästan alla kommuner erbjuder. Efter nio-årig gemensam grundskola kan man fortsätta på gymnasieskolan, som är frivillig. Efter tre år på gymnasiet får man studera på universitet. Man tar "studenten". Studenten motsvarar alltså Tysklands Abitur. En stor skillnad är, att man inte har någon avslutningsexamen som i Tyskland, utan eleverna har stora prov under hela gymnasietiden. Eftersom många tar studenten på samma gång, är avslutningsdagen nästan en högtidsdag i Sverige. Överallt ser man vita studentmössor och överallt är det fest!

Studenten

2a Verbet *bruka*

Nils ***brukar*** spela fotboll på fritiden
På semestern ***brukar*** vi åka till sommarstugan.
På tisdagarna/somrarna ***brukar*** vi spela handboll

2b

Vad brukar de olika personerna göra på sin fritid?
Använd ordlistan bak i boken!

1. Anna 
4. Åsa 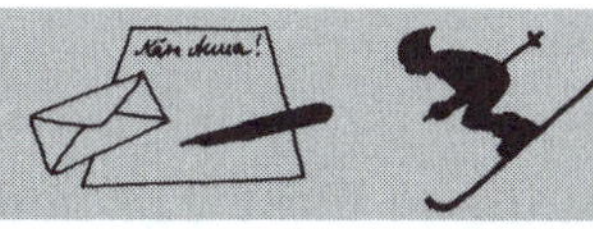
7. Lisa 
2. Göran 
5. Leif 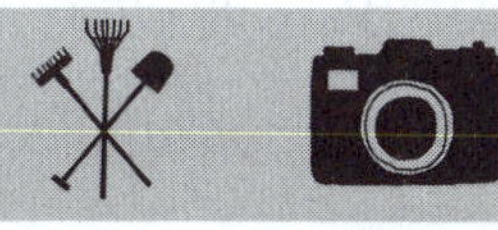
8. Ulf 
3. Niklas 
6. Ingrid 
9. Jesper 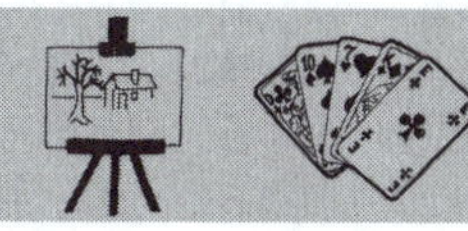

3 Fritid och hobby

Karin och Sten seglar

Linda spelar fotboll på idrottsplatsen

Artur kopplar av

Rolf kör motorcykel

TALA SVENSKA

Vad brukar du göra på fritiden och på semestern? Berätta!
Berätta sedan lite för de andra i gruppen om din hobby. Frågorna hjälper dig:

Har du en dyr hobby?
Hur många timmar i veckan utövar du din hobby?
Är du medlem i någon förening, klubb eller orkester?
Varför är just din hobby intressant för dig?

4a Adverb - tidsadverb och andra viktiga adverb

Tidsadverb	***Ibland*** cyklar jag till universitetet. Agneta hinner ***aldrig*** öva.
Andra viktiga adverb	Jag är ***nästan*** färdig med läxorna. Jag tjänar pengar ***åtminstone***. Det är en ***ganska*** jobbig klass. Eva arbetar ***bara*** två dagar i veckan. Jag är ***tyvärr*** arbetslös just nu. Han bor ***ju*** i Stockholm.

4b

Gå igenom grammatiken först. Läs sedan meningarna och sätt in rätt adverb! Du har alltid tre adverb att välja mellan.

1.	Jag brukar ... läsa tidningen på morgonen.	*tidigt - igen - alltid*
2.	Tack, det går	*annars - bra - alldeles*
3.	Berätta ... om din Amerikaresa, Sune!	*lite - mycket - just*
4.	Jag spelar ... tennis på kvällarna.	*så - jo -ju*
5.	Eva arbetar ... på förmiddagarna.	*ganska - alldeles - bara*
6.	Jag hinner ... gå på bio en gång i månaden.	*särskilt - åtminstone - nästan*
7.	Jan tycker ... om att laga mat.	*också - ganska - precis*
8.	Det är ... roligt på polisskolan.	*aldrig - mycket - knappast*
9.	Jag är ... hemma igen på måndag.	*annars - nästan - nog*
10.	Det är en ... jobbig utbildning.	*igen - ganska - redan*
11.	Igår åskade det	*till och med - så - gärna*
12.	Kalle spelar ... fotboll.	*jo - nästan - aldrig*
13.	Vi kommer ... på lördag och hälsar på.	*kanske - alltid - ganska*
14.	Ulrika är ... säker på att affären har öppet.	*strax - alldeles - ibland*
15.	Vi hinner ... äta lunch på jobbet.	*mycket - knappast - tyvärr*

5 En presentation

A: Får jag presentera? Det här är Helge Nilsson, journalist på vår lokaltidning och det här är Göran Ström, tandläkare på folktandvården.
B: Goddag.
C: Goddag. Trevligt att träffas.

TALA SVENSKA

Berätta för varandra i gruppen vad ni är till yrket.
Presentera sedan varandra som i dialogen.
Försök att spela situationen!

6 Gissa rätt yrke!

lärare
läkare
expedit
brevbärare
servitris
präst

bilmekaniker
ingenjör
hårfrisörska
journalist
polis
pilot

speditör
tandläkare
optiker
kassörska
fotograf
kock

brandman
busschaufför
sekreterare/ kontorist
skådespelare
bonde/ lantbrukare
sjuksköterska

TALA SVENSKA Börja med att slå upp ord ni inte förstår i ordlistan bak i boken. Dela sedan upp klassen i två grupper. Varje kursdeltagare skriver ett yrke på ett kort. Grupperna byter korten med varandra. Varje deltagare försöker att pantomimiskt beskriva det yrke som står på kortet och de övriga deltagarna i gruppen försöker gissa rätt yrke. (Yrkena är *en*-substantiv)

7a En intervju

R: reporter *M: Marika Johansson*

Dolomite är ett företag i Anderstorp i Småland. Vi intervjuade Marika Johansson som är sekreterare på Dolomite.

R: **Marika, du arbetar på Dolomite. Vad tillverkar företaget?**
M: Dolomite utvecklar och tillverkar hjälpmedel för äldre och handikappade. Rollatorer (gånghjälpmedel) är vår huvudsakliga försäljning.

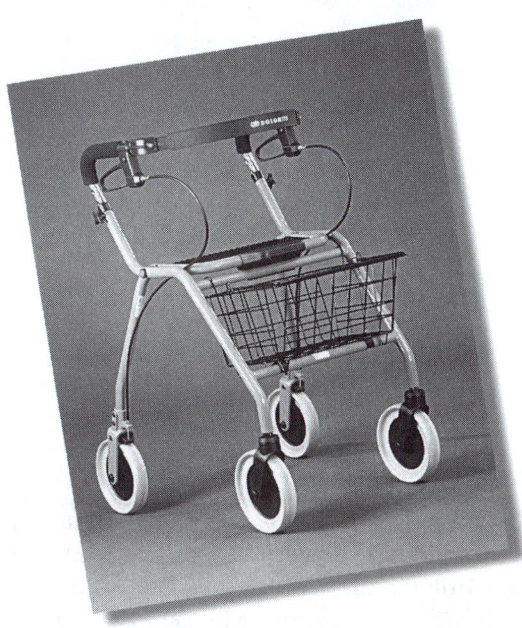

Dolomites Rollator Opal 2000

Marika Johansson

R: **Kan du säga något om Dolomites utveckling?**
M: Dolomite växer snabbt och genom ett brett sortiment av världsdesignade produkter ökar vår marknadshandel i Sverige och på exporten.
R: **Har Dolomite dotterbolag utomlands?**
M: Ja, vi har ett försäljningskontor i Kiel och en fabrik i Toronto.
R: **Vad har du för utbildning?**
M: Fyra års gymnasieutbildning med ekonomisk inriktning.
R: **Vad är ditt jobb på Dolomite? Kan du berätta lite?**
M: Mitt jobb är att svara på kunders frågor om våra produkter samt att informera om nya. Jag tar även fram instruktioner och diverse marknadsföringsmaterial samt organiserar mässor.
R: **Är du nöjd med dina arbetstider?**
M: Ja, 7:30 - 16.30 passar mig utmärkt.
R: **Trivs du med ditt yrke?**

M: Ja! Man får dagligen kontakt med nya människor. Dolomite är ett företag som ser positivt på nya kreativa idéer - det är kul!

R: Kan du berätta lite om dig själv.

M: Jag är 24 år och arbetar på Dolomite sedan 4 år tillbaka. Jag bor tillsammans med min pojkvän Jonas. På fritiden tycker jag om att rida eller läsa. Jag studerar även tyska på kvällstid.

R: Vad är typiskt för ett svenskt företag?

F: Svenska företag satsar på kvalitet, är personalvänliga och medbestämmande. Vi har en hög säkerhet i Sverige.

R: Är Dolomite ett företag med goda framtidsutsikter?

F: Ja!

R: Varför det?

F: Vi har produkter som "ligger i tiden" av god kvalitet till rimliga priser.

R: Tack ska du ha Marika, och lycka till i framtiden!

7b Ställ frågor till varandra. Börja med följande frågor:
1.Var ligger företaget Dolomite? 2. Vad tillverkar Dolomite?

8 En pratshow

1 Vad är du till yrket?

____

2 Vad har du för utbildning?

____

3 Trivs du med ditt yrke?
❑ ja ❑ nej

4 Vad har du för arbetsuppgifter på ditt jobb?

____

5 Vad kan du säga om ditt jobb?
Mitt jobb är:
❑ intressant ❑ stressigt ❑ jobbigt
❑ kreativt ❑ mångsidigt ❑ enformigt
❑ farligt ❑ roligt ❑ stimulerande

6 Vad kan du säga om din chef?
Chefen är:
❑ trevlig ❑ otrevlig ❑ lugn
❑ tolerant ❑ intolerant ❑ nervös

7 Vad har du för arbetstider?
Jag har ❑ heltid ❑ halvtid
Jag jobbar från kl. ______ till kl. ______.

8 Har du flextid?
❑ ja ❑ nej

9 Är du nöjd med din lön?
Lönen är: ❑ bra ❑ dålig

10 Måste du jobba mycket övertid?
❑ ja ❑ nej

11 Arbetar du på akkord?
❑ ja ❑ nej

12 Är du fackansluten?
❑ ja ❑ nej

13 Hur är det med arbetskamraterna?
❑ De är jättetrevliga
❑ De är otrevliga
❑ Samarbetet är bra
❑ Samarbetet är dåligt

TALA SVENSKA

Gör en "pratshow" tillsammans kring temat "Yrke och arbetsplats". Börja med att svara på frågorna ovan. Slå upp ord du inte förstår i ordlistan bak i boken. Utse en programledare i varje grupp. Programledaren presenterar gästerna i programmet och intervjuar dem. Publiken är naturligtvis de andra kursdeltagarna. Det blir säkert intressanta "TV-program"! Ha det så trevligt!

AVSNITT 17

I det här avsnittet lär du dig bl.a.

- att bestämma tid för möte
- ord och uttryck i samband med situationen "att bestämma tid för möte"
- lite om svensk film
- ord och uttryck i samband med film och teater
- att berätta om en favoritfilm eller teaterpjäs
- att använda futurum
- att använda presens particip

Inspelningsateljén på Kristianstads Filmmuseum

1a

En fredageftermiddag

A: Andreas S: Sven O: Ove

A: Du Ove, vad ska vi göra ikväll. Har du lust att följa med på bio?

O: Nej, jag orkar inte. Jag tänker titta på TV. Det går en långfilm med Richard Burton.

A: Din tråkmåns! Sven, vad säger du om att gå på bio?

S: Jag tycker att det är en bra idé. Vad går det för filmer just nu?

A: Urvalet är inte stort precis. På *Röda kvarn* kan vi antingen se en skräckfilm eller "Spy hard". Jag är inte helt säker, men jag tror att "Rainman" går på *Grand* igen.

S: Åh, "Rainman", den ska ju vara så jättebra! Och med Dustin Hoffman i huvudrollen. Han är verkligen en bra skådespelare, tycker jag.

A: Ja, jag håller med dig. Han kan uttrycka nyanser, eller hur?

S: Precis.

O: Häromveckan såg jag "Intermezzo" från 1936 på TV. En jättebra film. Den handlar om en ung idealistisk pianist som upplever sin första kärlek. Med Ingrid Bergman i huvudrollen. Hon är min favoritskådis. Jag tror att det är hennes leende som är så fängslande.

A: Det är sant. Hon har en fascinerande utstrålning.

O: Jag tycker det är synd att biograferna nästan bara visar moderna filmer.

S: Det har du rätt i, Ove. Förr hade filmerna en annan stil.

A: Men Sven, ska vi se Rainman ikväll då?

S: Ja det skulle vara jättekul! Hoppas att det inte är utsålt ikväll.

A: Nej, det vore synd!

S: Verkligen! Var ska vi träffas?

A: Det spelar ingen roll. Jag kan hämta dig om du vill.

S: Bra, ska vi säga klockan sju? Men du! Lova att ringa om filmen inte går på *Grand*!

A: Självklart! Fint, då ses vi ikväll. Hejdå så länge!

S: Hej, hej!

1b

Läs dialogen en gång till. Träna sedan glosorna. Använd följande fraser:
- Vad heter "eine Hauptrolle" på svenska?
- "Eine Hauptrolle" heter "en huvudroll" på svenska.

2 Det händer ikväll

Bio

En på miljonen	Saga kl. 18.30
Spy hard	Bio Ettan kl. 19.00 från 15 år
Vägvisaren	Saga kl. 21.00

Spännande på TV

20.00 Kanal 1	**Smultronstället** Film av Ingmar Bergman från 1957 med Bibbi Andersson och Viktor Sjöström

21.30 TV 4	**Röda Rummet** Svensk serie efter August Strindbergs roman
23. T	**Gösta Berlings Saga** från 1924 med Greta Garbo

Teater

"Doktor Glas och Stockholm i ord och toner" - med Sven Bertil Taube Teatern kl. 19.30

Konserter

Folkmusikkonsert
i Konserthuset kl. 19.00

Utställningar

Årstiderna - Fotoklubben ställer ut i Stadsbiblioteket
Konst ur samlingarna - skulpturer, målningar och grafik av svenska 1900- talskonstnärer på Länsmuseet

Dans

Aveny	disco från 20 år
Privé	disco, även dans till orkester

Evenemang

Tågluffa i Europa - Ove Lind visar diabilder i Vasaskolan kl. 19.00

TALA SVENSKA

Du och din kurskamrat vill gå ut på kvällen. Titta i broschyren och diskutera vad ni skulle vilja göra tillsammans. Det finns olika saker att välja på. Ni kan gå på bio/på teater/på konsert/på diskotek/på en utställning. Skriv en dialog tillsammans. Spela gärna upp den för gruppen! Du har hjälp av följande fraser:

☺	😐	☹
Det är/var en bra idé!	Det spelar ingen roll.	Nej, jag har ingen lust.
Ja, det gör vi!	Det gör detsamma.	Jag orkar inte.
Ja, jag följer med.	Kanske, men jag skulle hellre vilja	Jag har inte tid idag.
Vad roligt/kul!	Jag vet inte	Jag är inte intresserad av ...
Det vore trevligt/roligt/ intressant.		

3a Verb - futurum

Jag ***ska*** arbeta i morgon.	(I morgon ***ska*** jag arbeta.)
Arne ***tänker*** gå på bio i kväll.	(I kväll ***tänker*** Arne gå på bio.)
Det ***kommer att*** snöa på fredag.	(På fredag ***kommer*** det ***att*** snöa.)
Vi ***åker*** till stugan i morgon bitti.	(I morgon bitti ***åker*** vi till stugan.)

3b

Titta på teckningarna och bilda meningar som i exemplet ovan! Tänk på ordföljden om tidsuttrycket står i början på meningen.

1. 2. 3. 4. 5. 6. 7. 8. 9. 10.

4 Spåkvinnan

Ta fram ett papper och skriv i kronologisk ordning upp ungefär sju viktiga händelser i ditt liv. Skriv inte ditt namn på pappret! Samla in papperna, blanda dem och dela ut dem igen. Nu är alla deltagare i tur och ordning en "spåkvinna" och spår en kurskamrats framtid med hjälp av anteckningarna. Försök att komma underfund med vilken person i gruppen det är frågan om.

Apropå *spåkvinna* - *marknaderna i Skåne*
En stor turistattraktion i Skåne på sommaren är marknaderna bl.a. i Kivik, Sjöbo, Hästveda, Hörby, Degeberga och Tomelilla. Här kan man åka karusell, köpa godis, prylar, hemslöjd och kläder. Spåkvinnor försöker locka in kunder i sina husvagnar för att spå deras framtid. Trängseln är stor och man vill äta, dricka, köpa och uppleva!

Varieté på Kiviks marknad

5a Lite om svensk film

Svensk film har sin vagga i Kristianstad. Här fanns redan 1905 en liten biograf med 97 trästolar. År 1909 öppnade Svenska Biografteatern ett nytt "Filmpalast". Här fanns en lyxig biograf, ett kontor, filmlager, verkstäder, mörkrum och en ateljé. Spelfilmsproduktionen började 1909 och filmerna var ungefär 15-20 minuter långa.
År 1911 flyttade Svenska Biografteatern till Stockholm och 1919 grundade man Svensk Filmindustri, som finns än i våra dagar. Först några år senare började en gyllene epok för svensk film, med regissörer som Mauritz Stiller och Viktor Sjöström.

Skådespelerskan Greta Garbo (1905-1990) hette egentligen Greta Gustafson. Hon uppträdde först i reklamfilmer för det varuhus hon arbetade på som expedit.

Greta Garbo erhöll sin utbildning på Kungliga Dramatens teaterskola i Stockholm. Där träffade hon Mauritz Stiller. Han ändrade hennes namn till Greta Garbo, och iscensatte hennes första viktiga film: *Gösta Berlings saga* (1924).
Stiller tog med sig Greta Garbo till Hollywood där hon bl.a. spelade tragiska roller i t.ex. *Anna Karenina*. Greta Garbo slutade sin karriär vid krigsutbrottet, men fortsatte att fängsla publiken med sin ovanliga skönhet och tidlösa sensualitet.

Skådespelerskan Ingrid Bergman (1915-1982) fick också sin utbildning på Kungliga Dramatens teaterskola i Stockholm. I början av sin karriär spelade hon biroller för svensk filmindustri och Ufa i Berlin. Internationell uppmärksamhet väckte hon med filmen *Intermezzo* (1936).

I Hollywood spelade hon huvudrollen i bl.a. filmen *Casablanca* (1943). Stort uppseende väckte hennes förhållande med regissören Roberto Rosselini, framför allt i USA, där Ingrid Bergman var typexempel för en lyckligt gift filmstjärna. Hon arbetade några år i England med Hitchcockfilmer, men återvände senare till USA. Hennes sista film är *Höstsonaten* av Ingmar Bergman (1978).
Allt som allt spelade Ingrid Bergman i 46 spelfilmer, 10 teaterpjäser och 4 TV-filmer!

Regissören Ingmar Bergman är född 1918 i Uppsala. Han var regissör vid stadsteatern i Helsingborg, Göteborg och Malmö och chef för Dramaten i Stockholm 1963-1966.
Bergmans första stora framgång var som manusförfattare och regiassistent till Alf Sjöbergs film *Hets* (1944). Året därpå gjorde han sin första film *Kris*. Bergman skildrar gärna psykologiska problem och förhållandet mellan man och kvinna. Han väckte stor uppmärksamhet på 50-talet med sin fria syn på sexualitet.
Några kända filmer av Ingmar Bergman är *Det sjunde inseglet* (1957), filmversionen av Mozarts *Trollflöjten*, *Fanny och Alexander* (1983) och *Den goda viljan* (1991).

Några andra svenska skådespelare är Bibbi Andersson, Anita Ekberg, Mai Zetterling, Lena Nyman, Ingrid Thulin, Zarah Leander, Max von Sydow och Hasse Ekman.

5b

En kursdeltagare börjar att säga ett påstående som har anknytning till texten ovan. T.ex. *Greta Garbo hette egentligen Greta Gustafson* eller *Greta Garbo hette egentligen Greta Gunnarsson*. En annan kursdeltagare ska avgöra om det stämmer eller inte och säger "Det är rätt" eller "Det är fel". Var påståendet fel, försöker hon/han att rätta till det som inte stämde. Sedan fortsätter hon/han med ett annat påstående osv.

6a Verb - presens particip

Filmen var verkligen ***fängslande***.
Skådespelerskan hade ett underbart ***leende***.

6b

Ändra verben till presens particip! Slå upp orden du inte känner till i ordlistan bak i boken. Så här berättar Anna om en amerikansk långfilm som hon såg i tisdags:

Filmen var ... (1. fascinera) och ... (2. underhålla). Den handlar om Susann, en ... (3. stråla) vacker kvinna med ... (4. flamma) rött hår som förälskar sig i Harry, en mycket ... (5. fängsla) man. Harry är en ... (6. framstå) bankman. De inleder ett ... (7. spänna) förhållande. Kristin, Harrys ... (8. livsbejaka) fru försöker med alla möjliga knep att få tillbaka sin man. Slutet är ... (9. gripa). Harry återvänder till sin ... (10. förtjusa) fru, Kristin. Susann som är ... (11. hava), bestämmer sig för att flytta till New York. Margareta Lund som hade huvudrollen gjorde en ... (12. lysa) tolkning av Susann. Sten Karlsson som spelade Harry gjorde också en ... (13. imponera) prestation.

7 Från kärleksfilm till dokumentärfilm

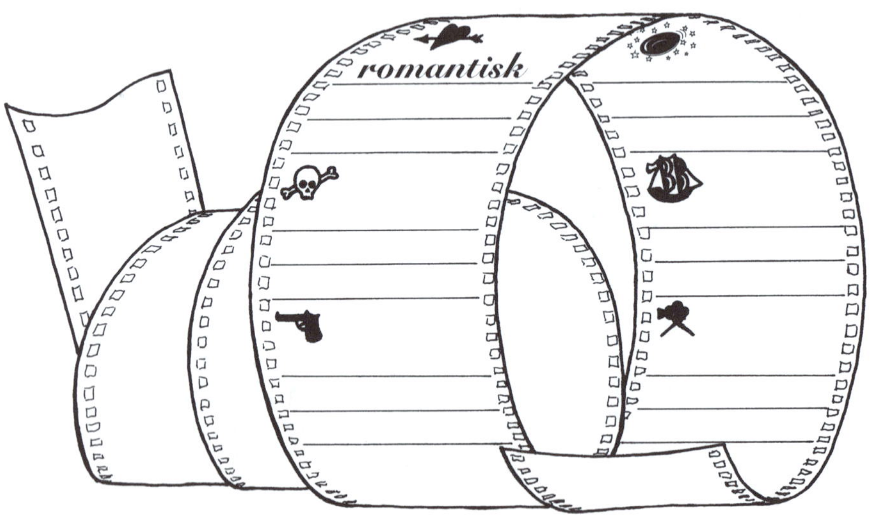

intressant
spännande
skakande
lugnande
informativ
löjlig
tråkig
rolig
skrämmande
djupgående
underhållande
bildande
fascinerande
gripande

TALA SVENSKA

Börja med att skriva tre associationer till varje filmtyp under symbolerna i filmrullen. Du har hjälp av orden i rutan men du kan också använda andra eller samma ord flera gånger! Filmtyperna är: kärleksfilm/skräckfilm/deckare/science fiction-film/äventyrsfilm/dokumentärfilm). Fråga varandra och svara så här:

- Är du intresserad av ...-filmer? - Ja, det är jag. ...-filmer är ... .
- Nej, det är jag inte. ...-filmer är ... .

Samtala sedan med varandra i hela gruppen kring frågorna:

Har du en älsklingsfilm och vad handlar den om?
Har du sett en film nyligen? Vad handlade den om?
Känner du till någon svensk film?
Har du en favoritskådespelare/skådespelerska?

Avsnitt 18

I det här avsnittet lär du dig bl.a.
- att köpa ett klädesplagg
- ord och uttryck i samband med klädköp
- namn på olika klädesplagg
- lite om Stockholm
- Sveriges nationalsång
- att använda adjektiv i bestämd form singular och plural
- att använda *liten* och *gammal* i bestämd form
- hur man anger århundrade och årtionde

Det kungliga slottet i Stockholm på 50-talet

Mårten Trotzigs Gränd i Stockholm

Drottninggatan i Stockholm

Gamla Stan i Stockholm

1a Annika köper en blus

A: Annika B: Börje E: expedit

Det är rea. Annika och hennes man Börje är i Gamla Stan i Stockholm för att shoppa. Annika letar efter en blus till sin sammetskjol. Den ska vara elegant och helst billig också. De stannar framför ett skyltfönster.

A: Titta, vilken snygg klänning!
B: Vilken klänning menar du?
A: Den röda där. Den är underbar. Och titta där! Vilken elegant blus! En sådan blus skulle jag vilja ha.
B: Men du har ju redan så många blusar.
A: Det har du rätt i, men ingen till min sammetskjol. Gillar du blusen, Börje?
B: Ja, men jag tycker faktiskt att den prickiga dräkten är trevlig också.
A: Men den är så dyr.
B: Ja, det är sant. Men vi kan ju gå in och titta. Kanske har de något fint på rea.

E: Hej, vad kan jag hjälpa till med?
A: Jag letar efter en sidenblus.
E: Ja, då ska vi se. Vilken storlek?
A: Storlek 40. Blusen ska matcha en svart sammetskjol.
E: Till svart passar ju alla färger, vad sägs om den gröna blusen här? Grönt är väldigt flott, eller hur?
A: Ja, men jag har röda skor. Ni har ingenting i ljusrött?
E: Nej tyvärr... eller vänta lite, tycker ni om den här röda blusen?
A: Ja, den är tjusig! En mycket elegant modell och en fin kvalité också! Kan jag prova den?
E : Varsågod. Provrummet är där till höger.
A: Tack!

B: Passar blusen, Annika?
A: Den är inte för stor och inte för liten, precis lagom!
B: Den klär dig verkligen! Är det reapris på den?
A: Ja, vilken tur! 225:- kostar den. Jag tar blusen, Börje.

Åhléns

1b

Stryk under alla ord som har med klädköp att göra. Diktera ett ord i taget växelvis för varandra. Rätta till slut.

Apropå *rea och lagom*
Rea är en förkortning för realisation (Ausverkauf). Man talar t.ex. om bokrea som är i februari, mellandagsrea (mellan jul och nyår), skorea, vinterrea, sommarrea och slutrea. *Lagom* är ett ord som enbart finns i svenskan. Man kan översätta det med "genau richtig". Man kan kombinera ordet lagom med olika adjektiv t.ex. något är lagom stor(t), lagom varm(t) osv.

2a Adjektiv - bestämd form singular och plural (attributivt)

Utrum	Neutrum	Plural
den röda klänningen	*det eleganta skärpet*	*de gröna skorna*
den lilla butiken	*det lilla museet*	*de små blommorna*
den gamla staden	*det gamla slottet*	*de gamla gränderna*

2b

Fråga varandra vad sakerna kostar. Fråga och svara så här:
- Vad kostar blusen?
- Den röda blusen kostar 320:-

1. blus / grön / 350:-
2. ylletröja / snygg / 470:-
3. dräkt / randig / 1300:-
4. gymnastikskor / svart / 49:-
5. klänning / prickig / 680:-
6. stövlar / liten / 250:-
7. sidenslips / grön / 170:-
8. läderhandskar / brun / 475:90:-
9. jumper / liten / 79:90:-
10. jacka / mörkgrön / 240:-
11. strumpor / liten / 25:90:-
12. kjol / tjusig / 685:-
13. byxor / ljusblå / 390:-
14. skärp / lång / 75:90:-
15. kostym / elegant / 2000:-
16. kappor / underbar / 990:-
17. sweatshirt / grå / 65:-
18. bomullsskjorta / vit / 100:-

3 Packa pappas kappsäck

TALA SVENSKA

Deltagarna sitter i en ring. En deltagare börjar på följande sätt: Jag packar pappas kappsäck och packar ner en tröja (eller något annat klädesplagg). Nästa deltagare fortsätter: Jag packar pappas kappsäck och packar ner en tröja och en ... osv. Fortsätt tills alla har "packat ner" ett klädesplagg.

Man kan göra spelet svårare genom att nämna ett material också t.ex.: läderhandskar, ylletröja, bomullsskjorta osv.

4 I klädbutiken

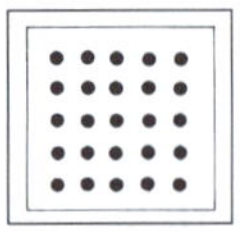
prickig

blommig

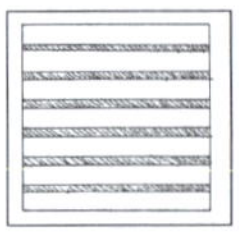
randig

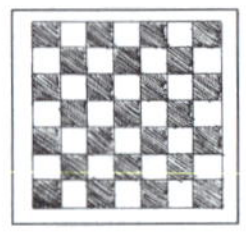
rutig

TALA SVENSKA

Improvisera en dialog i klädbutiken tillsammans. Person A är kund och person B är expediten. Byt sedan roller! Ni har hjälp av gloslistan i övningsboken och följande fraser:

Jag skulle vilja prova...
Jag skulle vilja ha något i rött, grönt, rosa osv.
Den/Det är för... stor/stort.
liten/litet.
trång/trångt.
lång/långt.

Vad är det för kvalité?
Det är siden/sammet/bomull/ylle/läder
Jag har storlek...
Var är provrummet?
Det passar/passar inte.
Kan jag få kvittot, tack?

5a Hur man anger århundrade och årtionde

Birger Jarl grundade Stockholm på ***1200-talet (tolvhundratalet)***.
På ***70-talet (sjuttiotalet)*** var det modernt med långt hår.

5b

Läs meningarna och ange århundradet eller årtiondet som i exemplet ovan.

Årtionde

1. Zarah Leander debuterade 1929.
2. Jussi Björling var sångare vid Operan i Stockholm 1931-39.
3. Ingrid Bergman spelade in filmen *Casablanca* 1943.
4. Astrid Lindgren skrev *Emil i Lönneberga* 1963.
5. Björn Borg var Wimbledonsegrare 1976-80.
6. Ingemar Stenmark vann VM-guld 1982.

Århundrade

7. Den heliga Birgitta grundade en klosterstiftelse i Vadstena 1370.
8. Karl Knutsson Bonde var kung i Sverige 1448-1457.
9. Gustav Vasa regerade 1523-60.
10. Gustav II Adolf lät bygga skeppet Vasa 1625.
11. Carl Michael Bellman levde 1740-95.
12. Alfred Nobel uppfann dynamiten ca 1865.

6a

Stockholm

Sveriges huvudstad - "Nordens Venedig"

Riddarholmen

Stadshuset

Birger Jarl

Den idylliska staden Stockholm ligger mellan Mälaren och Östersjön. Överallt ser man vatten och broar, därav namnet "Nordens Venedig".
På grund av det strategiska läget växte Stockholm fort upp på Stadsholmen (Gamla Stan). Staden skyddade inloppet till landets centrala provinser och tjänade som skeppningshamn och medelpunkt för rikets handel.
Enligt traditionen är det Birger Jarl som i mitten på 1200-talet grundade Stockholm. Han står staty på Riddarholmen. Birger Jarl lät befästa inloppet till Mälaren och lät bygga två befästningstorn och en stadsmur. Under hans tid började Stockholm få betydelse som handelsstad och huvudort i ett rike där en fast organisation så småningom växte fram.
Men det var först under 1600-talet som funktionen som huvudstad präglade livet i Stockholm - befolkningen ökar, det flyttar in ämbetsmän, militärer och hantverkare.
Under 1700-talet blir det nya slottsbygget en stor uppgift. Stockholm är ett viktigt kulturcentrum. Men trångboddheten ökar och de hygieniska förhållandena är dåliga.
Vid mitten av 1800-talet är Stockholm en mycket viktig industristad. Man bygger hyreshus, högskolor och sjukhus, och förorterna växer upp. År 1930 hade Stockholm en halv miljon invånare. Efter den stora tillväxten på 1960- och 1970-talet har Sveriges huvudstad idag över en miljon invånare.
Stockholm är residens-, garnisons-, stifts-, handels-, universitets- och högskolestad. Här har regeringen och Svea hovrätt sitt säte.
Skyltfönstren brukar man räkna som en av Stockholms stora sevärdheter. Över 4000 butiker erbjuder mode, hemslöjd, antikviteter, presentartiklar m.m.
Särskilt Gamla Stan är sevärt, med bl.a. den stora affärsgatan Västerlånggatan, de små gränderna, butiker och restauranger, det kungliga slottet, Storkyrkan, Skeppsbron och många museer. Intressant är också Stockholms stadshus som är en symbol för huvudstaden. Tunnelbanan är inte bara ett fungerande kollektivtrafikmedel utan också en intressant miljö. Man lät nämligen konstnärer medverka i utformningen och några stationer är som grottor i berget med stora målningar.
Ett besök på Dramaten vid Nybroplan eller Operan vid Gustav Adolfs torg är också spännande.

Vandrarhemmet "af Chapman" och Djurgårdsfärjan

Den lilla Djurgårdsfärjan tar dig från Slussen över Saltsjön till Djurgården med bl.a. Skansen, Vasamuseet, Historiska museet och Gröna Lunds tivoli. Eller vad sägs om en bit mat på Kaknästornet, en utflykt till

Drottningholms slott eller en båttur i den underbara skärgården? Tänker du resa till Stockholm lönar det sig att köpa Stockholmskortet, som ger dig bl.a. fria resor med tunnelbanan, buss och lokaltåg och fri entré till 66 sevärdheter!

6b Detta lilla spel tränar ordförrådet och är roligt samtidigt: Dela in spelarna i två lika stora grupper. Utse en spelledare. Varje deltagare (i varje grupp) får ett nummer. Spelledaren säger ett ord på tyska. Välj glosor ur texten om Stockholm. Sedan ropar han upp ett nummer t.ex. nummer 4. Nu springer deltagarna med nummer 4 från båda grupperna fram till tavlan och skriver ordet på svenska. Har man skrivit rätt ord rätt stavat får man en poäng.

7 Du gamla, du fria - Sveriges nationalsång

Du gamla, du fria, du fjällhöga Nord,
du tysta, du glädjerika sköna!
Jag hälsar dig, vänaste land uppå jord,
din sol, din himmel, dina ängder gröna,
din sol, din himmel, dina ängder gröna.

Du tronar på minnen från fornstora dar,
då ärat ditt namn flög över jorden.
Jag vet, att du är och du blir vad du var.
Ja, jag vill leva, jag vill dö i Norden!
Ja, jag vill leva, jag vill dö i Norden!

8 Ett besök i Stockholm

TALA SVENSKA

Låtsas att en av er bor i Stockholm sedan några år tillbaka. En kompis eller en släkting kommer och hälsar på. Vid frukostbordet berättar stockholmsbon lite om Stockholm och det man kan göra och se där. Byt sedan roller!

AVSNITT 19

I det här avsnittet lär du dig bl.a.
- att ringa hittegodsavdelningen
- att beskriva en sak
- lite om troll ur den svenska sagovärlden
- att berätta om en bok som man har läst
- att använda perfekt och pluskvamperfekt

Ett bibliotek

Några svenska böcker

1a

Att tappa något

M: Malin S: Stig R: receptionisten

Malin har tappat sina nycklar. Hon upptäckte det först hemma, när hon skulle låsa upp ytterdörren. Inga nycklar i fickan eller i kassen och inte i handväskan heller. Som tur var hade hennes sambo Stig kommit hem tidigt från jobbet. Malin bultar på dörren och Stig öppnar.

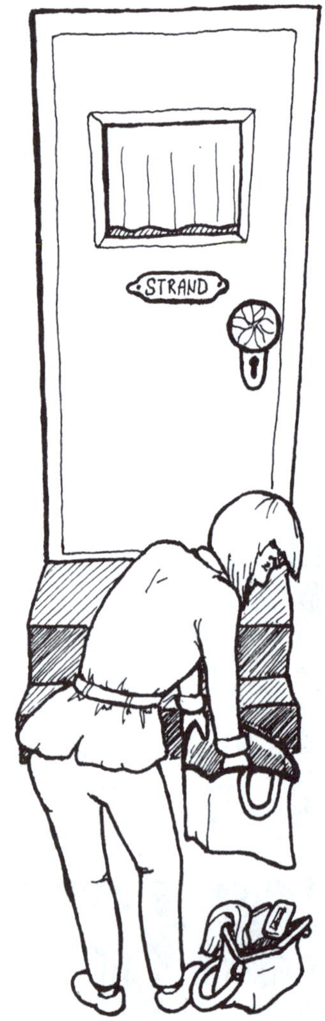

M: Stig, vilken tur att du redan är hemma! Jag har tappat min nyckelknippa. Jag har ingen aning om var det kan ha varit. Kanske på bussen när jag tog fram månadskortet. Det är så förargligt!
S: Ja, det är dumt. Men ta det lugnt nu Malin och sätt dig ner först. Fundera på var du har varit idag. Jag hämtar en kopp kaffe.
M: Först var jag hos frissan i morse. Sedan var jag på biblioteket. Jag handlade på Domus. Efter lunchen tog jag bussen till sjukhuset för att hälsa på Britt-Marie som ligger på BB. Hon och Pelle har fått en liten flicka.
S: Nejmen vad säger du! Var hon söt?
M: Jättegullig! Men Stig, vad ska vi göra nu då? Alla viktiga nycklar är ju borta.
S: Jag föreslår, att du börjar med att ringa busstorgets information.

Malin ringer dit och talar med receptionisten.

R: Länstrafiken. God middag!
M: Hej! Mitt namn är Malin Strand. Jag har tappat min nyckelknippa idag. Kan du hjälpa mig? Kanske har någon hittat den och lämnat in den.
R: Hur ser den ut?
M: Det hänger fem nycklar på nyckelknippan, och ett litet troll.
R: Ett ögonblick, så ska jag se efter. Nej, jag är hemskt ledsen. Vi har inte fått in något i den vägen. Du får återkomma.
M: Tack.

Malin gick till busstorgets information dagen därpå och fick tillbaka sina nycklar. Hon hade faktiskt tappat dem på bussen.

1b

Läs dialogen en gång till. Välj sedan en bit text var (ungefär sju meningar) och diktera den för varandra. Rätta till slut!

2 Hittegodsavdelningen

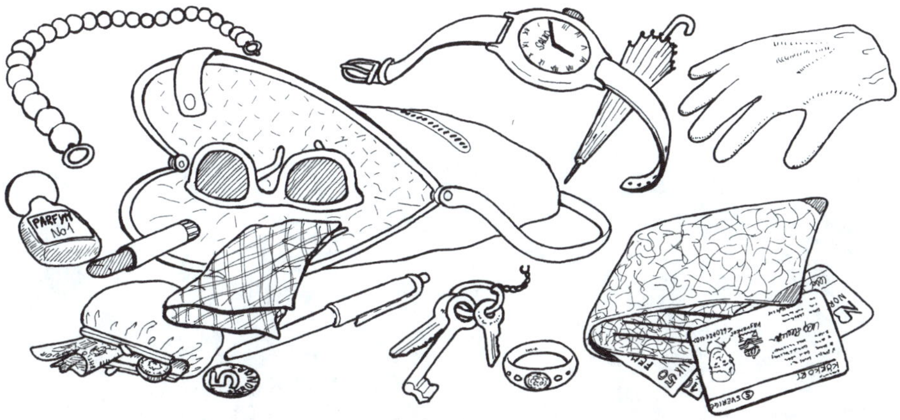

TALA SVENSKA Improvisera tillsammans. Person A har tappat eller glömt något (t.ex. körkort, ID-kort, kontokort, portmonnä, plånbok, solglasögon, handväska) och ringer upp polisens hittegodsavdelning! Tänk på att beskriva saken du tappat eller glömt! Person B är tjänstemannen. Byt roller och spela gärna upp en dialog för gruppen.

3a Verb - perfekt och pluskvamperfekt

Konj.	Perfekt	Pluskvamperfekt
1.	Kalle ***har tappat*** sina nycklar.	Kalle ***hade tappat*** sina nycklar.
2a.	Malin ***har ringt*** biblioteket.	Malin ***hade ringt*** biblioteket.
2b.	Karin ***har köpt*** tidningen.	Karin ***hade köpt*** tidningen.
3.	Lotta ***har sytt*** en klänning.	Lotta ***hade sytt*** en klänning.
4.	Maria ***har skrivit*** brevet.	Maria ***hade skrivit*** brevet.

3b

Martina och Jonas ska gifta sig och det ska bli ett riktigt "sagobröllop". De har haft mycket att förbereda. Räkna upp vad de har gjort. Ändra verben till perfekt!

De har...

1. bestämma bröllopsdatum
2. ta ut lysning
3. ta ut sin semester
4. lämna in annonsen till tidningen
5. komma överens om i vilken kyrka vigseln ska äga rum
6. skicka inbjudningskort
7. köpa brudklänning och kostym
8. gå till guldsmeden och köpa ringar
9. tala med prästen
10. beställa brudbuketten
11. reservera bord på en restaurang
12. göra bordsplaceringen
13. hyra en stor vit bil
14. planera bröllopsresan
15. boka hotell
16. hämta flygbiljetten

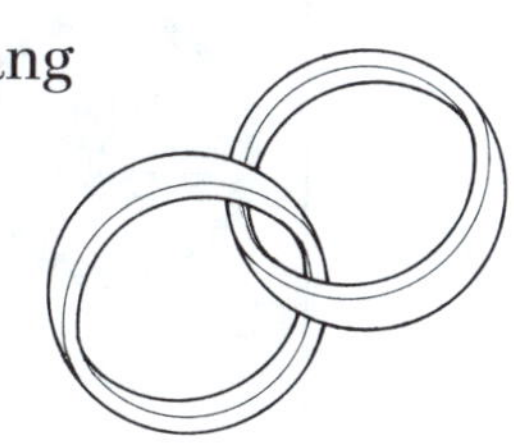

Eva och Lasse har varit gifta i två år. De hade också mycket att göra före vigseln. Gör om övningen en gång till och ändra verben till pluskvamperfekt. De hade...

4

Trolltävlingen

TALA SVENSKA

Spela fyra och fyra, två i varje lag. Spela med en tärning.Varje deltagare har en spelpjäs. Varje lag skriver sju substantiv på små lappar. Lägg dem upp och ner i en hög och byt med det andra laget.
Gå det antal steg som tärningen utvisar. Hamnar en spelare på en markerad ring tar hon/han upp en lapp och beskriver substantivet med max fem meningar för sin lagkamrat. Denne försöker komma fram till vilken sak det är frågan om. Man får bara gissa en gång! Lyckades lagkamraten få fram rätt sak får den som gjorde beskrivningen gå upp för stegen. I annat fall måste spelaren stanna kvar. Det lag där båda spelarna har kommit till slottet har vunnit. Ha det så roligt!

5a Bortbytingarna - en svensk saga

Det var en gång en kung och en drottning, som efter många års väntan fick en liten flicka. De döpte sin lilla flicka till Bianca Maria och var obeskrivligt lyckliga.

Bianca Maria var ett mycket vackert barn. Hennes hy var genomskinlig, ögonen var stora och blå, och hon hade en söt liten mun. Naturligtvis skulle Bianca Maria ha en förnäm uppasserska. Man valde riksgrevinnan Esmeralda. Hon var snäll och förskräckligt förnäm, men passade egentligen inte riktigt för en så ansvarsfull post. Hon var nämligen redan ganska gammal och sömnig. Jämt och ständigt somnade hon.

På natten sov Bianca Maria i sin stora sängkammare, men på dagen sov hon i sin vagga i en akacielund. Esmeralda satt bredvid och njöt av den varma sommarsolen.

En dag hände det något förskräckligt.

I den stora svarta skogen på berget bakom slottet bodde ett troll med sin hustru. Trollgumman hade just fått en liten flicka, en trollunge med svarta ögon och tovigt hår. En dag gick trollgubben ner till springbrunnen i slottsparken för att hämta vatten. Ingen såg eller hörde honom, för Esmeralda hade just somnat. När trollgubben såg vaggan blev han nyfiken, smög försiktigt fram till den och tittade in under sidengardinerna. Han trodde inte sina ögon. När han kommit hem, sa han till sin trollgumma:

- Idag har jag sett ett barn, som är vitt och mjukt som en duva, och så vackert. Varför är vår lilla flicka så ful med sitt toviga hår och sina gnistrande svarta ögon? Jag skulle hellre vilja ha en liten prinsessa.

- Dumheter, sa trollgumman, en trollgubbe får en trollunge och måste nöja sig med det.

Men trollgubben var inte nöjd, och en dag kom han på den hemska idén, att stjäla den lilla Bianca Maria och lägga sin egen lilla trollunge i vaggan.

Så kom drottningen, som alltid brukade ta sig en förmiddagspromenad för att se på sin lilla dotter. Hon lutade sig över vaggan, och skrek till, när hon inte som vanligt såg sin lilla söta Bianca Maria, utan en trollunge, som tittade på henne med små arga ögon.

- Detta är inte Bianca Maria. Vem har tagit mitt barn, ropade drottningen och höll på att svimma.

Man tillkallade hela hovet. Esmeralda påstod, att hon hade varit vaken. Kungen var förtvivlad och lät hämta sin livmedikus.

- Mycket underligt, sa han och ordinerade att man skulle bada den lilla i varm gräddmjölk och lägga henne på violer.

Så småningom vande sig hovet vid Svartöga som de nu kallade henne på slottet. Alla tyckte att hon var riktigt söt. Bara drottningen kunde inte riktigt älska sitt trollbarn, så som hon hade älskat Bianca Maria.

Emellertid var trollgubben hemma hos sin fru med prinsessan.

- Är hon inte söt, sa han förtjust.

- En sådan liten bleknos, sa trollgumman. Vit och tanig som en purjolök.

Åren gick, och vid åtta års ålder var hon lång och smärt och hade gyllene hår.

Hon var lydig mot dem, som hon ansåg som sina föräldrar, fast hon nog i sitt hjärta ofta tänkte att hon inte älskade dem så högt som hon borde. Men trollgubben älskade sin prinsessa. Han gjorde sig riktigt till när han talade med henne. Han la huvudet på sned och pep som en liten råtta.

- Sjåpa dig inte, sa trollgumman, som inte alls var så förtjust i prinsessan.

På slottet växte trollprinsessan Svartöga upp och blev ett underligt barn. Om hon inte fick sin vilja fram, la hon sig på rygg på golvet och skrek. Kort sagt, ofta var trollprinsessan mycket olydig. När hon hade blivit sjutton år bestämde kungen och drottningen att de skulle gifta bort henne. Brudgummen var en vacker ung hertig. I början tyckte Svartöga om honom och gjorde sig söt. Men snart visade hon sitt verkliga jag. Hon örfilade sina hovdamer eller räckte ut tungan åt grevinnan Esmeralda. Den unge hertigen blev riktigt rädd för sin kungliga brud. Trollprinsessan blev trött på sin hertig, kungen, drottningen och hela hovet. Hon ville bort, ut i den vida världen.

Nu hade även Bianca Maria blivit sjutton år och giftasvuxen. Trollgubben och trollgumman förde henne till trollkungen, som bodde i en stor berggrotta. Den underjordiska salen var full av facklor och lyktor, och trollen blåste i trumpeter och slog på trummor. Du ska bli drottning över alla troll i skogen, sa trollkungen.

Bianca blev rädd. Nej, trolldrottning ville hon inte bli! Hon bestämde sig för att rymma.

Så kom det sig att båda prinsessorna nästan samtidigt rymde och i nästan samma ögonblick träffade sina mödrar. Drottningen vid slottet bredde ut sina armar och sa:

-Kom till mor, min egen Bianca Maria.

- Kyss mig, sa trollgumman, och gav sin flicka en ordentlig smällkyss.

Nu gav kungen den unge hertigen Bianca Maria till brud, och trollflickan gifte sig med trollprinsen och blev så småningom drottning över alla troll.

(Återberättad efter Helena Nybloms "Bortbytingarna" ur Tomtar och Troll)

5b Läs igenom texten en gång till. Träna sedan glosorna. Använd följande fraser:
- Vad heter "ein König" på svenska?
- "Ein König" heter "en kung" på svenska.

6

Sagor och böcker

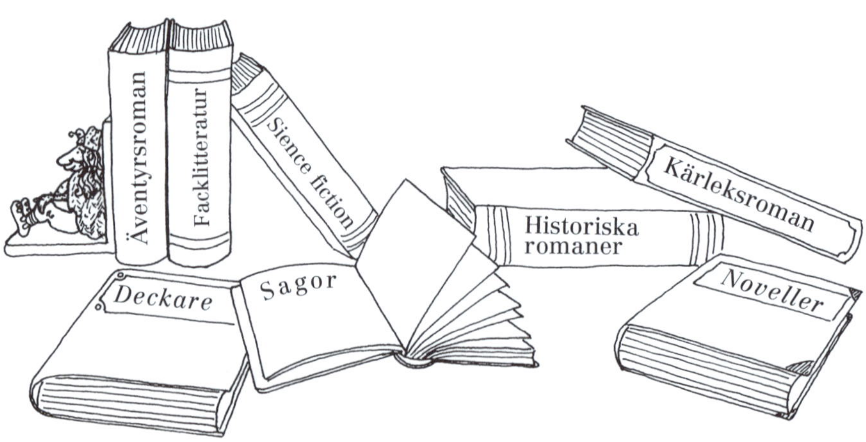

TALA SVENSKA

Samtala med varandra i gruppen.
Vad handlar sagan "Bortbytingarna" om? Känner ni till någon annan saga och vad handlar den om? Vad för slags böcker tycker ni om?
Presentera sedan någon bok som ni har läst för gruppen. Vem är författaren? Vad handlar boken om?

Avsnitt 20

I det här avsnittet lär du dig bl.a.

- att svara på en annons
- namn på möbler
- ord och uttryck i samband med hus och lägenhet
- lite om konstnären Carl Larsson
- att bilda sammansatta substantiv
- att använda konjunktioner

Ett inredningsförslag av IKEA

En gammal spis i ett kök

En bondstuga

1a

Att svara på en annons

A: Astrid Lundin P: Stefan Persson

Astrid har alltid velat ha en riktigt gammal gungstol. Hon tittar i tidningen för att kolla annonserna på annonssidan "Saker och ting". Ett erbjudande verkar särskilt intressant. Astrid slår telefonnumret som står i annonsen.

P: Persson!
A: Goddag, mitt namn är Astrid Lundin. Jag ringer angående annonsen i tidningen. Är gungstolen kvar fortfarande?
P: Ja, det är den.
A: Hur ser den ut?
P: Den är rätt stor och ljusblå.
A: Ljusblått är inte min smak precis. Men man kan ju måla om eller luta av den. Är den i gott skick?
P: Absolut! Gungstolen är det inget fel på!
A: Då skulle jag hemskt gärna vilja titta på den. Kan jag komma förbi redan idag?
P: Det går bra. Vi tänker bara köra till stan en sväng. Men vid femtiden är vi hemma igen.
A: Får jag be om adressen.
P: Vi bor på Strandvägen 15. Välkommen då!
A: Tack och hej!
P: Hejdå!

1b

Läs dialogen tillsammans en gång till. Diktera sedan replikerna växelvis för varandra. Rätta till slut.

2

Saker och ting

Vit bokhylla + vitrinskåp 500 :-, dokumentskåp 300 :-
08- 24560

Mässingsbord med glasskiva 135x80 400 :-, Akustisk gitarr 800 :-, Skivspelare, förstärkare, kassettdäck 600 :-
08-23755

Grön fåtölj 50 :-, elspis 450 :-, diskmaskin 200 :-, 200 böcker i serierna "Bra spänning" och "Bra deckare" 5:-/st
08-89765

Jofa skridskor 70 :-, tvättmaskin av märket Philips 1000 :-, skrivmaskin : Olympia 200 :-
08-64598

Soffa 3:a + fåtölj + soffbord 2000 :-, matsalsbord i ljus ek med 4 stolar 1500:-, antik gungstol 2900:-
08-35281

Barnvagn i gott skick 250 :-, köksbord med fyra stolar 370 :-
08-17640

Herrcykel 150 :-, barnkläder 5 lådor olika storlekar 250 :-/låda akvarium 500 liter 1900 :-
08-372011

Hörnsoffa 1200 :- 08-57643

Begagnad video 1200 :-, liten färg-TV 500 :-
08-765543

Dator 286, 2000 :-, mikrovågsugn som ny 400:-
08-446739

TALA SVENSKA

Läs först igenom annonserna ovan och slå upp orden ni inte förstår. Improvisera sedan en dialog. Person A svarar på en av annonserna. Person B tar emot samtalet. Byt sedan roller! Spela gärna upp en dialog för gruppen.

3a Sammansatta substantiv

en flicka+ett rum = ett flickrum
ett kök+en lampa = en kökslampa
ett armband+en klocka = en armbandsklocka
en vara+ett hus = ett varuhus

3b

Passa ihop orden och bilda sammansatta substantiv!

natt-		tand-		dock-		barn-			
	-rum		-hus		-uppgift		-intresse		-soffa
olja-		herr-		fritid-		trädgård-		gata-	
	-pris		-kammare		-kök		-unge		-bord
favorit-		vind-		flick-		hörn-		hand-	
	-hylla		-linne		-boll		-stuga		-skådespelare
mat-		bok-		gäst-		troll-		bostad-	
	-vagn		-läkare		-skåp		-cykel		-möbler
dotter-		arbete-		färg-		avslutning-		mässing-	
	-penna		-dag		-sal		-bolag		

4a Carl Larsson - en svensk konstnär

Carl Larsson levde mellan åren 1853 -1919. Han växte upp i fattigdomens Stockholm. Tidigt började han teckna och måla. En lärare i skolan upptäckte hans begåvning och uppmuntrade honom att studera på konstakademin. Efter studierna i Stockholm hade Carl Larsson framgång som bokillustratör och kunde göra resor till Frankrike. Där träffade han konstnärinnan Karin Bergöö som han gifte sig med. De bodde några år i Stockholm och tillbringade somrarna i Sundborn som ligger 15 km nordost om Falun i Dalarna. Där hade Karin ärvt Lilla Hyttnäs. Det var ett tvåvåningshus med fem rum och kök. På nedre botten var ett kök, en matsal, ett förmak som var familjens vardagsrum, en tambur och ett trapphus. En trappa upp fanns en hall, två sovrum och en skräpkammare. Eftersom familjen växte och Carl Larsson och hans fru Karin snart hade sju barn, behövde de mer plats. Så varje sommar byggde Carl till ett rum, först naturligtvis en stor ateljé. Så växte Lilla Hyttnäs och 1901 flyttade de dit för gott.
Carl Larsson målade monumentalmålningar och porträtt, men har framför allt blivit känd för sina akvareller, där han avbildar sitt hus, sin fru och sina barn. Att måla hem och familj var Karins idé en regnig sommar, när Carl inte kunde måla ute.
Karin själv hade inte så mycket tid att måla i Sundborn. Men hon inredde hemmet,

ritade möbler och lät en snickare tillverka dem, vävde och sydde. Hennes klänningar skapade ett klädmode, den s.k. Carl Larsson-stilen.

I Carl Larssons bok "Ett hem" från 1899 med 24 akvareller av Lilla Hyttnäs får betraktaren ett intryck av hur det såg ut hos Larssons.

"D´an före julafton"
akvarellerad tuschteckning av Carl Larsson

Allt var harmoniskt i klara färger, framför allt rött, grönt och blått. Överallt där det såg tomt ut, på väggar, skåp, dörrar, ja till och med fönster, hade Carl målat ett porträtt, blommor, girlander eller ett ordspråk. Över ingången på verandan t.ex. står det: "Var välkommen kära Du, till Carl Larsson och hans Fru". På verkstadsdörren hade han målat ett porträtt av Karin. Gamla kakelugnar värmde upp huset. På golven låg trasmattor och i fönstren stod blommande krukväxter. Larssons hade både gamla och nya möbler. De var enkla och ändamålsenliga. Atmosfären var hemtrevlig och trygg.

Carl Larssons ateljé var stor och ljus. På bordet låg papper, tuschfärger, en liten låda med penslar och olika färgpennor. Framför bordet stod staffliet. I det ena hörnet stod ramar och på väggen hängde olika sågar och hyvlar, för Carl arbetade också gärna med träsnideri. Carl Larsson hade ett litet sovrum där sängen som stod i mitten av rummet tog upp nästan hela platsen. Från sovrummet kunde han genom en liten lucka se ner i sin ateljé.

I matsalen satt Carl och Karin Larsson ofta på kvällarna när barnen låg och sov. Carl läste högt ur en bok och Karin stoppade strumpor eller stickade. Från kakelugnen strömmade en skön värme och fotogenlamporna lyste upp rummet.

Enkelheten, de ändamålsenliga möblerna, de ljusa glada färgerna, harmonin och anknytningen till svensk allmogekultur i Carl och Karin Larssons hem blev stilprägande för modern svensk interiör och design.

Lilla Hyttnäs eller Carl Larsson-gården, som den heter idag, tillhör Carl Larssons Släktförening och är öppen dagligen för visning under sommarhalvåret. I Sundborns idylliska lilla träkyrka finns bl.a. interiörmålningar av Carl Larsson och hans porträttsamling kan man se i Sundborns församlingshem.

4b Ställ frågor till varandra på texten. Börja med följande frågor:
1. Vem var Carl Larsson? 2. När levde han?

Träna sedan glosorna. Använd följande fraser:
- Vad heter "Farbstifte" på svenska?
- "Farbstifte" heter "färgpennor" på svenska.

5a Konjunktioner

Carl *och* Karin Larsson bodde i Lilla Hyttnäs.
Laura kan *varken* måla *eller* väva.
Eftersom det regnade målade Carl hem och familj.

Andra konjunktioner:
både ... och, men, eller, inte bara ... utan även, att, därför att, för att, för, medan, när, fastän, så ... att, innan

5b

Läs brevet och sätt in konjunktionerna som saknas! En del konjunktioner förekommer flera gånger! (Slå upp orden du inte förstår i ordlistan.)

Hej Margaretha! *Mora den 29 juni*

Här kommer en hälsning från en underbar semester. ... (1) Sven tar sig en tupplur, passar jag på att skriva några rader. ... (2) vi snart reser till Paris, bilar Sven ... (3) jag omkring i Dalarna. Just nu är vi ganska trötta ... (4) vi är i gång hela dagarna. Vädret är varmt ... (5) tyvärr är vattnet i Siljan ... kallt fortfarande ... (6) vi inte kan bada.
... (7) Sven tycker så mycket om dalahästar, var vi naturligtvis i Nusnäs. Där tillverkar man ... dalahästar ... (8) tuppar ... (9) moraklockor. ... (10) de målar den klassiska dekoren, spacklar, grundmålar ... (11) doppar de hästarna i röd, blå ... (12) svart färg. Mycket intressant! Sven köpte en pytteliten dalahäst till samlingen ... (13) plånboken nästan var tom! Dagen därpå besökte vi björnparken i Grönklitt. Här upplevde vi ... stora ... (14) små "nallar" i sin riktiga miljö. Sedan åkte vi till Mora ... (15) se Zorngården. Tyvärr hann vi ... titta på Falu gruva ... (16) besöka Carl Larssons hem i Sundborn.
... Sven ... (17) jag tycker .... (18) vi har haft en fantastisk semester, ... (19) vi har sett ... (20) upplevt så mycket. Vi har till och med kopplat av! Jag hör av mig ... (21) vi är hemma igen. Ha det gott!
Kram
Susann och Sven

Dalatuppar, träskor och Dalagrisar från Nils Olsson Hemslöjd i Nusnäs

6 Vem kan det vara?

TALA SVENSKA

Turas om att tänka på en känd person och berätta lite om henne/honom. Det gäller för de andra i gruppen att komma fram till vem som menas. Försök att använda konjunktioner i beskrivningarna. Här är ett exempel på hur man kan börja:
Personen är en kvinna. Hon är vacker och populär. Hon bor i Stockholm men är ofta ute och reser. Innan hon kom till Sverige bodde hon i Tyskland osv.
(Svaret i det här fallet är: Sveriges drottning.)

7 Dockskåpet

Beskriv hur dockskåpet är inrett! Du har hjälp av gloslistan i övningsboken och följande ord:
källare -n - (*Keller*), nedre botten eller bottenvåningen -en -ar (*Erdgeschoss*), en trappa upp (*erster Stock*), två trappor upp (*zweiter Stock*), barnkammare -n - (*Kinderzimmer*), vind -en -ar, (*Dachgeschoss*), hall -en -ar (*Flur*), gästrum -met - (*Gästezimmer*), tvättstuga -n -or (*Waschküche*).
Berätta sedan i tur och ordning lite om hur ni själva bor. Bor ni i hus eller lägenhet? Hur många rum har huset/lägenheten? Har ni gamla eller moderna möbler?
Arbeta sedan två och två. Rita upp en planritning (*Grundriss*) över era vardagsrum på ett papper. Glöm inte att markera fönster och dörrar! Byt ritningarna med varandra. Turas om att beskriva för varandra hur ni har möblerat era vardagsrum. Sätt in möblerna på planritningen enligt beskrivningen. Kontrollera till slut att möbleringen stämmer.

Avsnitt 21

I det här avsnittet lär du dig bl.a.
- ord i samband med sevärdheter och historia
- att berätta lite om sevärdheter och semesterupplevelser
- lite om regalskeppet Vasa
- att använda passiv form (s - passiv)
- några tidsprepositioner

Den 24 april 1961 lyftes Vasa upp till grundare vatten

1a

En trevlig kväll med diabilder

Y: Ylva E: Eskil G: Gunvor S: Sverker

Eskil Niklasson är hobbyfotograf. Han och hans fru Ylva brukar bjuda sina vänner på en diakväll en gång om året. Eskil har installerat filmduken och diaprojektorn i den mysiga gillestugan. Ylva släcker ljuset och Eskil visar första bilden.

G: Vilken blå himmel!

E: Det här är från vår resa till Öland. Det är en väderkvarn från kvarnraden i Lerkaka. Här har vi Himmelsberga hembygdsmuseum. Nästa bild visar Eketorps borg. Det är en fornborg med en ringmur, som omsluter en nästan cirkelrund borggård. Här kan vi se ett hus från järnåldern, en rekonstruktion alltså. Den ursprungliga anläggningen är från 300-talet e. Kr. Under folkvandringstiden blev den en befäst by. Tänk att det bodde människor här ända in i medeltiden!

S: Det är verkligen intressant!

Y: Vi var på Solliden också. Parken är underbar!

G: Såg ni Kungen och Silvia?

Y: Nej, de är ju inte alltid ute på promenad precis!

E: Oj då, förlåt! Den här bilden har hamnat fel. Det är skeppssättningen Ales stenar i Skåne. Där var vi för två år sedan. Det är vackert där nere med havet och sandstranden.

G: Det här känner jag igen. Det måste vara Vasa.

E: Ja, det är regalskeppet Vasa på Vasamuseet i Stockholm. Det är en upplevelse. Tänk, under bärgningen på 60-talet arbetade dykarna på över trettio meters djup i totalt mörker.

S: Det är otroligt! -Uppsala domkyrka, eller hur?

E: Just det. Efter några dagar i Stockholm kände vi för att köra vidare till Uppsala. Domkyrkan grundlades 1260. Man byggde i 175 år. Så kyrkan kunde först invigas 1435. Här ser vi Gustav Vasas gravmonument. -Det här är runstenen i Altuna, som berättar om hur guden Tor stående i en båt försöker fiska upp Midgårdsormen. -Vi körde tillbaka över västkusten.
Här ser ni en hällristning i Fossum öster om Tanum i Bohuslän. Motivet är antagligen en stridsscen.

Eskil har många bilder och de sitter till sent på natten och talar om semesterupplevelser och Sveriges sevärdheter.

1b

Skriv av åtta meningar var men utelämna ett eller två ord i varje mening (skriv "..." i stället). Byt meningar och fyll i de ord som saknas. Rätta gemensamt till slut.

2a Verb - passiv form (s-passiv)

Konj.	Passiv form
1.	Det ***talas/talades/har talats*** mycket om atomkraft.
2a.	Olle ***rings/ringdes/har ringts*** upp av polisen.
2b.	Huset ***köps/köptes/har köpts*** av kommunen.
3.	Klänningarna ***sys/syddes/har sytts*** i Göteborg.
4.	Många böcker ***skrivs/skrevs/har skrivits*** på modern svenska.

2b

Läs meningarna och sätt in det rätta ordet i passiv form. Tempusformen står inom parentes.

1. Diaprojektorn... . (preteritum)
2. Ljuset... . (presens)
3. Första bilden ... . (presens)
4. Fornborgen i Eketorp ... . (perfekt)
5. Domkyrkan i Uppsala ... 1260. (preteritum)
6. Kyrkan kunde ... 1435. (infinitiv)
7. Kyrkan i Uppsala ... av sten. (perfekt)
8. Efter bärgningen ... 13. 000 trädelar. (preteritum)
9. Eva ... på en diakväll. (pluskvamperfekt)
10. Borggården ... av en ringmur. (preteritum)
11. Det ... om guden Tor. (presens)
12. Det ... mycket om regalskeppet Vasa på 60-talet. (preteritum)
13. Turistbussen ... av Olle. (preteritum)
14. Det ... mycket längs Saltsjökusterna i år. (perfekt)
15. Diabilderna ... av Kaj. (pluskvamperfekt)

rekonstruera
fiska
omsluta
släcka
inviga
fotografera
installera
tala
hitta
bjuda
köra
visa
berätta
grundlägga
bygga

Ett dryckeshorn från medeltiden

3 En diakväll

TALA SVENSKA

Gör en diakväll tillsammans! Ta med diabilder hemifrån. Har ni inte egna diabilder, så fråga någon i gruppen. Förbered diakvällen och samla lite fakta om de sevärdheter, städer eller landskap som är på dina bilder. Visa diabilderna och berätta lite om Sveriges sevärdheter och semesterupplevelser för varandra. Ha det så trevligt!

4a Prepositioner - några tidsprepositioner

Rolf lagade cykeln ***på*** en timme.
I fem år förbereddes den svåra bärgningen.
Jag tänker besöka Vasamuseet ***om*** två veckor.
För tre år ***sedan*** var jag i Stockholm.
Under semestern tittade vi på hällristningar.
Göran spelar fotboll en gång ***i*** veckan.
Eskil brukar bjuda sina vänner på en diakväll en gång ***om*** året.

4b

Fråga varandra och svara! Välj bland frågorna nedan. Hitta gärna på egna frågor! Låt fantasin flöda!

1. Hur lång tid tar det för dig att borsta tänderna/laga frukost/komma till jobbet m.m.?
2. Hur länge har du bott där du bor just nu?
3. När ska du åka på semester nästa gång?
4. Hur ofta reser du utomlands?
5. Hur länge har du varit gift?
6. Hur ofta går du på en utställning/på bio/på museum/på disco?
7. När var du i Sverige sist?
8. Vad gjorde du under helgen?

5a Regalskeppet Vasa
och den stora katastrofen

Många nyfikna har samlats nedanför Stockholms slott. Det stora örlogsskeppet Vasa ska strax ge sig av på sin första färd genom skärgården. Ett hundratal besättningsmän, kvinnor och barn har gått ombord. Det skulle bli fest ombord på Vasa, så besättningen hade fått tillåtelse att ta med familj och anhöriga.
På kajen står folk som önskar god tur, vinkar och ropar glatt. Det nya skeppet hade byggts för att imponera, inte bara med kanoner utan även med ett överflöd av skulpturer. Regalskeppet Vasa väcker beundran och stolthet hos stockholmarna.
De första hundra metrarna dras Vasa fram med hjälp av ankare. Snart ser man fyra segel hissas och stilla börjar Vasa sin första seglats. Vädret är vackert och vinden kommer från sydväst.
Plötsligt händer det något förskräckligt. Vasa träffas av en vindil, kantrar, vattnet rusar in genom kanonportarna och hundratals passagerare och åskådare vid kajen blir vittne till en stor katastrof. Det stora nya regalskeppet Vasa sjunker efter bara 1 300 meters seglats med stående segel, flaggor och allt.
Det här hände den 10 augusti 1628 klockan fem på eftermiddagen.

På 1600-talet rasar det trettioåriga kriget på kontinenten och Gustav II Adolf behöver en stark flotta. År 1625 skriver han ett kontrakt om att skeppet Vasa skall byggas. Det avverkas 1000 ekar. Sedan under våren

1626 börjar Vasa byggas på skeppsgården, flottans varv, där 400 man arbetar. Vasa sjösätts 1627 och 1628 besöker kung Gustav Adolf skeppsgården för att inspektera Vasa. Så inträffar det fruktansvärda den 10 augusti. Kungen är i Preussen och nyheten om Vasas förlisning når honom två veckor senare. Katastrofen måste bero på "oförstånd och oaktsamhet" och de skyldiga måste bestraffas, skrev han till Riksrådet. Vems var felet? Besättningen och många som hade varit med om att bygga Vasa förhördes, men ingen kunde göras skyldig. Idag vet man, att orsaken till katastrofen berodde på bristande kunskaper. Trots att Vasa byggdes efter alla dåtida riktlinjer var skeppet ett experiment. Ett så stort skepp hade aldrig byggts tidigare och det hade dessutom bestyckats för starkt.

Redan på 1600-talet försökte man bärga Vasa. Med hjälp av en dykarklocka togs över 50 kanoner upp. Sedan glömdes skeppet bort.
År 1956, efter tre års sökande, hittade ingenjör Anders Franzén det gamla regalskeppet från 1600-talet. Det tog fem år att förbereda den svåra bärgningen. I sexton etapper lyftes Vasa upp till grundare vatten och den 24 april 1961, efter 333 år på havsbotten, bröt Vasa vattenytan. Först ombord var naturligtvis Anders Franzén och hans dykare Per Edvin Fälting.

Dykarklocka från 1600-talet

Vasa bogserades till Beckholmen och Vasavarvet byggdes om till ett temporärt museum. Efter bärgningen startade arkeologerna utgrävningen. Man hittade 13.000 trädelar, 500 figurskulpturer, 200 ornament och 12.000 föremål av trä, textil, läder och metall. För att inte spricka, besprutades skrovet med konserveringsvätska dygnet runt i 17 år. Skeppet Vasa är det enda bevarade regalskeppet från 1600-talet i världen. Unikt är dessutom att Vasa är original till 95 procent.
År 1990 invigdes det nuvarande Vasamuseet. Det ligger på det gamla örlogsvarvets område

Regalskeppet Vasa på Vasamuseet

på Djurgården. Där kan man, förutom det imponerande regalskeppet Vasa, se många intressanta utställningar, multimediaföreställningar och modeller, som berättar om skeppet, makten, krigen och människorna på 1600-talet.
(Texten är en sammanfattning av Vasamuseets broschyr "Vasa")

Ljusstaken, träsleven och smörbyttan hittades ombord på Vasa

5b En kursdeltagare börjar att säga ett påstående som har anknytning till texten ovan. T.ex. *Vasa sjösätts 1627* eller *Vasa sjösätts 1629*. En annan kursdeltagare ska avgöra om det stämmer eller inte och säger "Det är rätt" eller "Det är fel". Var påståendet fel försöker hon/han att rätta till det som inte stämde. Sedan fortsätter hon/han med ett annat påstående osv.

6 Frågesport - sevärdheter och utflyktsmål i Sverige

1. Var ligger Astrid Lindgrens Värld?
 1. Utanför Norrköping X. Utanför Vimmerby
 2. Utanför Växjö

2. Vad heter slottet som ligger på en holme i Mälaren invid Mariefred?
 1. Kalmar slott X. Stockholms slott
 2. Gripsholms slott

3. Hur lång är ringmuren i Visby?
 1. Ca 4 800 m X. Ca 3 500 m 2. Ca 3 000 m

4. Vad heter den unika teatern med autentisk teatermaskineri, dekorer och scenrum från 1700-talet?
 1. Drottningholmsteatern X. Dramaten
 2. Stadsteatern

5. Vad heter fyren på Ölands södra udde?
 1. Långe Gustav X. Långe Erik 2. Långe Jan

6. Var ligger Zorngården?
 1. Falun X. Mora 2. Leksand

7. Var i Stockholm står Birger Jarl staty?
 1. På Riddarholmen X. På Djurgården
 2. På Stortorget

8. Var finns Gustav Vasas gravmonument?
 1. I Lunds domkyrka X. I Storkyrkan i Stockholm 2. I Uppsala Domkyrka

9. Vad heter medeltidsborgen på bilden?
 1. Glimmingehus
 X. Vittskövle slott
 2. Vänersborg

10. Vid vilken sjö ligger Läckö slott?
 1. Vättern X. Vänern
 2. Hjälmaren

11. Var kan man se raukar?
 1. På Ven X. På Fårö
 2. På Hanö

12. I Vuollerim (Lappland) hittades 1983...
 1. En stenåldersby
 X. En medeltidsby
 2. En bronsåldersby

13. Vad tillverkas i Nusnäs?
 1. Troll X. Moraknivar 2. Dalahästar

14. Göteborgs stora nöjespark heter...
 1. Liseberg X. Lorensberg 2. Gröna Lund

15. Vad kan man bl.a. se i Fossum?
 1. Fossiler X. Hällristningar 2. En fornborg

16. En mycket intressant kungagrav från bronsåldern finns i ...
 1. Ronneby X. Simrishamn 2. Kivik

17. Vad ser du på bilden?
 1. Borgholms slottsruin
 X. Visingsborgs slottsruin
 2. Varbergs fästning

18. Vad heter Selma Lagerlöfs minnesgård?
 1. Ekeby X. Mårbacka 2. Hedeby

19. En sevärdhet i Hagaparken är bl.a. ...
 1. En runsten X. Ett dockhusmuseum
 2. Ett fjärilshus

20. Var i Stockholm står Bernt Notkes skulpturgrupp "S:t Göran och draken"?
 1. Storkyrkan X. Tyska kyrkan
 2. Stadshuset

21. Hur högt är Kaknästornet i Stockholm?
 1. 155,5 m X. 111 m 2. 165,5 m

22. Vad är "Blå Jungfrun"?
 1. Utflyktsbåt i Kalmar X. Ö i Kalmarsund
 2. Skulptur i Kalmar

23. I vilket landskap ligger "Glasriket"?
 1. Blekinge X. Lappland 2. Småland

24. När är den årliga samemarknaden i Jokkmokk?
 1. I mars X. I juni 2. I februari

25. På vilket museum i Stockholm kan man besöka planetariet "Cosmonova" ?
 1. Nordiska museet X. Naturhistoriska riksmuseet 2. Biologiska museet

26. Var står Picassoskulpturen?
 1. Kristianstad X. Kristinehamn
 2. Kristineberg

27. Vad förknippas med Strömsholm?
 1. Fotboll X. Hästsport 2. Hundavel

28. I vilken nationalpark kan man se "tusenårseken" (14 meter i omkrets)?
 1. Muddus X. Dalby Söderskog
 2. Norra Kvills nationalpark

TALA SVENSKA

Skriv upp talen 1-28 på små lappar. Vik ihop, blanda dem och lägg dem i en mugg eller dylikt. Ta i tur och ordning upp en lapp. Talet som står på din lapp motsvarar frågan du ska läsa upp och besvara. Du får en poäng för varje rätt svar. Lycka till!

Avsnitt 22

I det här avsnittet lär du dig bl.a.

- att gå till läkaren
- ord och uttryck i samband med ett läkarbesök
- namn på kroppsdelarna
- att uttrycka att du har ont någonstans
- att tala om hälsa och kondition
- några svenska dikter
- att använda deponens

1a

Hos läkaren

P: Lars Persson L: läkare S: sjuksköterska

Lars Persson och hans vänner brukar träffas i augusti månad och ha en kräftskiva tillsammans. Dagen efter festen mår Lars mycket dåligt. Han bestämmer sig för att gå till läkaren. Nu sitter han i distriktläkarmottagningens väntrum tillsammans med andra patienter och väntar på sin tur. En sjuksköterska ropar upp hans namn.

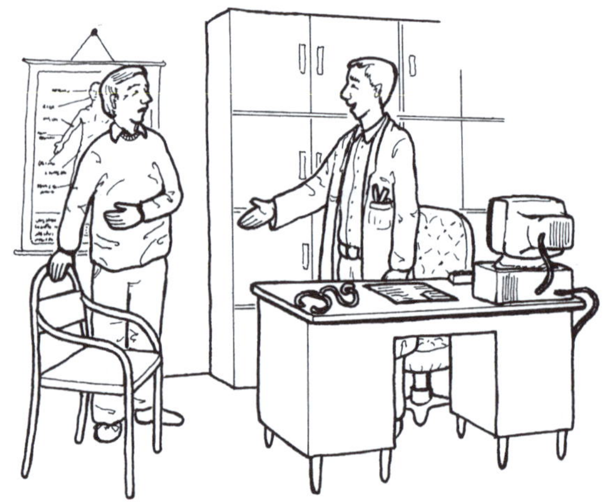

S: Lars Persson, varsågod!
L: Hej, varsågod och sitt. Det märks att du inte mår bra. Vad kan jag hjälpa dig med?
P: Jag var på kräftskiva igår. Eftersom jag älskar kräftor åt jag förstås en hel del. Jag vaknade i morse av att jag mådde fruktansvärt illa. Jag svettas, har frossa och ont i magen. Det känns inte alls bra.
L: Kräktes du?
P: Ja.
L: Har du diarré?
P: Ja, och feber.
L: Symptomen tyder på en matförgiftning. Hur mår dina vänner? Tålde de kräftorna?
P: Ja, det var bara jag som blev sjuk.
L: Ibland är man väldigt känslig och mottaglig för bakterier. Vi undersöker det här. Det är nog inget allvarligt. Får jag lyssna på dig? Andas in djupt, är du snäll! Så där ja. Gapa och räck ut tungan! Tack. -Jag ska skriva ut ett recept på tabletter åt dig, som gör att tarmfloran byggs upp igen. Ta en tablett tre gånger dagligen. Drick kamomillte och vila. När aptiten kommer tillbaka kan du börja dricka buljong och äta en bit mjukt bröd. Känns det inte bättre inom ett dygn, får du titta in igen.
P: Tack så hemskt mycket!
L: Ingen orsak. Krya på dig!
P: Tack och hej!

1b

Läs dialogen en gång till. Träna sedan glosorna. Använd följande fraser:
- Vad heter "ein Arzt" på svenska?
- "Ein Arzt " heter "en läkare" på svenska.

Apropå *personnummer*

Ett personnummer är ett identifierande nummer som tilldelas varje svensk medborgare eller person som har uppehållstillstånd i Sverige. De första sex siffrorna anger födelseår och födelsedag.

2 Människokroppen

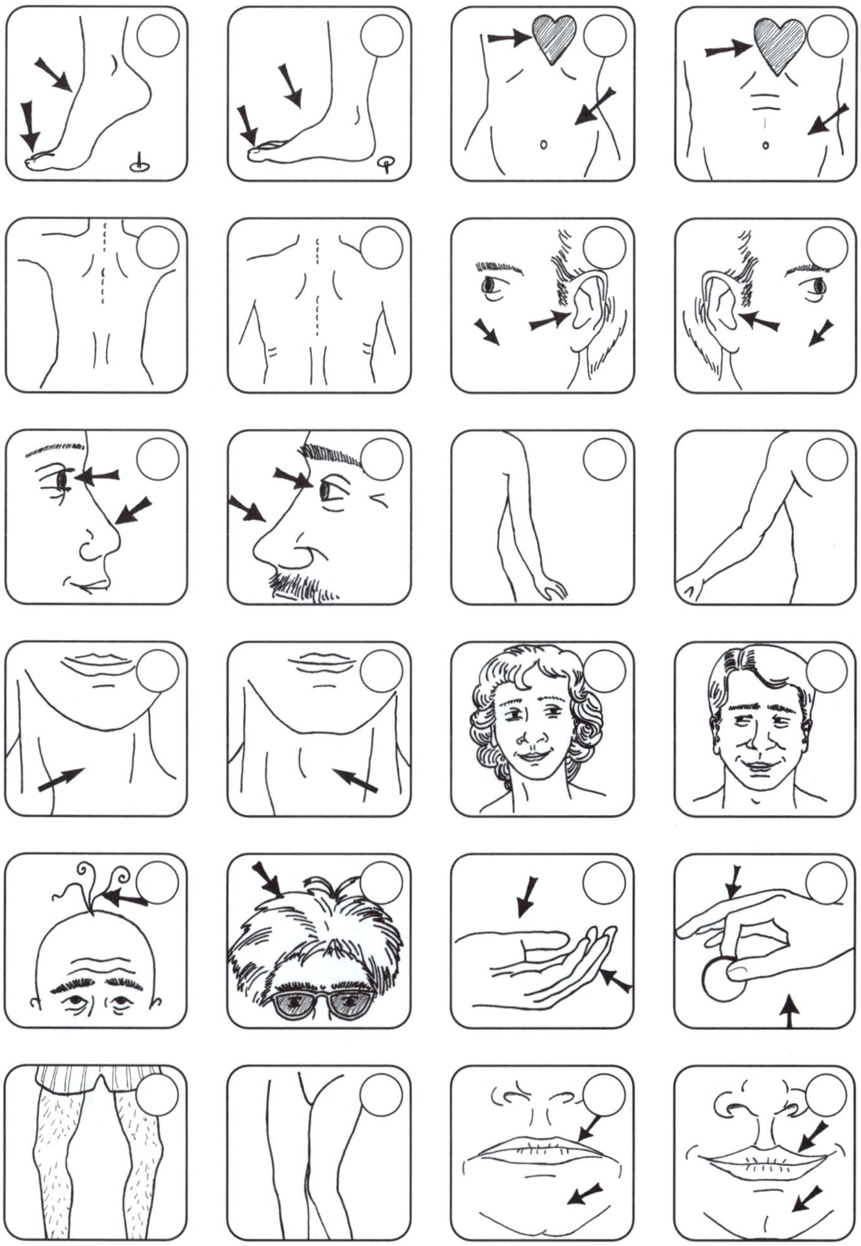

1 huvud -et -
ansikte -t -n

2 hand -en, händer
fing/er -ret -rar

3 hals -en -ar

4 ben -et -

5 näs/a -an -or
öga -t, ögon

6 fot -en, fötter
tå -n, tår

7 hår -et -

8 hak/a -an -or
mun -nen -nar

9 öra -t, öron
kind -en -er

10 hjärta -t -n
mag/e -en -ar

11 arm -en -ar

12 rygg -en -ar

TALA SVENSKA

Börja med att skriva rätt nummer vid varje bildpar. En av er i gruppen gör en fotostatkopia av denna sida. Klipp sedan ut bilderna och spela detta "memory-spel" tillsammans. Träna namnen på de olika kroppsdelarna genom att säga ordet/orden högt i både singular och plural varje gång ni tar upp ett kort. Ha det så roligt!

3a Verb - deponens

Konjugation	Deponens
1.	Hugo *andas* in djupt. *(andades, har/hade andats)*
2a.	Det *känns* inte alls bra. *(kändes, har/hade känts)*
2b.	Det *märks* att Olof är sjuk. *(märktes, har/hade märkts)*
3.	Katja *brås* på sin mor. *(bråddes, har/hade brådds)*
4.	Det *finns* många bakterier i kroppen. *(fanns, har/hade funnits)*

3b

Läs meningarna och sätt in ordet som passar! Tänk på att sätta verbet i rätt tempusform.

1. Det var 25°C i skuggan och Fredrik ... .
2. Sara ... på en söndag och vägde 2380 g.
3. - Jag ... att du kan komma på min 70-års dag.
4. - Det ... att du inte mår bra. Du är ju alldeles blek.
5. - Hovmästaren, det ... en kniv!
6. - Så där ja, ... in djupt!
7. Johan ... med sitt jobb som arkitekt.
8. Det ... skönt att få hjälp när man är sjuk.
9. - Vi har ... på konferensen i Stockholm, eller hur?
10. Sven tålde inte kräftorna och ... .
11. De ... aldrig med sina grannar numera.
12. Det har alltid ... röda stugor i Sverige.
13. Jag ... hur glad du blev när du fick din första cykel.
14. Göran hade verkligen ... bra med sina studier.
15. Eva och Åke har ... som vänner.

träffas
andas
födas
skiljas
kräkas
svettas
lyckas
kännas
märkas
finnas
fattas
minnas
hoppas
trivas
umgås

4 Influensa eller magbesvär? - Visst finns det hjälp!

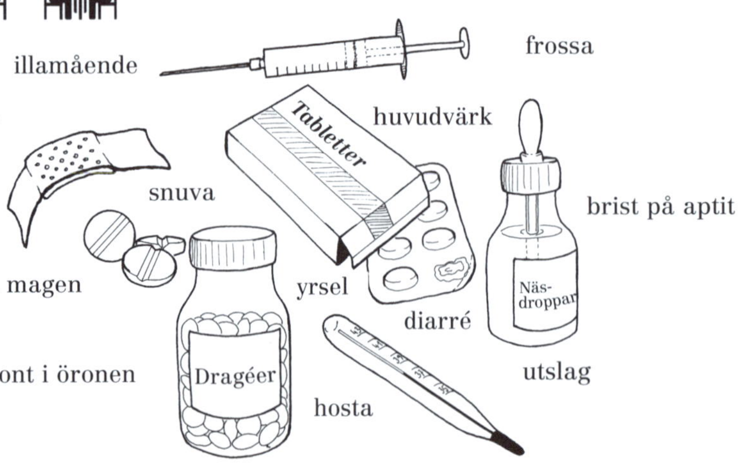

- Prosit !

TALA SVENSKA

Arbeta parvis och skriv en dialog mellan läkare och patient. Dialogen "Hos läkaren", symptomen och medicinen här på sidan hjälper er. Slå upp ord ni inte förstår i ordlistan bak i boken. Träna sedan in dialogen och spela upp den för gruppen.

5 Kondition och hälsa

8 goda råd om konsten att missköta sin kondition

- Gå aldrig i trappor utan ta alltid hissen!
- Ta alltid bilen. Gå inte ens korta sträckor!
- Avstå från den sköna söndagspromenaden!
- Slöa och lata dig ordentligt på semestern - avstå helst helt från fysisk aktivitet!
- Rök mycket och ofta, gärna i samband med alkohol!
- Ät oregelbundet och mycket, gärna onyttig mat!
- Utnyttja dina lunchraster och pauser till att röka, prata och "vila"!
- Motionera aldrig!

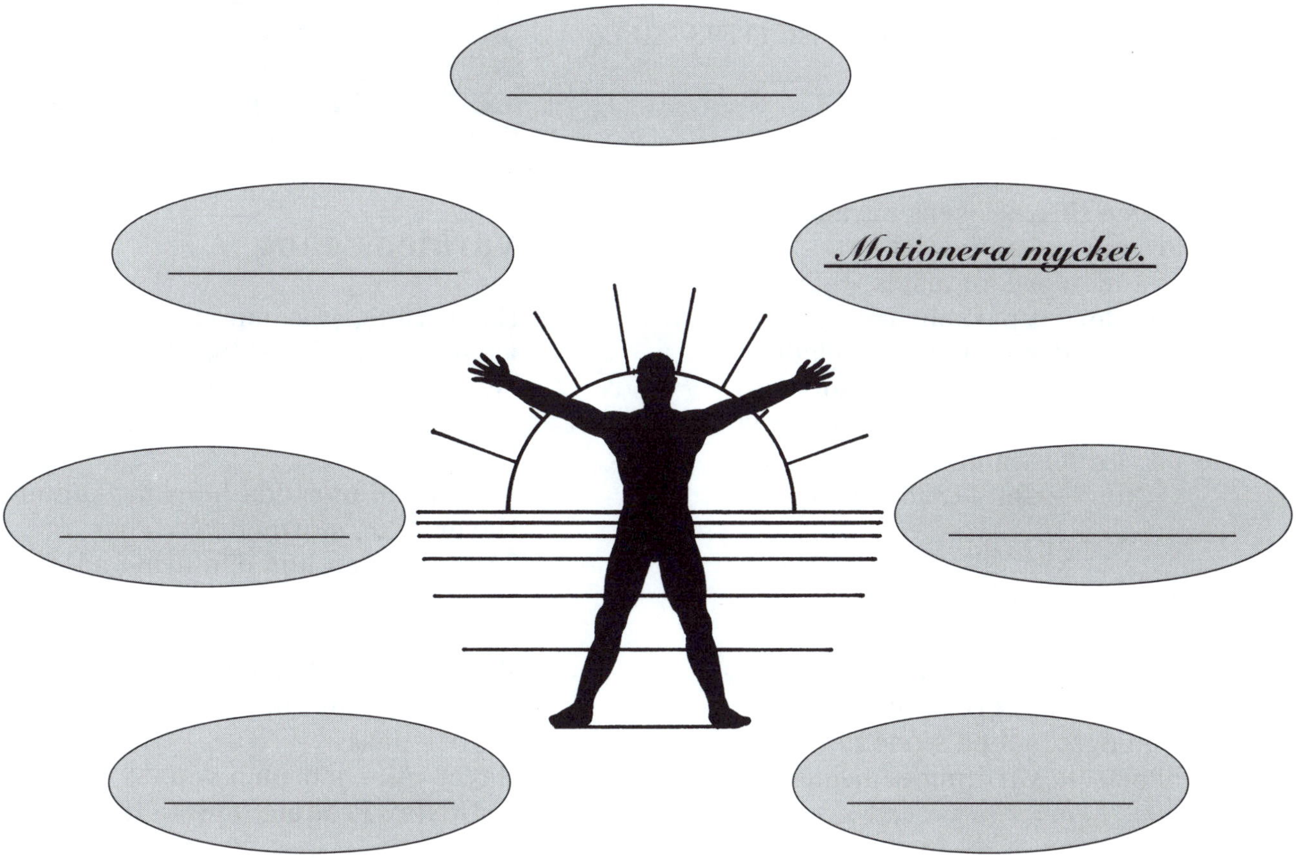

TALA SVENSKA

Vad kan vi göra för att hålla konditionen och hälsan på topp? Anteckna några sätt att hålla sig frisk på. Vad gör ni själva för er hälsa? Diskutera med varandra i gruppen!

6a

Några svenska dikter

Hjärtats blomma

En blomma står i hjärtats hem,
hon har ingen färg ännu;
Herren Gud i himmelen
den blomman har gjort, o Du! -
Blomman stod i hjärtats hem,
hon hade ej färg ännu,
men av Herren Gud dock hon hade namnet
Törnros.
Rosens törnen såra hjärtat.
Då rinner blod därur.
Hjärtat frågar Herren:
"Vi gav du den rosen åt mig?"
Herren himmelskt svarar:
"Blodet utur ditt hjärta färgar din ros åt dig:
du och ditt hjärtas ros då likna i fägring
mig."
Carl Jonas Love Almqvist (1793 - 1866)

Ett porträtt av C. J. L. Almqvist av den tyske konstnären Wolfgang Natusch som sedan 1960 är bosatt i Sverige

Strof i april

Vägen till kärlekens paradis
är gammal men evigt ny:
Två händer kan mötas - händelsevis,
inunder ett paraply.
Två händer kan mötas i glädje,
två händer kan mötas i sorg.
Och två händer kan mötas för vinnings skull
på världens marknadstorg.
Nils Ferlin (1898-1961)

Sommarafton

Sommarafton, stillt i vinden,
ifrån bokars gröna ljus,
sol i ögat, sol på kinden...
hemåt till vårt murgrönshus...

Eftersommar, tyst i skogen,
fåglarne ej sjunga mer,
när som blomman först är mogen,
falla bladen på er ner!
August Strindberg (1849-1912)

Världens gång

Havet välte, stormen ven,
vågorna rullade asklikt grå.
"En man är vräkt över bord, kapten!"
Jaså.

"Ännu kan ni rädda hans liv, kapten!"
Havet välte, stormen ven.
"Ännu kan en lina den arme nå!"
Jaså.

Vågorna rullade asklikt grå.
"Nu sjönk han, nu syns han ej mer, kapten!"
Jaså.
Havet välte, stormen ven.
Gustav Fröding (1860-1911)

6b

Varje kursdeltagare skriver i tur och ordning tre ord ur dikterna på tavlan men utelämnar vokalerna. T.ex. hndr (händer). De andra ska försöka tyda ordet.

AVSNITT 23

I det här avsnittet lär du dig bl.a

- ord och uttryck i samband med miljöfrågor
- fraser som behövs för att uttrycka åsikter
- att diskutera kring ett tema
- lite fakta om Sverige - befolkning, statsskick, industri m.m.
- att jämföra saker
- att komparera adjektiv

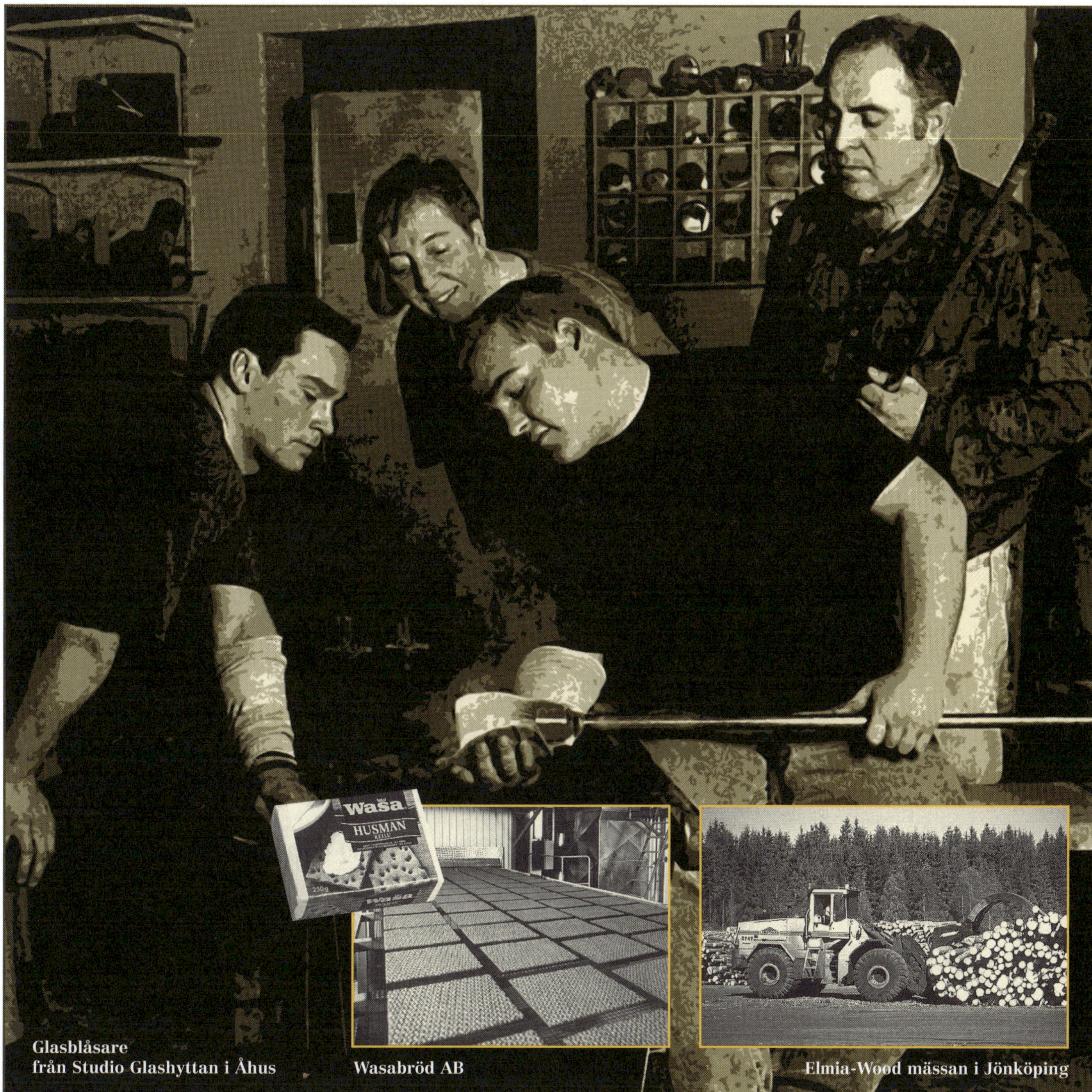

Glasblåsare
från Studio Glashyttan i Åhus

Wasabröd AB

Elmia-Wood mässan i Jönköping

1a

En diskussion om miljöfrågor

S: Sara L: Lennart B: Bodil J: Jörgen

Sara och Lennart hälsar på sina bästa vänner Bodil och Jörgen. De har ett litet sommarställe vid Norrlandskusten. De sitter ute i trädgården och sommarluften är varm. De grillar, dricker lite vin till maten och pratar om miljöfrågor.

S: Det här var verkligen en fin kotlett, Bodil. Och tomaterna är så aromatiska!

B: Ja, vi båda har faktiskt börjat köpa mer alternativodlade livsmedel på sista tiden. Det här köttet t.ex är KRAV-märkt, vilket innebär att djuren har fått gå fritt ute och varken har fått antibiotika eller hormoner i fodret. Grönsakerna är odlade utan kemiska bekämpningsmedel.

S: Jag tror också att det är viktigt att vi börjar tänka om. Vi har en enormt hög levnadsstandard. Men med den livsstilen som vi har idag bidrar vi ju alla till miljöförstöringen.

L: Jag anser att det räcker att vi inte producerar så mycket sopor. Jag köper t.ex. bara öl i returflaskor och vi väljer förpackningar av papper i stället för plast. Nackdelen med allt miljötänkande är att allt blir dyrare. Momsen och skatten ska ju höjas igen. Enligt min mening har vi inte råd att köpa ekologiskt odlade livsmedel.

J: Men Lennart, du måste medge att du har en bra ekonomi.

L: Jovisst, det har du rätt i. Men vi har huset med en hög amortering, höga elräkningar och bilen.

B: Det är klart Lennart, men vi har märkt att t.ex. Krav- eller Demeterprodukter inte är så mycket dyrare än vanliga livsmedel. Och fördelen är att man känner sig piggare när man äter mer sund kost.

S: Ni anar inte hur ofta jag har försökt förklara för Lennart hur viktigt det är att vi sparar energi och handlar alternativodlade livsmedel.

J: Jo men Sara, å ena sidan är det naturligtvis viktigt att vi tar miljöproblemen på allvar. Men å andra sidan förstår jag Lennart. Det är inte så lätt att ändra på kostvanor, spara på el och vatten, eller att avstå t.ex. från bilen.

L: Jag håller med er om att man kanske skulle satsa mer på sund kost. Men kan man lita på att de där miljöorganisationerna verkligen håller vad de lovar? Jag blir så skeptisk när jag ser debatterna på TV eller läser tidningen. Det diskuteras hit och dit.

B: Jag för min del är säker på att ekologiskt odlade produkter inte är besprutade, för de smakar helt enkelt annorlunda. Enligt min åsikt kan man bara försöka att på eget initiativ agera miljövänligare och försöka övertyga andra. Tänk på ordspråket "Många bäckar små blir en stor å".

De diskuterade länge, och det blev sent innan Sara och Lennart åkte hem den kvällen!

1b

Stryk under alla ord som har med miljöfrågor att göra. Diktera ett ord i taget växelvis för varandra. Rätta till slut.

2a Adjektiv - regelbunden och oregelbunden komparation

Positiv	Komparativ	Superlativ
Anna är *pigg*.	Sven är *piggare*.	Lena är *piggast*.
Lotta är *vacker*.	Pia är *vackrare*.	Charlott är *vackrast*.
Linda är *ung*.	Annika är *yngre*.	Sara är *yngst*.
Evas kostvanor är *bra*.	Kalles kostvanor är *bättre*.	Lasses kostvanor är *bäst*.
Lasses grill är *praktisk*.	Tores grill är *mer praktisk*.	Mikaels grill är *mest praktisk*.

När man jämför: Sven är ***piggare än*** Anna. / Charlott är ***vackrare än*** Pia.

2b

Titta i tabellen nedan och jämför bilarna. Exempel: Bil 3 är lång, bil 1 är längre och bil 2 är längst. Bil 1 är längre än bil 3 osv. Välj bland adjektiven i rutan.

gammal	dyr
bekväm	ny
billig	praktisk
mycket	lång
kort	snabb
stor	liten
miljövänlig	bra
dålig	tung
bred	hög

En gammal PV (Volvo) och till vänster en Amazon (Volvo)

BIL-TEST

Bil	Bil 1	Bil 2	Bil 3
Årsmodell	1996	1997	1998
Motoreffekt	77 hk*	52 hk	40 hk
Toppfart	205 km/h	180 km/h	165 km/h
Bränsleförbrukning	1,1 l/mil	0,9 l/mil	0,7 l/mil
Längd	4205 mm	4574 mm	4103 mm
Bredd	1650 mm	1711 mm	1597 mm
Höjd	1320 mm	1428 mm	1493 mm
Totalvikt	1220 kg	1570 kg	870 kg
Bagagevolym	280 l	460 l	380 l
Pris	229.000 Skr	189.000 Skr	128.000 Skr
Användbarhet	☆	☆☆	☆☆☆
Komfort	☆☆	☆☆☆	☆
Sikt	☆☆☆	☆	☆☆

* hk = hästkrafter

3 Några miljötips

diska	*undvik att köpa*
duscha	*papper-plast-glas*
köksfläkt	*loppmarknad/hjälporganisation*
soorum	*handla*
köra bil	*överdosera*
förpackningar	*lämna till butiken*
konservburkar	*17 °C*
tvättmedel	*i onödan*
returglas	*i stället för att bada*
gamla kläder	*nödvändigt*
egen kasse	*rinnande vatten*

- Tror du inte att köksfläkten drar lite väl mycket, Arne!

TALA SVENSKA

Kombinera stödorden! Du får fram minst elva tips om hur man kan spara energi och agera mer miljövänligt. Bilda meningar och skriv upp miljötipsen på tavlan!
Samtala till slut lite om hur ni själva sparar energi och agerar mer miljövänligt.

4 Enligt min åsikt...

- ❍ askkopp
- ❍ pipa
- ❍ cancer
- ❍ rökrum
- ❍ det är gott
- ❍ obehaglig lukt
- ❍ hälsan är inte viktig
- ❍ rökare blir diskriminerade
- ❍ det är tufft att röka
- ❍ angenäm doft
- ❍ cigarretter med låg nikotinhalt
- ❍ nikotin är giftigt
- ❍ rökare är hänsynslösa
- ❍ det är svårt att sluta röka
- ❍ sjukhus
- ❍ tändare med farliga gaser
- ❍ fimpar i naturen
- ❍ det är dyrt att röka

TALA SVENSKA

Bilda par och diskutera med varandra! Det ena paret tycker att rökning är ofarligt och det andra paret anser att rökning är mycket skadligt. Om ni vill kan ni välja ett annat tema, skriva upp stödord och diskutera gemensamt.

När man uttrycker en åsikt kan man bl.a. använda följande fraser:

Jag tror att.../Jag tycker att... /Jag anser att .../Min åsikt är att .../Enligt min åsikt/mening.../Jag för min del anser att... .

5a

Sverige i stora drag

Geografi och naturtillgångar

Sveriges yta är 449 964 km². Avståndet från norr till söder är 1574 km och från öst till väst 499 km. Sverige är till hälften täckt av skog, och mindre än 10 % av ytan utgörs av jordbruk. Den skandinaviska fjällkedjan, Skanderna, går från norr till söder och bildar delvis gräns mellan Sverige och Norge. Sveriges högsta topp är Kebnekaise som har en höjd på 2161 m. Från fjällen i nordväst flyter ett antal stora älvar till Östersjön. Älvarna har varit viktiga som flottningsleder för skogsindustrin. Många sågverk och träindustrier ligger därför vid älvmynningarna. Kraftstationerna längs med älvarna bidrar till Sveriges energiförsörjning.

Vattenfalls kraftstation vid Nämforsen

Befolkning

Sverige har 8,8 miljoner invånare, varav 1 miljon är invandrare. Ungefär 85 % av befolkningen bor i den södra delen av landet. I huvudstaden Stockholm lever ungefär 1,6 miljoner människor. I norra delen av landet bor samerna. De svenska samerna är idag något fler än 15 000. Ungefär en femtedel av dem ägnar sig åt renskötsel, den traditionella näringen. Samerna får statligt stöd i sin strävan att bevara sina traditionella kulturformer och sitt eget språk, samiskan.

Sverige är med i EU (Europeiska Unionen). Invandrare från EU-länderna som kommer till Sverige måste söka uppehållstånd men har rätt att arbeta utan arbetstillstånd.

Same i Lappland

Industri, forskning och miljö

En stor del, ca 50 %, av Sveriges industriproduktion går på export. Några svenska företag är t.ex. Elektrolux, pappersjättarna SCA och MoDo, skogsföretaget Stora, bilindustrierna Volvo, Saab och Scania. LM Ericsson är ett av världens ledande företag inom telekommunikation och det svenska glaset är känt i hela världen. Som alla moderna länder är Sverige ett land som satsar på forskning. Tack vare Alfred Nobels stora donation utdelas fredspriset i Oslo och Nobelpriset i fysik, kemi, medicin, ekonomi och litteratur i Stockholm varje år den 10 december.

Studio Glashyttan, Åhus

Svenskarna är ett friluftsälskande folk. Under de senaste årtiondena har stödet till miljö och naturvård ökat. För att bevara vissa områden orörda har man inrättat 18 nationalparker. Även antalet naturreservat blir fler.

Statsskick och politik

Sverige är en konstitutionell monarki och en parlamentarisk demokrati. Statschefen är för närvarande kung Carl XVI Gustaf. Sveriges drottning är Silvia Sommerlath från Tyskland. Kungaparet är Sveriges främsta ambassadörer men utövar ingen politisk makt. Sveriges parlament, riksdagen, har en kammare och 349 ledamöter som väljs vid allmänna val. Valperioden är fyra år. Alla svenska medborgare som fyllt 18 år har rätt att rösta och kandidera till riksdagen. Samtidigt med riksdagsvalen hålls val till kommuner och landsting. I dessa val får även utländska medborgare delta om de har bott i Sverige i minst tre år.
Sveriges största politiska partier är Moderata samlingspartiet, Kristdemokraterna, Folkpartiet, Centerpartiet, Miljöpartiet, Socialdemokraterna och Vänsterpartiet. Det kan anordnas rådgivande folkomröstningar i Sverige. Den senaste folkomröstningen var den 13 november 1994 om Sveriges medlemskap i EU.
Sverige är ett alliansfritt och neutralt land i krig. Medlemskapet i FN är en hörnpelare i svensk utrikespolitik. Dessutom fortsätter Sverige att verka för en kärnvapenfri zon i Norden.

Folkpartiet LIBERALERNA
Moderaterna
Socialdemokraterna
miljöpartiet de gröna
Kristdemokraterna
VÄNSTER PARTIET

De sju största svenska partierna

5b Ställ frågor till varandra på texten. Välj sedan sju meningar var ur texten och diktera dem för varandra. Rätta till slut.

6 **Viskleken**

TALA SVENSKA

Hela gruppen sätter sig i ring. Någon börjar att viska en mening i örat på den kursdeltagaren som sitter intill. Det ska vara något som har med Sverige att göra. Om geografi, befolkning, industri, statsskick m.m. Det viskas från person till person runt hela ringen. Den siste i ringen säger högt vad hon/han hörde. Kom meningen fram rätt? Den som sa meningen högt börjar viska en annan mening. Fortsätt leken tills alla i gruppen har fått börja viska en mening.

Avsnitt 24

I det här avsnittet lär du dig bl.a.

- att tacka ja och nej till en inbjudan
- att skriva ett inbjudningskort
- lite om svensk jul (ett avsnitt ur Astrid Lindgrens bok "Barnen på Bråkmakargatan")
- lite om julbord och svensk julmat
- att berätta om hur man firar jul hemma
- att använda adjektivets superlativform i bestämd form
- att uttrycka direkt tal och indirekt tal, direkt fråga och indirekt fråga

1a Att tacka nej

Å: Åsa Nilsson G: Göran Lönnqvist

Nu är det julbord igen...

hos Åsa och Stig
Lördagen den 15 december kl 19:00
Tag med glatt humör!

Välkommen! *o.s.a.*

Detta inbjudningskort fick Göran Lönnqvist en dag i december. Tyvärr måste han tacka nej, eftersom han är i London just den dagen. Han slår en signal till Åsa.

Å: Nilsson!
G: Tjänare, det är Göran.
Å: Hej, vad roligt att du ringer. Hur har du det?
G: Jo tack, lite stressigt. Tack för inbjudan, Åsa. Jag är hemskt ledsen, men jag är i London just den helgen. Jag måste tyvärr tacka nej.
Å: Det menar du inte! Det var verkligen synd.
G: Ja, det är tråkigt. Jag missar den godaste glöggen i världen!
Å: Göran, vet du vad! Vad sägs om att doppa i grytan på lillejulafton?
G: Det låter toppen! Då ses vi ju i alla fall innan Ann och jag åker till Kanarieöarna. Ha det så kul på lördag!
Å: Ja, det blir säkert trevligt. Tack för att du ringde!
G: Vi hörs! Hejdå!
Å: Hej, hej!

1b

Läs dialogen tillsammans en gång till. Diktera sedan replikerna växelvis för varandra. Rätta till slut.

Apropå *julbord*

Julens festmåltid kallas "julbord". All julmat dukas upp på ett stort bord. På ett riktigt julbord ska det bl.a. finnas olika sorters sill och kokt potatis, sillsallad, Janssons frestelse, leverpastej, pressylta, rökt medvurst, dopp i grytan, julskinka, rödkål och brunkål, köttbullar, prinskorv och julkorv, risgrynsgröt, frukt, smör, bröd och ost.

Enligt traditionen läggs en mandel i *risgrynsgröten*. Den flicka som hittar mandeln i sin tallrik kommer att gifta sig inom ett år.

Dopp i grytan är bröd som man doppar i en gryta med skinkspadet.

Lutfisk tillhör också julmaten och är en tradition från medeltiden. Det är havsfisk som har torkats och saltats. Innan fisken tillagas läggs den i lut. Lutfisk äts med kokt potatis, gröna ärtor, vit sås eller senapssås.

Glögg dricker man till advent och jul. Det är en dryck gjord på vin och kryddor som dricks het i små koppar. Glögg serveras med russin och skållade mandlar.

2 Tack för inbjudan!

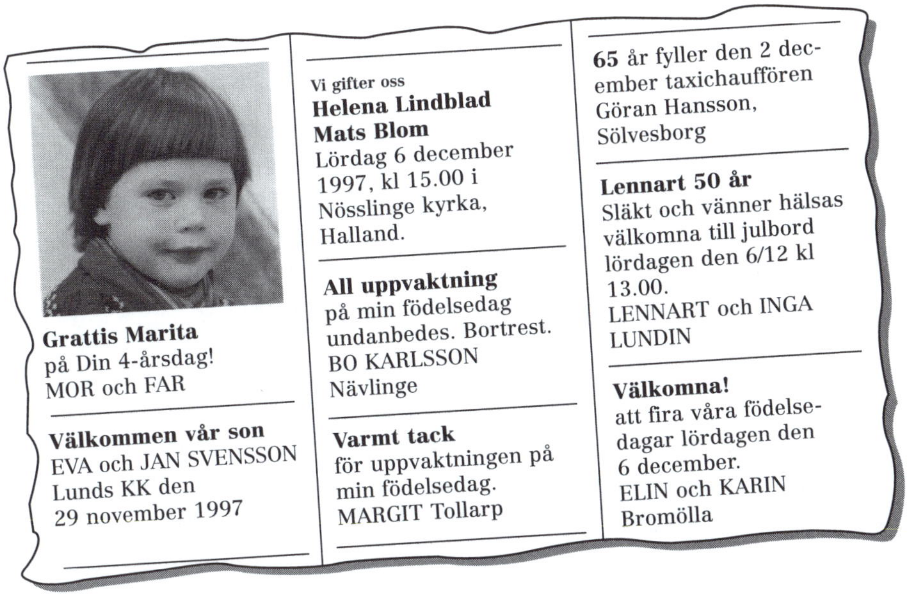
Grattis Marita
på Din 4-årsdag!
MOR och FAR

Välkommen vår son
EVA och JAN SVENSSON
Lunds KK den
29 november 1997

Vi gifter oss
Helena Lindblad
Mats Blom
Lördag 6 december
1997, kl 15.00 i
Nösslinge kyrka,
Halland.

All uppvaktning
på min födelsedag
undanbedes. Bortrest.
BO KARLSSON
Nävlinge

Varmt tack
för uppvaktningen på
min födelsedag.
MARGIT Tollarp

65 år fyller den 2 december taxichauffören
Göran Hansson,
Sölvesborg

Lennart 50 år
Släkt och vänner hälsas
välkomna till julbord
lördagen den 6/12 kl
13.00.
LENNART och INGA
LUNDIN

Välkomna!
att fira våra födelsedagar lördagen den
6 december.
ELIN och KARIN
Bromölla

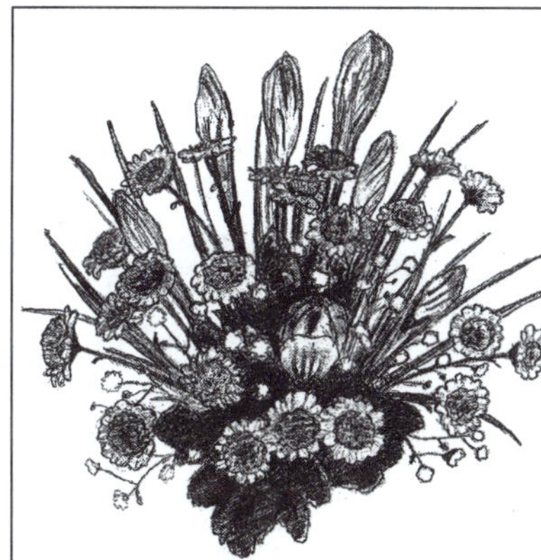

Välkommen

till.................................

...dagen den .... 19.....

kl.................................

....

....

o.s.a.

TALA SVENSKA

Läs först igenom dialogen "Att tacka nej" en gång till. Stryk under fraserna som är viktiga när man tackar nej till en inbjudan.
Skriv sedan ett inbjudningskort till varandra. Anledningar finns det många, t.ex. födelsedag, bröllop, silverbröllop, julmiddag, påsklunch, kräftskiva m.m.
Tyvärr kan ni inte komma just den dagen ni är bjudna. Turas om att "ringa upp" varandra och tacka nej.

Ring sedan upp varandra ytterligare var sin gång men tacka ja den här gången. Spela gärna upp ett improviserat samtal för gruppen!

3 Vad tänker du på?

- Tänk vad tiden går. Nu är det jul igen!

TALA SVENSKA

Skriv upp två ord var på en bit papper (t.ex. julgran, snö eller sommar)

En deltagare i gruppen börjar fråga en annan person vad han tänker på när han hör ordet ... (säger ett av orden som står på hans papper). Nu gäller det för denne kursdeltagare att associera kring detta ord. T.ex:

-När jag hör ordet "snö" tänker jag på vinter. Det är kallt. Man kan åka skidor osv. När han är färdig frågar han i sin tur någon annan. Fortsätt tills alla har fått tala om två ord.

4a Adjektiv - superlativ i bestämd form

Obestämd form	Bestämd form
Huset är finast.	Det är ***det finaste*** huset.
Julafton är roligast.	Julafton ***är den roligaste*** dagen.
Lottas pepparkakor var godast.	Det var ***de godaste*** pepparkakorna.
Evas paket var störst.	Det var ***det största*** paketet.
Min kälke är bäst.	Det är ***den bästa*** kälken.

4b

Bilda minidialoger som i exemplet. Använd orden i spalterna och annonserna!

Exempel: - Vet du var man kan köpa fina tomtar?
- De finaste tomtarna jag har sett finns i Jannes prylbod!

billig	julstjärna
fin	tomtar
bra	juldukar
söt	julkrubba
trevlig	omslagspapper
ny	änglar
gammal	julkort
vacker	ljusstakar
rolig	halmbockar
festlig	julgran
stor	välkomstkrans
liten	julblomma

5a *Ur* **Barnen på Bråkmakargatan** av Astrid Lindgren

Vi bakade också pepparkakor, fast inte förrän dan därpå. Oj, vi bakade så många, så Jonas och Lotta och jag hade var sin burk full, vi bakade dom alldeles själva. Alla burkarna hade vi i barnkammaren, och vi sa, att vi skulle spara pepparkakorna till julafton. Men Lotta åt opp sina redan samma dag och åt inget rotmos till middan.

-Dom kanske inte står sej till julafton, sa Lotta. Men sedan kom hon varje dag och tiggde pepparkakor av Jonas och mej och sa:

- Fattig man, ge mej lite i min hand.

Men sedan blev det julafton, och det är den roligaste dan på hela året. Så här gjorde vi på julafton:

Så fort vi vaknade, sprang vi ner i köket, och där var mamma och gjorde i ordning kaffe. Och sen satt vi allihop framför brasan i vardagsrummet och drack kaffe, fast vi aldrig får kaffe annars. Och vi fick saffransbullar och pepparkakor och klenäter till. Och julgranen stod där och luktade så förskräckligt gott. Så fort vi hade druckit kaffe, klädde vi granen, pappa och Jonas och jag och Lotta, mamma var i köket och gjorde sillsallad.

- Det är så vackert i vårt hus, sa Jonas, så jag tror det är det finaste huset i hela stan.

- Och som luktar godast, sa Lotta.

Mamma hade planterat fullt med vita hyacinter, som luktade så härligt, och så var det fullt med ljus överallt och såg alldeles olika ut mot annars och luktade olika. Jag tycker om att det luktar olika om julen.

Vi åt mycket mat hela dan, och vi åt i köket och doppade i grytan vid spisen. Och på eftermiddagen var vi med mamma inne hos tant Berg och gav henne julklappar och fick knäck och brända mandlar. Och Lotta fick en söt röd mössa, som tant Berg hade stickat åt henne.

- Nu kan jag nästan vara jultomte, sa Lotta.

Men det var hon inte. För på kvällen kom den riktiga jultomten. Han stampade i farstun och dundrade på dörren och kom in och hade en säck på ryggen, som var pin full med julklappar.

- Jag behöver inte fråga, om det finns några snälla barn här, sa jultomten, för det ser jag på utanskriften. Och sedan sa han till Lotta:

- Akta dej så att inte ögona trillar ur huvet på dej.

För Lotta stod där och stirrade på honom och hennes ögon var alldeles stora och runda. Så gick jultomten ut och kom tillbaka med ett stort paket som det var mina skidor i, och ett stort paket, som det var Lottas kälke i. Men Lotta stod bara tyst och rörde sej inte, förrän tomten hade gått.

- Varför är du så tyst, Lotta, sa mamma.

- Jag får kill i magen, när jag ser jultomten, sa Lotta. Fy Fransson, vad jag får kill i magen!

Vi behövde inte gå och lägga oss på julafton förrän vi själva ville. Vi åt nötter och apelsiner framför brasan och vi dansade omkring granen och allting var så härligt. Och dan därpå, på juldagen, då gick vi till julottan. Det låg fullt med snö på julkärven nere på gården, men vi ristade av det, så att sparvarna skulle kunna äta, och sen gick vi till julottan. Då lyste stjärnorna, därför tycker jag bäst om stjärnorna, fast solen och månen är bra dom också. När stjärnorna skiner på Bråkmakargatan, då blir den gatan så underlig. Det lyste ljus i nästan alla husen, det såg vackert ut och underligt också. Långt, långt borta, alldeles över taket på rådhuset, där satt en stjärna, det var den största stjärnan som jag har sett.

- Det är nog julstjärnan, sa Lotta.

5b Stryk under alla verb i texten och bilda verbets tema dvs. verbets infinitiv-, preteritum- och supinumform. Temat av t.ex. verbet baka är: baka, bakade, bakat.

Apropå *tomten*

Jultomten är inte så gammal. Han kom till Sverige någon gång på 1800-talet. Det finns en annan tomte också ett fantasiväsen som är mycket äldre. Han är liten och grå och har en röd luva. Han bor mest i gamla hus och lador på landet. Tomtarna är mycket blyga. Man ser dem aldrig, men de hjälper bondens familj under natten med att städa eller hugga ved. De vakar över människor och djur. Man måste vara snäll mot dem. Annars kan de bli arga och då kan vad som helst hända.

6a Direkt tal och indirekt tal, direkt fråga och indirekt fråga

Direkt tal	Indirekt tal
- Det var roligt, sa Lotta.	Lotta sa att det var roligt.

Direkt fråga	Indirekt fråga
- Var det roligt?	Lotta frågade om det var roligt.
- Vem är jultomte?	Lotta undrar vem som är jultomte.
- Vad ska vi äta idag?	Mamma undrar vad vi ska äta idag.

6b

Ändra meningarna till indirekt tal, direkt fråga och indirekt fråga!

Exempel: - Det är julstjärnan, sa Lotta.
Lotta sa att det är julstjärnan.
-Är det julstjärnan? undrar Lotta.
Lotta undrar om det är julstjärnan.

1. - Eva har gått till julottan, sa Jan.
2. - Det är det finaste huset i stan, sa Jonas.
3. - Sune hämtar julgranen i år, sa Anders.
4. - Jultomten knackar på dörren, sa Lena.
5. - Maria tycker om stjärnorna, sa Kajsa.
6. - Det finns snälla barn här, sa tomten.
7. - Mamma har planterat hyacinter, sa Kalle.
8. - Pappa gör sillsallad i köket, sa Olle.
9. - Ove fick julklappar av tant Berg, sa Maggan.
10. - Lotta är hos Anna, sa Mia.

7 Julen hemma

TALA SVENSKA

**Berätta för varandra hur ni firar jul hemma. Frågorna hjälper dig:
Hur pyntar ni ert hem?/När är det julklappsutdelning?/Kommer tomten?/
Vad äter ni för julmat?/Tittar ni på TV på julafton?
Berätta sedan för varandra hur ni firade jul när ni var barn. Är det någon skillnad om du jämför med hur du firar jul idag?**

Avsnitt 25

I det här avsnittet lär du dig bl.a.

- att klara en olyckssituation på svenska
- ord och uttryck i samband med en bilolycka
- några trafikskyltar och deras betydelse
- lite om det svenska körkortet (tidningsartikel)
- att använda perfekt particip (predikativt)
- att använda konjunktiv och konditionalis

1a

En trafikolycka

M: Stefan Müller G: Karl Gustavsson

Stefan Müller var på semester i Sverige i somras. Han hade otur och råkade ut för en bilolycka. Han körde på Karl Gustavssons bil mitt i en korsning. De stiger båda ur bilarna.

M: Usch, det här var inte roligt. Jag är hemskt ledsen.

G: Hur kör du egentligen? Du blinkade ju åt höger och sedan kör du rakt fram. Det är ju inte klokt! Titta så min bil ser ut! Hela motorhuven är intryckt och strålkastarna helt krossade.

M: Jag vet, det var helt och hållet mitt fel. Om det inte hade varit så mycket trafik idag, så skulle det aldrig hänt. Jag är här i Göteborg för första gången och känner faktiskt inte till stan. Jag letade efter vägen till Mölndal och så...

G: Jag förstår, du är turist. Men i alla fall, det här var väldigt onödigt. Hoppas bara det inte har hänt något allvarligt. Är du skadad?

M: Nejdå, lyckligtvis gick det bra. Hur är det med dig?

G: Tack, det var bara bilarna som fick sig en ordentlig smäll vid krocken. Nu ska vi inte gråta över spilld mjölk, som det heter här i Sverige. Låt oss ställa upp varningstrianglarna och ringa efter polisen och bärgningsbilen.

Polisen kom, antecknade registreringsnumret och skrev en rapport om olyckan. Stefan Müller fick visa upp sitt försäkringsbesked och uppge namn, adress och telefonnummer. En cyklist som hade sett olyckan var vittne. Till slut kom bärgningsbilen och förde bort Karl Gustavssons bil från olycksplatsen. Stefan Müller körde sin bil till närmaste verkstad. Veckan därpå körde han hem till Hamburg igen och ordnade allt med sitt försäkringsbolag. Om inte Karl Gustavsson hade varit så förstående och trevlig, och om de inte hade kommit så bra överens, hade det kanske blivit en riktigt trasslig historia.

1b

Läs dialogen en gång till. Träna sedan glosorna. Använd följande fraser:
- Vad heter "ein Zeuge" på svenska?
- "Ein Zeuge" heter "ett vittne" på svenska.

Apropå *trafikolycka*

Larm: Ring 112! (Ambulans, läkare, polis, brandkår, sjöräddning, fjällräddning)

Var beredd att uppge:

- ditt namn och vilket nummer du ringer från
- var olycksplatsen är belägen
- vad som hänt
- hur många som är skadade
- om någon är fastklämd
- om det finns risk för brand

2a Verb - perfekt particip (predikativt)

Konj.	Utrum	Neutrum	Plural
1.	Bilen är *lagad*.	Bordet är *lagat*.	Bilarna är *lagade*.
2a.	Är någon *fastklämd*?*	Barnet är *fastklämt*.	Barnen är *fastklämda*.
2b.	Bilen är *köpt*.	Huset är *köpt*.	Mopederna är *köpta*.
3.	Klänningen är *sydd*.	Skärpet är *sytt*.	Kläderna är *sydda*.
4.	Artikeln är *skriven*.	Brevet är *skrivet*.	Artiklarna är *skrivna*.

*Perfekt particip av sammansatta verb: klämma fast - fastklämd, klara av - avklarad

2b

När Eva-Britt är stressad brukar hon skriva en lista på vad hon måste göra. Räkna upp sakerna som är avklarade. Ändra verben till perfekt particip!

1. vattna blommorna
2. tömma sophinken
3. städa badrummet
4. skriva brev till mamma
5. sopa trapporna
6. slänga de gamla tidningarna
7. köpa motorolja till bilen
8. stryka Åkes älsklingsskjorta
9. beställa tågbiljetten till Anna
10. tvätta bilen
11. steka köttbullar
12. sy fast knappen på sommarjackan
13. klippa gräsmattan
14. besiktiga bilen

3 Komihåglistan

TALA SVENSKA

Skriv var sin komihåglista på saker ni själv måste göra och absolut inte vill glömma. Skriv verben i infinitiv. Byt komihåglistorna med varandra och ändra verben till perfekt particip.

Apropå *besiktning*

Bilbesiktningen görs av Svensk Bilprovning AB och är Sveriges motsvarighet till Tysklands TÜV. Man ska besiktiga bilen den månad som är lika med sista siffran i bilens registreringsnummer, t.ex. SFC 134 (april).

4 Dålig sikt - en byggdialog

Nils har just fyllt femton år och köpt sig en gammal moped. Han är på väg till en kompis. Men just när han svänger in på Kantarellvägen kommer Peter Andersson långsamt körande med sin bil. Sikten är dålig så han ser inte Nils. Olyckligtvis kör han på honom.

- Oj oj oj! Det här var hemskt. Hur gick det?

TALA SVENSKA

"Bygg" en dialog mellan Nils och Peter Andersson. Börja dialogen med repliken som står under teckningen. En av er tar fram en bit papper och börjar skriva en fortsättningsreplik och överlämnar sedan pappret till kurskamraten. Den andre skriver nästa replik och lämnar tillbaka pappret. Fortsätt på samma sätt tills dialogen känns färdig. Träna in den och spela upp den för gruppen.

5a Verb - konjunktiv Konditionalis

Konjunktiv	Konditionalis
Det ***vore*** trevligt! Det ***skulle*** vara trevligt! ***Skulle*** du ***kunna*** stänga fönstret?	Han ***skulle*** ha kört rätt ***om*** han hade känt till vägen. ***Om*** det blir fint väder, grillar vi ute i trädgården.

5b

Bilda små dialoger med adjektiven som exemplet visar!
- Ska vi gå ut och dansa i kväll? - Ja det vore (skulle vara) trevligt!

1. kul
2. fint
3. skojigt
4. roligt
5. härligt
6. underbart
7. intressant
8. spännande
9. fantastiskt
10. snällt

Gå tillbaka till övning 2b i avsnitt 9 och gör om övningen men använd frasen *Skulle du kunna ...* i stället.
Gör sedan följande övning: Se till att du har tre papperslappar framför dig. Skriv en mening (konditionalsats) på varje papperslapp. Riv eller klipp sedan lapparna i två delar.
Exempel: ***Om jag hade vunnit en miljon*** | ***skulle jag köpt en sommarstuga.***
Blanda delarna och byt papperslapparna med varandra. Bilda sedan logiska meningar. Tänk på att du kan börja meningen både med huvudsatsen och med bisatsen!

6 Miljonen

TALA SVENSKA

Låt fantasin flöda och fundera på vad du skulle gjort om du hade vunnit en miljon på lotteri. Börja så här: Om jag hade vunnit en miljon skulle jag ... .

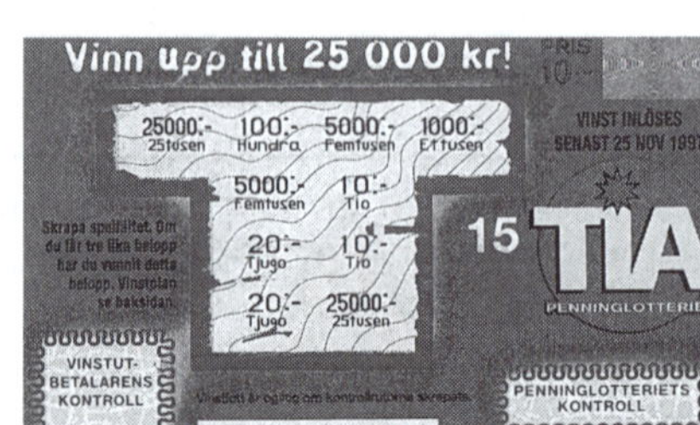

7a Ett tidningsurklipp

Anna övningskörde privat

Nu har hon körkort för drygt 3 000 kronor

Bild:TOMMY SVENSSON

Anna Colleen klarade uppkörningen i går och fick sitt efterlängtade körkort. Hon har övningskört privat och klarat sig undan med 3 000 kronor, plus bensinpengar.

Av KARIN HALLENGREN

KRISTIANSTAD. **Glad i dag – Anna Colleen i Vä! Körkortet är avklarat och hon har intyget säkert i sin hand. Hon har övningskört privat och priset hamnar på 3 000 kronor, plus bensin till 300 mil.**

– Det känns underbart att ha klarat det, säger Anna.

Anna är 20 år i år och fick börja övningsköra när hon var 17 år och nio månader. Att hon skulle övningsköra privat för mamma och pappa var helt självklart. Det hade storasyster klarat fem år tidigare.

– Jag köpte teoriboken och pluggade igenom den. Men det funkade inte på teoriprovet, så jag anmälde mig till trafikskolan, berättar hon.

Stor besvikelse

Vid andra försöket klarade hon teoriprovet och för ett år sedan anmälde hon sig till uppkörning i Hässleholm.

– Jag skulle resa till USA och behövde körkortet, minns Anna. Det var bråttom och besvikelsen blev stor när jag inte fick godkänt.

Så det blev till att resa till USA utan körkort, vilket trots allt gick att lösa när hon kom dit. Hon stannade i sju månader och kom hem till Vä för tre veckor sedan. Då var det övningskörning och en ny uppkörningstid som gällde. I går var det så dags och Anna bestod provet. Hon fick godkändlappen i sin hand, som bevis fram till att det riktiga körkortet är klart.

Premiärturen

Redan på eftermiddagen satte hon sig i föräldrarnas bil för att ta en tur på egen hand. Någon egen bil är det inte tal om i nuläget. I höst väntar studier i Skövde. Men då går det att låna bil av kompisarna.

Anna är medveten om den tvååriga prövotid, som nu ligger framför. Och hon har inte lust att bli av med körkortet igen på grund av fortkörning eller trafikolycka. □

Allmänt/Skåne

Simrishamn

7b

Stryk under åtta ord var som ni tycker är svåra. Diktera dem för varandra. Rätta till slut.

8 Trafikspelet

1. Väjningsplikt: Lämna företräde.
2. Älg: Sakta farten. Skärp uppmärksamheten åt sidorna.
3. Återvändsgata
4. Enkelriktad trafik: Märket anger vilken körriktning som är tillåten.
5. Parkering: Märket anger att parkering är tillåten alla dagar i veckan.
6. Begränsad hastighet: Det är inte tillåtet att köra mer än 50/90 km i timmen.
7. Förbud att parkera fordon
8. Förbud att stanna
9. Omkörning förbjuden
10. Högerkurva: Var beredd på möte.
11. Stopp vid vägkorsning eller järnvägskorsning: Obligatoriskt stopp och väjningsplikt.
12. Vägarbete: Visa hänsyn. Dålig vägbana.
13. Ojämn väg: Risk för sladd.
14. Rondell: Trafik från vänster. Lämna företräde.

TALA SVENSKA

Läs först igenom beskrivningen till vägmärkena och skriv numret vid varje beskrivning vid rätt trafikskylt. Kontrollera att du förstår allt. Täck sedan över texten och spela detta lilla spel.
Spela med en tärning. Varje deltagare har en spelpjäs. Man flyttar det antal steg som tärningen utvisar. Hamnar man på ett "vägmärke" ska man beskriva detta vägmärkes innebörd. Tänk på att använda fraserna " ... **det är tillåtet / förbjudet att** ..." och "... **man får / får inte / måste** ...". Klarar spelaren att beskriva vägmärket får hon/han gå två steg fram. Den som först kommer in i mål har vunnit. Ha det så roligt!

Avsnitt 26

I det här avsnittet lär du dig bl.a.

- ord i samband med utseende och egenskaper
- något om stjärntecken
- lite om Selma Lagerlöf
- något om Nils Holgersson (ett litet avsnitt ur "Nils Holgerssons underbara resa genom Sverige")
- att använda perfekt particip (attributivt)
- att använda passiv form (perfekt particip + *bli*)

Mårbacka - Selma Lagerlöfs hem
Bibliotek och arbetsrum

1a

I stjärnornas tecken

K: Karin P: Pernilla

Karin och Pernilla, två pigga och glada tonårstjejer brukar låna band, CD, tidningar och böcker av varandra. De sitter i Karins flickrum, lyssnar på musik och pratar med varandra.

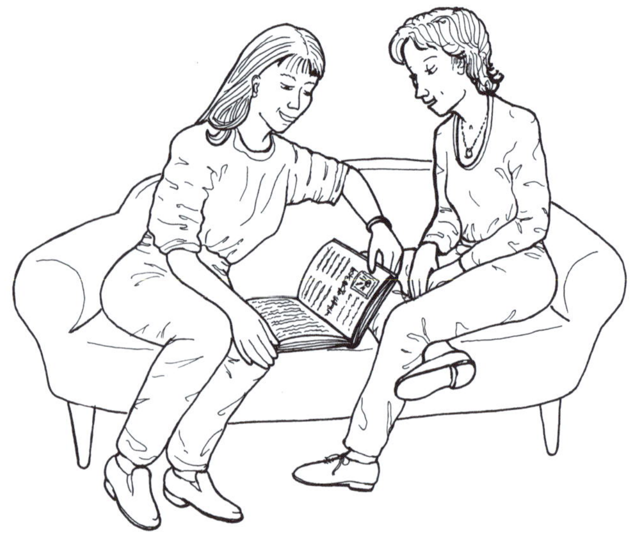

K: Jag fick en bok om astrologi och stjärntecken i födelsedagspresent.

P: Vad skojigt! I vilket stjärntecken är du född?

K: Jag är Tvilling. Och du då?

P: Jungfru.

K: Få se nu vad Jungfrun har för egenskaper. Så här står det: Du är duktig, mycket noggrann och saklig. Du är pålitlig men kan vara melankolisk ibland. Stämmer det?

P: Det stämmer exakt! Vad står det om Väduren? Tomas, Katjas kille är Vädur. Känner du honom?

K: Ja, jag träffade honom på discot i lördags. Han ser alltid lite sur och nedstämd ut.

P: Han är en rätt egoistisk person dessutom.

K: Om Väduren står det: Du är generös, spontan, ärlig och energisk. Men du är egoistisk och har inget tålamod.

P: Precis. Jag förstår inte hur Katja orkar med honom.

K: Nej, det begriper inte jag heller. Men snygg är han! Vet du vad det står om Tvillingarna? Hör här: Du är en öppen och mångsidigt begåvad person och har lätt att anpassa dig. Du har svårt att få igenom din vilja.

P: Svårt att få igenom din vilja! Du som verkligen kan hävda dig!

K: Det är faktiskt inte alltid som beskrivningarna stämmer.

P: Jag har förresten snart läst ut Selma Lagerlöfs roman "Gösta Berlings saga". Den handlar om livet på herrgårdarna runt Frykensjöarna i Värmland på 1820-talet. I centrum står tre personer: den omsvärmade prästen Gösta Berling, som avsatts därför att han druckit för mycket, majorskan på Ekeby och den elake Sintram som står i förbund med djävulen.

K: Det låter intressant. Får jag låna boken när du har läst ut den?

P: Naturligtvis får du det. Jag kan ta med den till skolan i morgon.

K: Tack, det vore hyggligt!

1b

Välj en bit text var (ungefär sju meningar). Ta fram ett papper och översätt texten till tyska. Läs sedan igenom dialogen en gång till. Byt översättningar, lägg igen boken och översätt tillbaka texten till svenska. Rätta till slut.

Apropå *ordet låna*

När man lämnar tillbaka en sak man har lånat säger man "Tack för lånet". Om man vill använda någon annans telefon kan man fråga "Får jag låna telefonen?".

2 Sådan är du!

______

(21/3- 20/4)
Du är generös, spontan, ärlig, energisk och entusiastisk men du har inget tålamod.

______

(21/4 - 20/5)
Du är trofast, plikttrogen, lojal och ambitiös. Du kan vara ganska envis ibland. Du älskar lyx och håller fast vid traditioner.

______

(21/5 - 20/6)
Du är öppen, har lätt för att anpassa dig och är mångsidigt begåvad. Du är inte så uthållig och har svårt att få igenom din vilja.

______

(21/6 - 22/7)
Du är intuitiv, moderlig, känslosam och reserverad. Du behöver mycket sömn.

______

(23/7 - 22/8)
Du är generös, passionerad, självsäker, viljestark och har ett stort behov av att hävda dig. Du kan vara svartsjuk ibland.

______

(23/8 - 22/9)
Du är duktig, noggrann, saklig, tillgiven och pålitlig. Du är melankolisk ibland.

______

(23/9 - 22/10)
Du är livlig, harmonisk, vänlig, verserad och hjälpsam. Du kan också vara känslig, ytlig och fåfäng.

______

(23/10 - 21/11)
Du är passionerad, individualistisk och viljestark. Du följer ditt hjärta och ångrar dig sällan.

______

(22/11 - 21/12)
Du är öppenhjärtig, ärlig, optimistisk och du älskar friheten. Men du kan också vara rastlös.

______

(22/12 - 19/1)
Du är sparsam, tålmodig, flitig och ambitiös. Du arbetar mycket noggrant och kan vara ängslig och skeptisk ibland.

______

(20/1 - 18/2)
Du är vänlig, uthållig, optimistisk och mångsidigt intresserad. Du kan vara rätt aggressiv och deprimerad ibland.

______

(19/2 - 20/3)
Du är kärleksfull, känslig och du behöver mycket trygghet. Du kan vara flegmatisk och har ett stort behov av förståelse, särskilt om du blir sjuk.

TALA SVENSKA

Börja med att skriva rätt namn vid stjärnbilderna. Välj bland följande: Fisken, Jungfrun, Kräftan, Lejonet, Oxen, Skorpionen, Skytten, Stenbocken, Tvillingarna, Vattumannen, Vågen, Väduren.
Läs igenom beskrivningarna av de olika stjärnbilderna och skriv var och en för sig upp vilka karaktärsdrag som ni tycker passar på er själva. Berätta sedan i tur och ordning för varandra vilka karaktärsdrag som är typiska för er. De andra försöker komma underfund med i vilket stjärntecken personen ifråga är född.
Välj gemensamt ut två personer ur de andra smågrupperna och diskutera er fram till vilket stjärntecken hon/han kan vara född i. Fråga till slut de båda kurskamraterna när de är födda. Kom ni fram till rätt stjärntecken?

3a Verb - perfekt particip (attributivt)

	Obestämd form	Bestämd form
Utrum	Ove säljer ***en renoverad stuga.****	***Den renoverade stugan*** ligger vackert.
Neutrum	Ulla säljer ***ett renoverat hus.***	***Det renoverade huset*** ligger vackert.
Plural	Sten säljer ***renoverade stugor*** och ***hus.***	***De renoverade stugorna*** och ***husen*** ligger vackert.

* De andra konjugationerna hittar du i grammatiken.

3b

Läs meningarna högt och sätt in perfekt particip i obestämd form (a) och bestämd form (b) som i exemplen ovan!

1. a) Ett hus som man har sålt är ett ... . b) ... ligger mycket vackert vid sjön.
2. a) Lök som man har hackat är ... . b) ... ligger i stekpannan.
3. a) Brev som man har skrivit är ... . b) ... har jag redan postat.
4. a) En stol som man har målat är en ... . b) ... står i köket.
5. a) En hund som man har bundit fast är en ... . b) ... morrar.
6. a) Kläder som man har sytt är ... . b) ... ligger bredvid symaskinen.
7. a) En bok som man har läst ut är en ... . b) ... lämnar Eva tillbaka till biblioteket.
8. a) Väskor som man har packat är ... . b) ... står i hallen.
9. a) Mat som man har värmt upp är ... . b) ... står på bordet.
10. a) Böcker som man har kritiserat är ... . b) ... såldes dåligt.
11. a) Ett paraply som man har glömt är ett ... . b) ... hämtades dagen därpå.
12. a) Skjortor som man har strukit är ... . b) ... hänger i garderoben.
13. a) En blankett som man har fyllt i är en ... . b) ... undertecknades av chefen.
14. a) Ett kök som man har byggt om är ett ... . b) ... var trevligt.
15. a) Ett vin som man har gjort hemma är ett ... . b) ... smakade verkligen utmärkt!

4 Får jag låna ...

TALA SVENSKA

Titta på teckningarna och slå upp de ord ni inte kan i ordlistan. Turas sedan om att bilda små dialoger med hjälp av teckningarna enligt följande mönster:

- Jag tänker skriva ett brev. Får jag låna din kulspetspenna?
- Naturligtvis får du det!

Ni kommer säkert på fler saker man kan låna!

5a Selma Lagerlöf och Nils Holgersson

Selma Lagerlöf är en av Sveriges stora personligheter. Hon föddes 1858 och växte upp med sina fyra syskon på Mårbacka gård i Värmland. Denna gård gick ur släkten 1885 men tack vare de stora framgångarna med *Gösta Berlings saga*, *Jerusalem* och *Nils Holgerssons underbara resa genom Sverige* kunde Selma Lagerlöf köpa tillbaka Mårbacka 1907. Här bodde hon ända till sin död 1940. Selma Lagerlöf är en skicklig berättare. Hon skriver enkelt men spännande och fantasifullt. Motivet är nästan alltid kampen mellan det onda och det goda, där det goda segrar till slut. Selma Lagerlöf fick Nobelpriset i litteratur 1909.

Nils Holgerssons underbara resa genom Sverige var från början en geografisk läsebok för folkskolan. Boken handlar om Nils Holgersson, en fjortonåring som är lat och elak. Han straffas och blir förvandlad till en "pyssling" och följer med en vildgåsflock på flyttning från Skåne till Lappland och tillbaka igen. Under sin långa resa mognar han och blir en bättre människa. Här följer ett utdrag ur första kapitlet:

Mårbacka

Vildgässen

Pojken kunde rakt inte förmå sig att tro, att han hade blivit förvandlad till tomte. "Det är väl bara en dröm och en inbillning" tänkte han. "Om jag väntar ett par ögonblick, så blir jag nog människa igen."

Han ställde sig framför spegeln och slöt ögonen. Han öppnade dem först efter ett par minuter och väntade då, att det skulle ha gått över. Men det hade det inte, utan han var och förblev lika liten. Eljest var han alldeles sådan, som han hade varit förut. Det vita linhåret och fräknarna över näsan och lapparna på skinnbyxorna och stoppen på strumpan, alltsammans var sig likt, med undantag av att det hade blivit förminskat.

Nej, det tjänade ingenting till att stå stilla och vänta, det märkte han. Han fick lov att försöka med något annat. Och det klokaste han kunde företa sig tyckte han skulle vara att leta reda på tomten och försona sig med honom.

Han hoppade ner på golvet och började söka.

Han tittade bakom stolar och skåp och under liggsoffan och i bakugnen. Han kröp till och med ner i ett par råtthål, men han var inte i stånd att finna tomten.

Medan han sökte, grät han och bad och lovade allt tänkbart. Aldrig mer skulle han svika sitt ord till någon, aldrig mer skulle han vara elak, aldrig mer skulle han somna ifrån predikan. Om han bara fick bli människa igen, så skulle det bli en så präktig och snäll och lydig gosse av honom. Men vad han än lovade, så hjälpte det inte det minsta.

Med ens kom han ihåg, att han hade hört mor säga, att småfolket brukade bo i kostallet, och han beslöt genast att gå dit och se om han kunde finna tomten. Det var en lycka, att stugdörren stod på glänt, för han skulle inte ha kunnat nå upp till låset och öppna den, men nu slapp han igenom utan hinder.

Då han kom ut i förstun, såg han sig om efter sina träskor, för inne i rummet hade han förstås gått i strumpsockorna. Han undrade hur han skulle reda sig med de stora, klumpiga träskorna, men i detsamma såg han ett par små skor stå på tröskeln.

När han märkte, att tomten hade varit så omtänksam, att han också hade förvandlat träskorna, blev han ännu mer ängslig. Det tycktes, som om det vore meningen, att den här bedrövelsen skulle räcka länge.

På den gamla ekbrädan, som låg framför förstudörren, hoppade en gråsparv. Han hade inte väl fått ögonen på pojken, förrän han ropade: "Tititt! Tititt! Se på Nils gåsapåg! Se på Tummetott! Se på Nils Holgersson Tummetott!"

Genast vände både gässen och hönsen sina blickar mot pojken, och det blev ett förfärligt kacklande. "Kuckeliku", gol tuppen, "det var rätt åt honom. Kuckeliku, han har ryckt mig i kammen." - ka, ka, det var rätt åt honom", ropade hönorna, och härmed höll de på i oändlighet. Gässen for ihop i en tät klunga, stack huvudena tillsammans och frågade: "Vem kan ha gjort det? Vem kan ha gjort det?"

Men det märkvärdigaste härvid var, att pojken förstod vad de sade. Han var så förvånad att han blev stående stilla på trappsteget och lyssnade. ...

5b En kursdeltagare börjar att nämna ett ord ur texten. De andra försöker att associera kring detta ord. Det gäller att så snabbt som möjligt säga de ord man tänker på. När gruppen inte kan komma på fler ord fortsätter en annan kursdeltagare att säga ett nytt ord ur texten ovan osv.

6 **Jag blir glad när ...**

... jag får en fin blombukett

I vilken situation är/blir du glad, lycklig, rädd, ängslig osv. Berätta för varandra!
T.ex. Jag blir glad när jag får blommor./Jag är rädd när det åskar.
Sedan bildar hela gruppen en ring. Fråga varandra:
- När blir du glad/lycklig osv.?
- Jag blir glad/lycklig osv. när ... .
Jämför svaren. Är många av er rädda/besvikna/lyckliga osv. för samma sak?

7a Verb - passiv form (perfekt particip + *bli*)

Presens	Preteritum	Perfekt/Pluskvamperfekt
Nils ***blir förvandlad***.	Nils ***blev förvandlad***.	Nils ***har/hade blivit förvandlad***.
Huset ***blir målat***.	Huset ***blev målat***.	Huset ***har/hade blivit målat***.
Husen ***blir renoverade***.	Husen ***blev renoverade***.	Husen ***har/hade blivit renoverade***.

7b

Läs meningarna och sätt in det rätta ordet i passiv form (perfekt particip + *bli*). Välj tempusformen själv!

1. Anna ... i Färlövs kyrka.
2. Bilen ... utanför biblioteket.
3. Arne ... till militärtjänsten.
4. De ... på middag hos Lena.
5. Sara ... i benet.
6. Det stora huset på Kungsgatan ... .
7. Nils Holgersson ... till en pyssling.
8. Mötet ... till tisdag.
9. Konserten ... av publiken.
10. Många ... av jordbävningen.
11. Sven ... på motorvägen av polisen.
12. Två män från Kiruna ... för bedrägeri.
13. Kaj ... till föreningens ordförande.
14. Kalle ... av en annan bil.

drabba
stjäla
stoppa
bjuda
operera
anhålla
köra på
välja
uppskatta
förvandla
konfirmera
renovera
skjuta upp
inkalla

8 Ansiktet

TALA SVENSKA

Klipp ut två foton var på en person ur en tidning och lägg de åtta bilderna på bordet framför er. Välj ett av ansiktena. Tala inte om för de andra vilket ansikte ni valt!
Beskriv sedan i tur och ordning hur ni tycker att personen på bilden ser ut. Använd frasen: "Hon/han ser ... ut". Beskriv gärna ansiktet också t.ex.: "han har en liten näsa, stor mun, skägg, mustasch osv."
Det gäller för de andra att komma fram till vilken bild det är fråga om.
Gör om övningen och välj ett annat ansikte.

nonchalant, sympatisk, nedstämd, ledsen, olycklig, attraktiv, arg, sur, intressant, vacker, trevlig, vänlig, lycklig, arrogant, snäll, glad, osympatisk, envis

Avsnitt 27

I det här avsnittet lär du dig bl.a.

- att köpa en färdbiljett
- ord och uttryck i samband med biljettköp och tågresa
- namn på några länder i Europa
- namn på några europeiska språk
- substantiv och adjektiv som betecknar nationalitet
- att betona någonting med hjälp av emfatisk omskrivning
- att använda "vandrande" adverb

1a

På stationen

H: Heinz Krüger   T: tjänstemannen

Heinz Krüger, en pensionär från München, hälsar varje år på sin bror som bor i Malmö sedan tio år tillbaka. När han är i Sverige brukar han alltid passa på att resa till en brevvän i Gävle. Heinz går in på stationen och beställer biljetten.

H: Hej, jag skulle vilja ha en biljett till Gävle.
T: Enkel eller tur och retur?
H: Tur och retur och andra klass, tack.
T: Vilken dag vill du åka?
H: Jag ska åka den 5/6. Nästa fredag alltså. Jag undrar om det möjligen finns någon sorts rabatt?
T: Ja, du kan köpa Reslustkortet som kostar 150:- (50:- för pensionärer). Det innebär att om du bokar och betalar din tågbiljett minst 7 dagar före resdagen, får du röda priser, dvs. 50% rabatt på alla dagtåg. Men det är bara på enkla biljetter som rabatten gäller.
H: Det gör ingenting. Jag kan gärna ta en enkel biljett i stället. Men jag är inte svensk. Gör det något?
T: Nej, det har ingen betydelse. Alla nationaliteter kan utnyttja Reslustkortet.
H: Vad bra! Vilket tåg kan jag ta?
T: Jag ska se. En bra förbindelse vore faktiskt att åka klockan 7.14 från Malmö Central. Tåget är i Stockholm klockan 13.53. Där måste du byta till tåget mot Ljusdal som avgår klockan 14.13. Ankomst i Gävle klockan 16.15.
H: Då har jag inget långt uppehåll i Stockholm. Det låter bra. Behöver jag sittplatsbiljett?
T: Vi har faktiskt inga platsbiljetter längre. Sittplatsen ingår numera i en vanlig färdbiljett. Så det gäller att boka i tid.
H: Jaså! Ja, det var nytt.
T: Vill du ha fönsterplats?
H: Tack gärna, och icke rökare om det är möjligt.
T: Det ska vi ordna. Ett ögonblick... Så där ja! Här är din färdbiljett. Det blir 360:- .
H: Varsågod. Från vilket spår avgår tåget?
T: Få se här... från spår 8.
H: Tack för hjälpen.
T: Ingen orsak. Trevlig resa!
H: Tack och hej!

- Förlåt, är det ledigt här?
- Nej, det är upptaget.

1b

Stryk under alla ord som har med köp av tågbiljett att göra. Diktera ett ord i taget växelvis för varandra.

Apropå *SJ*
Förkortningen SJ betyder Statens Järnvägar.

2 Tågbiljetten

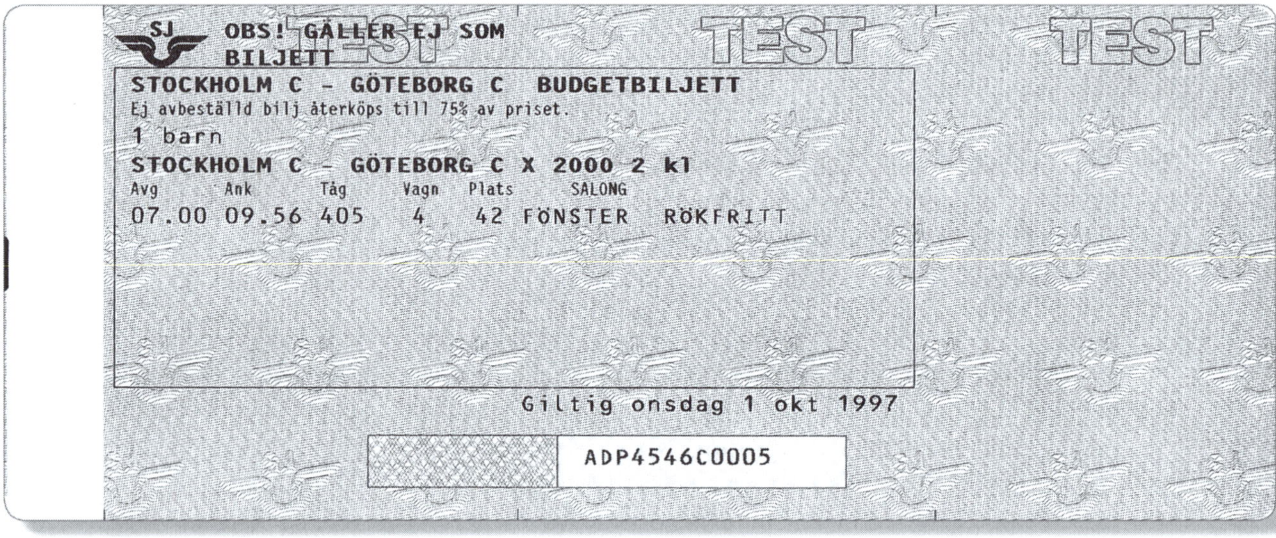
SJ OBS! GÄLLER EJ SOM BILJETT
TEST TEST TEST

STOCKHOLM C - GÖTEBORG C BUDGETBILJETT
Ej avbeställd bilj återköps till 75% av priset.
1 barn
STOCKHOLM C - GÖTEBORG C X 2000 2 kl
Avg Ank Tåg Vagn Plats SALONG
07.00 09.56 405 4 42 FÖNSTER RÖKFRITT

Giltig onsdag 1 okt 1997

ADP4546C0005

71 Göteborg-Kil-Karlstad

5 jan - 7 jun 1998

Alla tåg Göteborg-Öxnered tab 72
Alla tåg Kil-Karlstad tab 73

			RE 2 kl	RE	RE	IR	IR	IR	IR
		Tågnummer	3096	3000	3006	3010	3014	3016	3018
		Måndag-Fredag	**M-F**	**M-F**	**M-F**	**M-F**	**M-F**	**M-F**	**M-F**
		Lördag		**L**	**L**	**L**		**L**	
		Sön- o Helgdag			**SoH**	**SoH**	**SoH**	**SoH**	**SoH**
		Går även		10/4, 1/5			11/4, 2/5		
km	fr	**Göteborg C**		7.04	9.47	13.25	15.40	17.17	19.25
73	fr	**Trollhättan**		7.53	10.35	14.09	16.29	18.00	20.09
82	fr	**Öxnered**		8.07	10.44	14.21	16.43	18.09	20.19
123	fr	Mellerud		8.32	11.10	14.46	17.07	18.34	20.43
165	fr	Åmål	6.30	8.58	11.37	15.13	17.33	19.05	21.15
181	fr	Säffle	6.42	9.11	11.50	15.26	17.45	19.17	21.28
210	fr	Grums	7.07	9.32	12.11	15.47	18.08	19.38	21.49
232	t	**Kil**	7.26	9.49	12.28	16.04	18.25	19.56 [6]	22.08
232	fr	**Kil**	7.30	9.51	12.30	16.06	18.27	19.58	22.11
251	t	**Karlstad C**	7.44	10.05	12.43	16.19	18.40	20.11	22.24
	t	*Kristinehamn 73*	*8.23*	*10.33* [1]	*13.15*	*16.56*	*19.55* [3]		
	t	*Hallsberg 70*	*9.12*	*11.23* [1]	*13.59*	*17.46*	*20.44* [4]		
	t	*Örebro C 70+64*	*9.40*	*12.10* [1]	*15.10*	*18.30* [2]	*21.10*		
	t	*Stockholm C 70*	*10.59*	*13.11* [1]	*15.23*	*19.35*	*22.35* [5]		

1 **L** samt 10/4, 1/5.
2 18.55 **L,SoH**.
3 19.20 11/4, 12/4, 2/5, 31/5.
4 20.08 11/4, 12/4, 2/5, 31/5.
5 21.56 11/4, 12/4, 2/5, 31/5.
6 Anslutning till tåg 3181 (avg 20.00 mot Torsby).

TALA SVENSKA

Turas om att köpa en tågbiljett. Person A är kunden och person B är tjänstemannen. Använd tidtabellen. Spela gärna upp en dialog för gruppen!

3a Emfatisk omskrivning

Lågpriset gäller på enkla biljetter.	***Det är på enkla biljetter som lågpriset gäller.***
Lotta spelade piano.	***Det var Lotta som spelade piano.***
Sven har gjort det.	***Det är Sven som har gjort det.***

3b

Läs meningarna och framhäv det/de understrukna ordet/orden genom att använda emfatisk omskrivning.

1. Heinz köpte en platsbiljett.
2. Olle ringde igår.
3. Marie tänker åka på fredag.
4. Pedro kommer ifrån Spanien.
5. Karin ska resa med tåg.
6. Biljetten kostade 540:-.
7. Axel hade hälsat på en gammal brevvän.
8. Anna bor i Gävle.
9. Tåget till Långsele avgår klockan 16.01.
10. Hanna bokade sin biljett på resebyrån.

4a Adverb - adverb som "vandrar"

Huvudsats	Bisats
Heinz tar ***alltid*** tåget.	Sven frågar om Heinz ***alltid*** tar tåget.
Det blir ***antagligen*** fullt på tåget.	Arne säger att det ***antagligen*** blir fullt på tåget.

Andra adverb som "vandrar" är t.ex.: ***absolut, aldrig, antagligen, bara, möjligtvis, nog, knappast, naturligtvis, förmodligen***

4b

Bilda meningar genom att ordna orden i rutorna. Börja med ordet som är understruket.
Gör sedan bisatser av meningarna. Börja så här: Jan säger att... .Tänk på adverbets placering! Gör på liknande sätt med egna meningar som ni skriver på små papperslappar och byter med kurskamraterna.

1.	2.	3.	4.
tidning köper på vanligen en Susann fredagarna	antagligen sent Bussen för kommer	dricker maten Olle lättmjölk till alltid	för förmiddagen handlar på det Birgitta mesta

5.	6.	7.	8.
dotter ofta lilla sjuk Lottas är	inte Stockholm i bor Svenssons	till kommer Åsa söndag Göteborg på möjligtvis	frukost en dricker Anna till kaffe åtminstone kopp

5 Europaresan

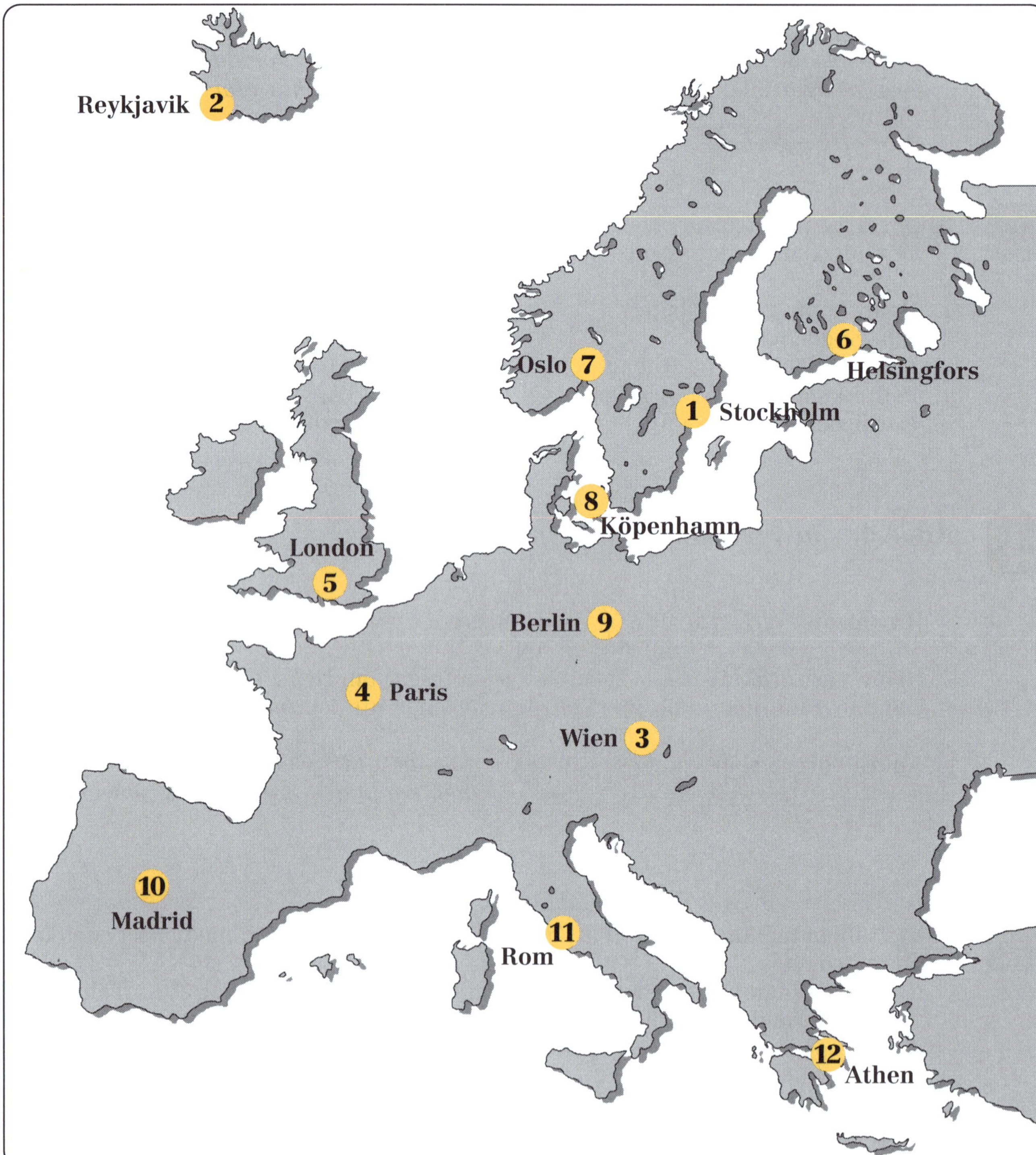

TALA SVENSKA

Spela med två tärningar. Slå tre kast var med båda tärningarna. Räkna efter varje kast ihop siffrorna och skriv upp talet ni fick. Dessa tal bildar er resrutt genom Europa. Berätta ungefär så här:

Först reste jag till Spanien. Där besökte jag mina spanska vänner i Madrid. Pedro är spanjor och Lolita är spanjorska. Jag hade tillfälle att tala mycket spanska. Jag fortsatte till Italien. Där träffade jag ... osv.

Ha gärna gloslistan i övningsboken med nationalitetsuttrycken framför dig.

Du har säkert gjort en intressant resa någon gång. Berätta om den för gruppen.

6a De första timmarna i Sverige

För mig har Sverige en viss speciell lukt och smak. För alltid, tror jag. Det luktar starkt av kaffe och smakar varm korv med potatismos. Gurkmajonnäs, papperstallrik och gaffel av plast.

Det var de allra första känslorna genom vilka Sverige trängde sig in i mig, strax efter passkontrollen.

Färjeterminalens vänthall var fortfarande blandad: främmande men lite polsk. Toaletten luktade polskt. Inget papper för att torka händerna, smutsigt. Man kände sig ... hmm ... trygg!

Det var tidig morgon och jag var hungrig. Från kiosken kom doften av kaffe. I pappersmuggar. Kaffe i *pappersmuggar*??

En man med resväska gav tanten i luckan ett okänt mynt och fick en mugg med varmt, doftande kaffe. Jag hade inga okända mynt. Och fick inget kaffe. Bara doften. Stark och annorlunda.

I bilen på väg mot norr. Radion spelar lugn gitarrmusik. Asfalten känns underlig, så jämn och nästan vit. *Vit* asfalt? Inga hål, inga gropar ... och bilen går så mjukt, man svävar nästan. Konstigt.

Det är höst. Samma färger som i Polen ... Samma färger? *Den gyllene polska hösten*, finns den också HÄR? Under alla år i skolan fick jag höra att det *bara* är i Polen hösten är så fantastiskt vacker med alla dessa underbara färger ... har de *ljugit* för mig? Konstigt ... Åkrarna, så stora och ... tomma ... . Var finns alla människor? Nej men, har de redan hunnit plocka potatisen? Inga hästkärror på vägen, inga byar med kyrktorn ... och inga människor. Inte ens en katt eller hund! Ingenting! Har de *dött* allihopa? Konstigt.

Äntligen! En traktor! Den är för långt borta för att jag ska se om det finns någon i den. Men den rör sig. Då måste det vara någon som kör den ... . Eller? Kanske är den *fjärrstyrd*? Vem vet ... . Konstigt.

Bilen stannar vid en bensinstation högt uppe på en backe. Långt nere till vänster glimtar havet. Vid bensinpumparna finns inte en enda själ. Inte ens gubben som säljer bensin. Får man ... *tanka sjäälv*?? SJÄLV! Hur skulle JAG kunna det? Och hur vet de hur mycket man har tankat? Neej, de måste väl ha någon räkneapparat därinne. FIFFIGT! Konstigt.

Beata Niewinna är född 1966 i Polen. Under en tid studerade hon teologi och konst. Just nu ägnar hon sig huvudsakligen åt att göra gobelänger. Hon är gift med en polack och är bosatt i Göteborg sedan fem år tillbaka.
Artikeln "De första timmarna i Sverige" publicerades i invandrartidningen *På Lätt Svenska* 1994.

Jag är fortfarande hungrig. Kaffedoften räckte inte till frukost. De frågar mig om jag vill äta. JO! Det vill jag! Jag glömmer artigheten och säger ja med detsamma. Det passar sig inte, jag vet: jag skulle ha sagt först att jag inte var hungrig alls, men jag struntar i etiketten; jag är *så hungrig*!

"Vill du ha en varm korv?" frågar de mig.

"Ja, tack."

"Med potatismos eller pommes frites?"

Jag förstår inte vad de menar ... . Jag säger potatismos.

"Och gurkmajonnäs?" frågar de mig.

"Ja, gärna." Den här gången gissar jag att jag vet vad det betyder: det låter lite liknande i mitt eget språk.

Jag får min portion. JASSÅ? Detta är POTATISMOS! Och en fin liten GAFFEL! Med KNIVEN på sidan? Fiffigt! Konstigt.

Oj, vad det smakar! Det bästa jag har ätit någonsin: Potatismos blandat med gurkmajonnäs. Lite kallt, men oj, vad gott. Hade de inte tittat på mig hade jag slickat ren papperstallriken.

Beata Niewinna

6b Stryk under alla verb i texten och bilda verbets tema dvs. verbets infinitiv-, preteritum- och supinumform. Temat av t.ex. verbet lukta är lukta, luktade, luktat.

7 Sverige - mitt första intryck

TALA SVENSKA

Liksom Beata Niewinna har ni säkert minnen från ert första möte med Sverige. Berätta om era intryck! Frågorna hjälper er:
När var du i Sverige första gången?
Vart reste du/ni?
Hur länge stannade du/ni?
Upplevde du/ni något speciellt?
Vad förknippar du med Sverige?

Apropå *Invandrartidningen "På Lätt Svenska"*
På Lätt Svenska är en tidning för invandrare i Sverige. Den ges ut en gång i veckan med 44 nummer per år av den statliga stiftelsen Invandrartidningen. Den ska ge invandrare språkträning och information om Sverige. En prenumeration utanför Norden (EU-land) kostar ungefär 850 Skr per år eller 500 Skr per halvår.
Här är adressen: Invandrartidningen, Box 1352, 111 83 Stockholm.

Anhang

Wörterverzeichnis Schwedisch-Deutsch

Angabe des Substantives: Grundform, bestimmter Artikel, Pluralendung

Angabe des Verbes: Infinitiv, Präsens, Präteritum, Perfekt/Plusquamperfekt (*Supinum*)

A

absolut	absolut
accent -en -er	Akzent
ackord -et -	Akkord
adjektiv -et -	Adjektiv
Adjö!	Auf Wiedersehen!
adress -en -er	Adressse
adventsstak/e -en -ar	Adventsleuchter
adverb -et -	Adverb
affär -en -er	Laden, Geschäft
affärsvän -nen -ner	Geschäftsfreund
afton -en, aftnar	Abend
ager/a -ar -ade -at	agieren, handeln
aggressiv	aggressiv
akacielund -en -er	Akazienhain
akademi -n -er	Akademie
Akta dej!	Pass auf!
aktivitet -en -er	Aktivität
aktuell	aktuell
akvarell -en -er	Aquarell
akvari/um -et -er	Aquarium
aldrig	niemals
all/allt/alla	alle/alles
alldeles	ganz, direkt
allemansrätt -en	allgemeines Nutzungsrecht
allergi -n -er	Allergie
allergirum -met -	Zimmer für Allergiker
allhelgonadag -en -ar	Allerheiligen
allihop	alle zusammen
allmogekultur -en -er	Bauernkultur
allmän	allgemein
allt som allt	insgesamt
alltid	immer
allting	alles
alltså	also
allvarligt	ernst
almanack/a -an -or	Kalender
alternativodlad	alternativ angebaut
ambassadör -en -er	Botschafter
ambitiös	ehrgeizig
ambulans -en -er	Rettungswagen
amortering -en -ar	Abzahlung
an/a -ar -ade -at	ahnen
an/vänd -vänder, -vände -vänt	gebrauchen
ananasring -en -ar	Ananasring
and/as -as -ades -ats	atmen
andra	andere
ange -r, angav, angett	angeben
angenäm	angenehm
angående	betreffend, bezüglich
anhåll/a -er, anhöll, anhållit	verhaften
anhörig	Angehöriger
ankare -t -	Anker
anknytning -en -ar	Anknüpfung, Bezug
ankomst -en -er	Ankunft
anledning -en -ar	Grund
anläggning -en -ar	Anlage
anmäl/a -er -de -t sig	anmelden
anmälningsblankett -en -er	Anmeldeformular
anmärk/a -er -te -t på något	etwas beanstanden
annandag jul	zweiter Weihnachtstag
annandag pingst	Pfingstmontag
annandag påsk	Ostermontag
annars	sonst
annons -en -er	Anzeige
annorlunda	anders
anordn/a -ar -ade -at	abhalten, veranstalten
anpass/a -ar -ade -at sig	sich anpassen
ansikte -t -n	Gesicht
ansjovis -en -ar	Anschovis
anslagstavl/a -an -or	Pin-Wand
anslutning -en -ar	Anschluß
ansvarsfull	verantwortungsvoll
ansökan (en)	Bewerbung
antagligen	wahrscheinlich
antal -et -	Anzahl
anteckn/a -ar -ade -at	notieren
anteckning -en -ar	Notiz
antibiotik/um -umet -a	Antibiotika
antikvitet -en -er	Antiquität
antingen - eller	entweder - oder
anvisning -en -ar	Anweisung
användbarhet -en	Brauchbarkeit
ap/a -an -or	Affe
apelsin -en -er	Apfelsine
apotek -et -	Apotheke
apotekare -n -	Apotheker
apparat -en -er	Apparat, Gerät
aprikos -en -er	Aprikose
april	April
aptit -en	Appetit
arbet/a -ar -ade -at	arbeiten
arbetsförmedling -en	Arbeitsamt
arbetskamrat -en -er	Arbeitskollege
arbetslös	arbeitslos
arg	böse
argument -et -	Argument
argumenter/a -ar -ade -at	argumentieren
arkeolog -en -er	Archäologe
arkitekt -en -er	Architekt
arm -en -ar	Arm
armband -et -	Armband
aromatisk	aromatisch
arrogant	arrogant
art -en -er	Art
artighet -en -er	Höflichkeit
artik/el -eln -lar	Artikel
asfalt -en -er	Asphalt
askkopp -en -ar	Aschenbecher
asklikt	wie Asche
assistent -en -er	Assistent
associer/a -ar -ade -at	assoziieren
astrologi -n	Astrologie
ateljé	Atelier
atmosfär -en -er	Atmosphäre
att	zu
attraktion -en -er	Anziehung, Attraktion
attraktiv	attraktiv
augusti	August
autentisk	authentisch
av	von, aus
av en slump	durch Zufall
avbild/a -ar -ade -at	abbilden
avdelning -en -ar	Abteilung
avfall -et -	Abfall
avgasrör -et -	Abgasrohr
avgift -en -er	Gebühr
avgå -r, avgick, avgått	abfahren
avgöra, avgör, avgjorde, avgjort	entscheiden, abmachen
avlång	länglich
avsked -et -	Abschied
avslut/a -ar -ade -at	abschließen
avslutningsdag -en -ar	Abschlußtag
avslutningsexamen	Abschlußexamen
avsnitt -et -	Abschnitt
avstå -r, avstod, avstått	verzichten
avstånd -et -	Abstand
avsändare -n -	Absender
avsätt/a -er, avsatte, avsatt	entlassen
avverk/a -ar -ade -at	fällen

B

back -en -ar	Kiste
back/e -en -ar	Hügel
backspeg/el -eln -lar	Rückspiegel, Außenspiegel
bad/a -ar -ade -at	baden
badminton	Federball
badplats -en -er	Badestelle
badrum -met -	Badezimmer
bagagehyll/a -an -or	Gepäcknetz
bagageluck/a -an -or	Kofferraum
bagagevolym -en	Kofferraumvolumen
bagarbod -en -ar	Bäckerladen
bak/a -ar -ade -at	backen
bakdäck -et -	Hinterrad
bakelse -n -r	Gebäck
baksid/a -an -or	Rückseite
bakterie -n -er	Bakterie
balkong -en -er	Balkon
banan -en -er	Banane
band -et -	Kassette
bandspelare -n -	Kassettenrekorder
bank -en -er	Bank
bar -en -er	Bar
bara	nur
bark -en	Rinde
barnbarn -et -	Enkelkind
barnkammare -n -	Kinderzimmer
barnmeny -n -er	Kinderteller
bas -en -er	Grundlage
bastu -n -r	Sauna
batteri -et -er	Batterie
BB (barnbördshus)	Entbindungsstation
be -r, bad, bett	bitten
be -r, bad, bett om	um etwas bitten
be/fästa -fäster -fäste -fäst	befestigen
bedröv/a -ar -ade -at	traurig machen

bedrövad	betrübt
bedrövelse -n-r	Betrübnis
befolkning -en -ar	Bevölkerung
befäst	befestigt
begagnad	gebraucht
begrip/a -er, begrep, begripit	begreifen
begåvad	begabt
begåvning -en -ar	Begabung
behov -et -	Bedürfnis
behöv/a -er -de -t	brauchen
bekant -en -a	Bekannte/r
bekväm	bequem
bekämpningsmed/el -let -	Bekämpfungsmittel
belysning -en -ar	Beleuchtung
belägen	gelegen
ben -et -	Bein
bensin -en	Benzin
bensinstation -en -er	Tankstelle
beredd	bereit
berg -et -	Berg
bergig	bergig
bero -r, berodde, berott på	seinen Grund haben in
berätt/a -ar -ade -at	erzählen
berättare -n -	Erzähler
besiktig/a -ar -ade -at	besichtigen
beskriv/a -er, beskrev, beskrivit	beschreiben
beskrivning -en -ar	Beschreibung
beslut/a -er, beslöt, beslutit	beschließen
besprut/a -ar -ade -at	besprühen
bestraff/a -ar -ade -at	bestrafen
bestyck/a -ar -ade -at	bestücken
bestå -r, bestod, bestått	bestehen
bestå -r, bestod, bestått av	bestehen aus
beställ/a -er -de -t	bestellen
bestäm/ma -mer -de -t	entscheiden
bestämd	bestimmt
bestämm/a -er -de -t sig	sich entscheiden
bestämning -en -ar	Bestimmung
besvikelse -n -r	Enttäuschung
besviken	enttäuscht
besvär -et -	Mühe
besättning -en -ar	Besatzung
besök -et -	Besuch
betal/a -ar -ade -at	bezahlen
beton/a -ar -ade -at	betonen
betrakt/a -ar -ade -at	betrachten
betraktare -n -	Betrachter
beträffande	betreffend
betydelse -n -r	Bedeutung
betänksam	nachdenklich, bedächtig
beundran	Bewunderung
bevarad	erhalten
bevis/a -ar -ade -at	beweisen
bi -(e)t -n	Biene
bibliotek -et -	Bücherei
bidr/a -ar, bidrog, bidragit	beitragen
bil -en -ar	Auto
bil/a -ar -ade -at	mit dem Auto reisen
bild -en -er	Bild
bild/a -ar -ade -at	bilden
bildel -en -ar	Autoteil
bilist -en -er	Autofahrer
biljett -en -er	Fahrkarte
billig	billig
bilmekaniker -n -	Automechaniker
bilägare -n -	Autobesitzer
bind/a -er, band, bundit	binden
bind/a -er, band, bundit fast	festbinden
bingo -n	ein Glücksspiel
bio -n, biografer	Kino
biroll -en -er	Nebenrolle
bisats -en -er	Nebensatz
bit -en -ar	Stück
bit/a -er, bet, bitit	beißen
bjud/a -er, bjöd, bjudit	einladen
bjud/a -er, bjöd, bjudit på	anbieten
bjudning -en -ar	Einladung
björk -en -ar	Birke
björn -en -ar	Bär
bl.a. (bland annat)	u.a. (unter anderem)
bland/a -ar -ade -at	mischen
blank	blank
blankett -en -er	Formular
blek	blaß
bleknos -en -ar	Blaßnase
bli -r, blev, blivit	werden
bli -r, blev, blivit glad	sich freuen
bli -r, blev, blivit rädd för	Angst bekommen vor
blick -en -ar	Blick
blink/a -ar -ade -at	blinken, Zeichen geben
blink/er -ern -rar	Blinker
blixt -en -rar	Blitz
blixtr/a -ar -ade -at	blitzen
blod -et	Blut
blombukett -en -er	Blumenstrauß
blomm/a -an -or	Blume
blommig	geblümt
blus -en -ar	Bluse
blyg	schüchtern
blå	blau
blåbär -et -	Heidelbeere
blås/a -er -te -t	wehen
blåsipp/a -an -or	Leberblümchen
bo -r, -dde -tt	wohnen
boardingkort -et -	Bordkarte
bod -en -ar	Laden, Schuppen
bogser/a -ar -ade -at	abschleppen
bok -en -ar	Buche
bok/a -ar -ade -at	buchen
bokhand/el -eln -lar	Buchladen
bokstav -en, bostäver	Buchstabe
boll -en -ar	Ball
bonde -n, bönder	Bauer
bondepraktikan	Bauernregelbuch
bondstug/a -an -or	Bauernstube
bord -et -	Tisch
bordslamp/a -an -or	Tischlampe
bordsplacering -en -ar	Tischordnung
borg -en -ar	Burg
borgerlig	bürgerlich
borggård -en -ar	Burghof
bort	weg
borta	weg, abwesend
bortrest	verreist
boskap -en	Vieh
bostad -en, bostäder	Wohnung, Wohnstätte
bostadshus -et -	Wohnhaus
bottenvåning -en -ar	Erdgeschoß
bra	gut
brand -en, bränder	Brand
brand/man -mannen, -män	Feuerwehrmann
brandkår -en -er	Feuerwehr
bras/a -an -or	Kaminfeuer
bred	breit
bred/a -er, bredde, brett	ausbreiten
bredd -en -er	Breite
bredvid	neben
brev -et -	Brief
brevbärare -n -	Postbote
brevlåd/a -an -or	Briefkasten
brevpapper -et -	Briefpapier
brick/a -an -or	Plakette, Tablett
brinn/a -er, brann, brunnit	brennen
brist/a -er, brast, brustit	bersten, brechen
bristande	mangelnde
bro -n -ar	Brücke
bromsvätsk/a -an -or	Bremsflüssigkeit
bronsålder -n	Bronzezeit
bror (broder -n, bröder)	Bruder
bror/son -sonen -söner	Neffe
brors/dotter -dottern -döttrar	Nichte
broschyr -en -er	Broschüre
brud -en -ar	Braut
brudgum -men -mar	Bräutigam
bruk/a -ar -ade -at	zu machen pflegen, brauchen
brulé (pudding -en -ar)	Karamel (Pudding)
brun	braun
brunkål -en	mit Sirup gekochter Weißkohl
brunn -en -ar	Brunnen
brunögd	braunäugig
brygg/a -an -or	Steg
bryt/a -er, bröt, brutit	brechen
bråttom	eilig
brända mandlar	gebrannte Mandeln
bränn/a -er -de -t	brennen
bränsleförbrukning -en -ar	Benzinverbrauch
bränslepump -en -ar	Benzinpumpe
bröd -et -	Brot
bröllop -et -	Hochzeit
buffé -n -er	Büffett
buk -en -ar	Bauch
bukett -en -er	Strauß
bukt -en -er	Bucht
buljong -en -er	Bouillon
bull/e -en -ar	Hefestück
bull/er -ret	Lärm
bult/a -ar -ade -at	klopfen
bunk/e -en -ar	Rührschüssel
burk -en -ar	Dose
busk/e -en -ar	Busch

buss -en -ar	Bus
busschaufför -en -er	Busfahrer
busshållplats -en -er	Bushaltestelle
busstorg -et -	ZOB
butik -en -er	Laden
by -n -ar	Dorf
bygg/a -er -de -t	bauen
bygg/a -er -de -t om	umbauen
bygg/a -er -de -t till	anbauen
byggmästare -n -	Baumeister
byggnad -en -er	Gebäude
byggnadsarbetare -n -	Bauarbeiter
byrå -n -ar	Kommode
byt/a -er -te -t	(um)tauschen, umsteigen
bytes	Umtausch
byx/a -an -or (ett par byxor)	Hose
båt -en -ar	Boot
bäck -en -ar	Bach
bär -et -	Beere
bära, bär, bar, burit	tragen
bärg/a -ar -ade -at	bergen
bärgning -en -ar	Bergung
bärgningsbil -en -ar	Abschleppwagen
bättre	besser
bön/a -an -or	Bohne
böra, bör, borde, bort	müssen, sollen
börj/a -ar, -ade -at	anfangen

C

café -t -er	Café
cafeteria	Cafeteria
camp/a -ar -ade -at	campen
camping -en	Camping
campingkort -et -	Campingkarte
campingplats -en -er	Campingplatz
canc/er -ern -rar	Krebs
CD -n -	CD
cent/er -ret -rer	Zentrum
centiliter -n	Zentiliter
centr/um -et -	Zentrum
central	zentral
champagne -n	Champagner
chans -en -er	Chance, Aussicht
charterres/a -an -or	Charterreise
chaufför -en -er	Chauffeur
check -en -ar	Scheck
chef -en -er	Chef
chips -et -	Chips
chock -en -er	Schock
choklad -en -er	Schokolade, Kakaogetränk
chokladkak/a -an -or	Tafel Schokolade
cigarett -en -er	Zigarette
cirka	zirka
cirkelrund	zirkelrund
citron -en -er	Zitrone
civilstånd -et -	Familienstand
cyk/el -eln -lar	Fahrrad
cykl/a -ar -ade -at	radeln
cyklist -en -er	Fahrradfahrer

D

dag -en -ar	Tag
dagbok -en, dagböcker	Tagebuch
dagen därpå	am Tag darauf
daggmask -en -ar	Regenwurm
daghem -met -	Tagesstätte
dagis -et -	Tagesstätte
dagligen	täglich
dal -en -ar	Tal
dalahäst -en -ar	traditionelles Holzpferd aus Dalarna
dammsugare -n -	Staubsauger
dan (dagen)	Tag
Danmark	Dänemark
dans -en -er	Tanz
dans/a -ar -ade -at	tanzen
dansk -en -ar	Däne
dansk/a -an -or	Dänin
danska	dänisch
danskurs -en -er	Tanzkursus
dar (dagar)	Tage
dator -n, datorer	Computer
datum -et -	Datum
de	sie
debatt -en -er	Debatte
december	Dezember
deciliter -n (dl)	Deziliter
decilitermått -et -	Dezilitermaß
deckare -n -	Krimi
deg -en -ar	Teig
degspad -et -	Flüssigkeit beim Teiganrühren
dekor -en -er	Verzierung
del/a -ar -ade -at	teilen
del/a -ar -ade -at upp	aufteilen
delfin -en -er	Delfin
delta -r, deltog, deltagit	teilnehmen
deltagare -n -	Teilnehmer
delvis	teilweise
demonstrer/a -ar -ade -at	demonstrieren
den	das/es
den arme	der Arme
den fjortonde	der vierzehnte
Den saken är klar.	Das ist ja wohl klar.
den sjuttonde	der siebzehnte
den/det/de där	dieser/dieses/diese (dort)
den/det/de här	dieser/dieses/diese (hier)
denna	diese
deprimerad	deprimiert
design -en	Formgebung
dessertsked -en -ar	Dessertlöffel
dessutom	außerdem
det	das/es
det behövs	das ist nötig
det blir ...	das macht ...
Det blir glass.	Es gibt Eis.
det enda	das einzige
det goda	das Gute
Det har du rätt i.	Da hast du recht.
Det låter toppen!	Das klingt Spitze/toll!
det nuvarande	das heutige
det onda	das Böse
Det spelar ingen roll.	Das ist (mir) egal.
Det tjänar ingenting till.	Es nützt nichts.
Det är inte klokt!	Das ist verrückt!
Det är jämt!	Es stimmt so!
Det är sant.	Das ist wahr.
diabild -en -er	Diabild
dialog -en -er	Dialog
diaprojektor -n -er	Diaprojektor
diarré -n -er	Durchfall
dikt -en -er	Gedicht
dikter/a -ar -ade -at	diktieren
dimm/a -an -or	Nebel
dimmigt	neblich
Din tråkmåns!	Du Langweiler!
dina	deine (Plural)
disco -t -n	Diskothek
disk -en -ar	Tresen, Abwasch
diskborst/e -en -ar	Abwaschbürste
diskmaskin -en -er	Spühlmaschine
diskriminer/a -ar -ade -at	diskriminieren
diskussion -en -er	Diskussion
diskuter/a -ar -ade -at	diskutieren
distriktläkare -n -	Bezirksarzt
dit	dorthin
ditt	dein
diverse	verschiedene
djup	tief
djup -et -	Tiefe
djup tallrik -en -ar	Suppenteller
djur -et -	Tier
djurpark -en -er	Tierpark
djurrike -t -n	Tierwelt
djävul -en, djävlar	Teufel
dock	jedoch
dockskåp -et -	Puppenhaus
doft/a -ar -ade -at	duften
dokumentärfilm -en -er	Dokumentarfilm
domkyrk/a -an -or	Dom
donation -en -er	Schenkung
dopp/a -ar -ade -at	tunken
dotter -n, döttrar	Tochter
dotter/dotter -dottern -döttrar	Enkelkind
dotter/son -sonen -söner	Enkelkind
dotterbolag -et -	Tochtergesellschaft
dra -r, drog, dragit	ziehen
drabb/a -ar -ade -at	(be)treffen
dragé -n -er	Dragee
dragspel -et -	Zieharmonika
drick/a -er, drack, druckit	trinken
dricks -et	Trinkgeld
driv/a -er, drev, drivit	treiben
drottning -en -ar	Königin
dryck -en -er	Getränk
dräkt -en -er	Kostüm
dröm -men -mar	Traum
dröm/ma -mer -de -t	träumen
du	du
dubbelrum -met -	Doppelzimmer
dug/a -er, -de (dög), -t	taugen
duk -en -ar	Tischdecke
duk/a -ar -ade -at	Tisch decken
duktig	tüchtig
dum	dumm
dumhet -en -er	Blödsinn
dundr/a -ar -ade -at	donnern
dusch -en -ar	Dusche
duv/a -an -or	Taube
dvs. (det vill säga)	d.h. (das heißt)
dygnet runt	rund um die Uhr
dyk/a -er, dök, dykt	tauchen

dykare -n -	Taucher
dykarklock/a -an -or	Taucherglocke
dylik	derart
dynamit -en	Dynamit
dyr	teuer
då	dann, denn
dålig	schlecht
dåtida	damalig
däck -et -	Reifen
där	dort, wo
där borta	da hinten
därifrån	von dort
dö -r, dog ,dött	sterben
död -en	Tod
dölj/a -er, dolde, dolt	verbergen
döp/a -er -te -t	taufen

E

e. Kr. (efter Kristus)	nach Christus
effekt -en -er	Effekt
efter	nach
eftermiddag -en -ar	Nachmittag
efternamn -et -	Nachname
efterrätt -en -er	Nachtisch
eftersom	da, weil
egen	eigen
egenskap -en -er	Eigenschaft
egentligen	eigentlich
egoistisk	egoistisch
ej (inte)	altert. nicht
ek -en -ar	Eiche
ekbräd/a -an -or	Eichenbrett
ekologisk	ökologisch
ekonomisk	ökonomisch
el (elektricitet) -en	Strom
elak	gemein
eldsläckare -n -	Feuerlöscher
elefant -en -er	Elefant
elegant	elegant
elev -en -er	Schüler
eljest (annars)	altert. sonst
eller	oder
Eller hur?	Nicht wahr?
elräkning -en -ar	Stromrechnung
elspis -en -ar	Elektroherd
eluttag -et -	Stromanschluß
elvärme -n	elektrische Heizung
emellanåt	zwischendurch
emellertid	indessen
emot	dagegen
en annan	eine andere
en del	einige
en hel del	eine ganze Menge
en i taget	einer nach dem anderen
en sorts	eine Art
en trappa upp	der erste Stock
enbart	nur
enda	der/die/das einzige
endagstur -en -er	Tagestour
endast	nur
energi -n	Energie
energisk	energisch
enformig	eintönig
engels/man -mannen -män	Engländer
engelsk/a -an -or	Engländerin
engelska	englisch
England	England
enkel	einfach
enkelriktad trafik	Einbahnstraße
enkelrum -met -	Einzelzimmer
enligt	laut, nach Angaben
enorm	enorm
entrecote -en -er	Entrecôte
entré -n -er	Eintritt
entusiastisk	enthusiastisch
envis	stur
epok -en -er	Epoche
er	euer
erbjudande -t -n	Angebot
erfaren	erfahren
erfarenhet -en -er	Erfahrung
erhåll/a -er, erhöll, erhållit	erhalten
erkänn/a -er -de -t	bekennen
ersättning -en -er	Ersatz, Erstattung
etapp -en -er	Etappe
etikett -en	Etikette
evenemang -et -	Ereignis
evig	ewig
exakt	exakt, genau
exemp/el -let -	Beispiel
expedit -en -er	Verkäufer(in)
expeditionsavgift -en -er	Verwaltungsgebühr
experiment -et -	Experiment
export -en -er	Export
extra	extra
extrapris -et -er	Angebot

F

fabrik -en -er	Fabrik
fackansluten	an die Gewerkschaft angeschlossen
fackl/a -an -or	Fackel
fakta (plural)	Fakten, Tatsachen, Daten
faktiskt	in der Tat
fall/a -er, föll, fallit	fallen
falukorv -en -ar	Fleischwurst
familj -en -er	Familie
fantasi -n -er	Phantasie
fantasifull	phantasiereich
fantasiväsen (ett)	Phantasiewesen
fantastisk	phantastisch
far (fader -n, fäder)	Vater
far/a -an -or	Gefahr
fara, far, for, farit	fahren
far/bror -brodern -bröder	Onkel (Vaters Bruder)
far/far -fadern -fäder	Opa (Vaters Vater)
far/mor -modern -mödrar	Oma (Vaters Mutter)
fara, far, for, farit ihop	zusammenfahren
farlig	schlimm
farstu -n -r	Flur
fart -en -er	Geschwindigkeit
fascinerande	faszinierend
fast	fest
fast/er -ern -rar	Tante (Vaters Schwester)
fastän	obwohl
fat -et -	größerer Teller
fattig	arm
fattigdom -en	Armut
favoritskådis	Lieblingsschauspieler/in
fax -et	Fax
feb/er -ern -rar	Fieber
febertermomet/er -ern -rar	Fieberthermometer
februari	Februar
fel -et -	Fehler
felfritt	fehlerfrei
femtedel -en -ar	Fünftel
femtiolapp -en -ar	Fünfzigkronenschein
fest -en -er	Fest
fett -et -er	Fett
fick/a -an -or	Tasche (Kleidung)
fickkniv -en -ar	Taschenmesser
ficklamp/a -an -or	Taschenlampe
fiffig	pfiffig
fik/a -ar -ade -at	Kaffee trinken
fikon -et -	Feige
filé -n -er	Filet
film -en -er	Film
filmduk -en -ar	Leinwand
filmjölk -en	Schwedenmilch
filmstjärn/a -an -or	Filmstar
fimp -en -ar	Kippe
fing/er -ret -rar	Finger
Finland	Finland
finländare -n -	Finne
finn/a -er, fann, funnit	finden
finn/as -as, fanns, funnits	geben, finden
finsk/a -an -or	Finnin
finska	finnisch
fint	fein, gut
fiol -en -er	Geige
fir/a -ar -ade -at	feiern
firande -t -n	das Feiern
fisk -en -ar	Fisch
fisk/a -ar -ade -at	fischen
fiske -t -n	Angelmöglichkeit, Fischen
fiskebåt -en -ar	Fischerboot
fiskeplats -en -er	Angelplatz
fjortonåring -en -ar	14-jährige/er
fjäll -et -	die nordischen Berge
fjällkedj/a -an -or	Bergkette
fjällräddning -en	Bergwache
fjäril -en -ar	Schmetterling
fjärrstyrd	ferngesteuert
fjät -et -	Schritt
flagg/a -an -or	Flagge
flaggdag -en -ar	Tag, an dem geflaggt wird
flamm/a -ar -ade -at	flammen
flask/a -an -or	Flasche
flegmatisk	phlegmatisch
flextid -en -er	Gleitzeit
flick/a -an -or	Mädchen
fling/a -an -or	Flocke
flingor	Frühstücksflocken
flit (med flit)	mit Absicht
flitig	fleißig
florsock/er -ret	Puderzucker
flott	flott
flott(nings)led -en -er	Floßstrecke
flott/a -an -or	Flotte
flug/a -an -or	Fliege
flyg/a -er, flög, flugit	fliegen
flygbiljett -en -er	Flugticket
flygplats -en -er	Flughafen
flyt/a -er, flöt, flutit	schwimmen
flytt/a -ar -ade -at in	einziehen
fläktrem -men -mar	Keilriemen
flät/a -an -or	Zopf
flöd/a -ar -ade -at	fließen
FN (Förenta Nationerna)	UN (Vereinigte Nationen)
fod/er -ret -	Futter
folk -et -	Volk

folkdräkt -en -er	Volkstracht
folkomröstning -en -ar	Volksabstimmung
folktandvården	öffentliche Zahnfürsorge
fontän -en -er	Springbrunnen
fordon -et -	Fahrzeug
form -en -ar	Form, Kuchenform
form -en -er	Form
fornborg -en -ar	Fluchtburg
fors -en -ar	Stromschnelle
forskning -en -ar	Forschung
fort	schnell
fortfarande	immer noch
fortkörning -en	Geschwindigkeitsüberschreitung
fortsätt/a -er, fortsatte, fortsatt	weitermachen
fot -en, fötter	Fuß
fotboll -en	Fußball
fotgängare -n -	Fußgänger
foto -t -n	Foto
fotoaffär -en -er	Fotoladen
fotogenlamp/a -an -or	Petroleumlampe
fotograf -en -er	Fotograf
fotografer/a -ar -ade -at	fotografieren
fotografering -en	Fotografieren (das)
fr.o.m. (från och med)	ab
fram	nach vorn
framför	vor
framför allt	vor allem
framgå -r, framgick, framgått	hervorgehen
framgång -en -ar	Erfolg
framhäv/a -er -de -t	hervorheben
framme	ankommen, da sein
framrut/a -an -or	Vorderscheibe
framsid/a -an -or	Vorderseite
framstående	bedeutend
framtid -en	Zukunft
framtidsutsikt -en -er	Zukunftsaussicht
Frankrike	Frankreich
frans/man -mannen -män	Franzose
franska	französisch
fransysk/a -an -or	Französin
fras -en -er	Phrase, Wendung
fredag	Freitag
fredspris -et -	Friedenspreis
freestyle -n	Walkman
fri	frei
fridlyst	geschützt
frihet -en -er	Freiheit
friluftsälskande	Naturliebhaber
frimärke -t -n	Briefmarke
frisk	frisch, gesund
frissan (frisören)	Friseur
frisyr -en -er	Frisur
fritid -en	Freizeit
frivillig	freiwillig
fross/a -an -or	Schüttelfrost
fru -n -ar	Ehefrau
frukost -en -ar	Frühstück
frukt -en -er	Obst
fruktbarhet -en	Fruchtbarkeit
frys/a -er, frös, frusit	frieren
fråg/a -ar -ade -at	fragen
frågelek -en -ar	Fragespiel
frågesport -en -er	Frage- und Antwortspiel
från	von
från ... till	von ... bis
fräk/ne -nen -nar	Sommersprosse
främmande	fremd
främst	vorwiegend
ful	häßlich
full	voll, betrunken
fullt med	ugs.: viele
funder/a -ar -ade -at	überlegen
funger/a -ar -ade -at	funktionieren
funk/a -ar -ade -at	funktionieren
funktion -en -er	Funktion
fyll/a -er -de -t på	auffüllen, nachfüllen
fyll/a -er -de -t i	ausfüllen
fyll/a -er -de -t år	Geburtstag haben
fyllning -en -ar	Füllung
fyr -en -ar	Leuchtturm
fysik -en	Physik
få -r, fick, fått	bekommen
få -r, fick, fått lov	dürfen
få -r, fick, fått tag på	erreichen, bekommen
få sin vilja fram	seinen Willen durchbekommen
fåfäng	eitel
Får jag be om notan!	Darf ich zahlen, bitte!
Får jag presentera?	Darf ich vorstellen?
fåtölj -en -er	Sessel
fängelse -t -r	Gefängnis
fängsl/a -ar -ade -at	fesseln
fängslande	fesselnd
fänkål -en	Fenchel
färd -en -er	Fahrt
färdig	fertig
färg -en -er	Farbe
färg/a -ar -ade -at	färben
färgpenn/a -an -or	Farbstifte
färj/a -an -or	Fähre
färsk	frisch
fästning -en -ar	Festung
föd/a -an	Nahrung
födelsedag -en -ar	Geburtstag
födelsestad -en, födelsestäder	Geburtsstadt
födelseår -et -	Geburtsjahr
följ/a -er -de -t med	mitkommen
följande	folgende
fönst/er -ret -	Fenster
för	für
För all del.	Keine Ursache.
för att	um zu
för det mesta	meistens
för gott	für immer
för närvarande	zur Zeit
för stor	zu groß
för tillfället	zur Zeit
för vinnings skull	um des Gewinns wegen
förare -n -	Fahrer
förargligt	ärgerlich
förbered/a -er, förberedde, förberett	vorbereiten
förbi	vorbei
förbindelse -n -r	Verbindung
förbjud/a -er, förbjöd, förbjudit	verbieten
förbli -r, förblev, förblivit	verbleiben
förbruk/a -ar -ade -at	verbrauchen
förbud -et -	Verbot
förbund -et -	Bündnis
förbättr/a -ar -ade -at	verbessern
fördel -en -ar	Vorteil
före	vor
föreläsning -en -ar	Vorlesung
föremål -et -	Gegenstand
förening -en -ar	Verein
föreställning -en -ar	Vorstellung
föret/a -ar, företog, företagit sig	sich vornehmen
företag -et -	Firma
företagsekonomi -n	Betriebswirtschaft
företräde	Vorfahrt
författare -n -	Verfasser, Schriftsteller
förfluten	verflossen
förhållande -t -n	Verhältnis
förhör/a, förhör, -de -t	verhören, abhören
förklar/a -ar -ade -at	erklären
förknipp/a -ar -ade -at	verbinden
förkortning -en -ar	Abkürzung
förlisning -en -ar	Schiffsbruch
förlov/a -ar -ade -at sig	sich verloben
förlåt	Verzeihung
Förlåt?	Wie bitte?
förlät	altert.: verließ
förmak -et -	Salon
förmiddag -en -ar	Vormittag
förminsk/a -ar -ade -at	verkleinern
förmod/a -ar -ade -at	vermuten
förmodligen	vermutlich
förmå -r -dde -tt	können
förnamn -et -	Vorname
förnäm	vornehm
förpackning -en -ar	Verpackung
förr	früher
förresten	übrigens
förrätt -en -er	Vorspeise
församlingshem -met -	Gemeindehaus
försenad	verspätet
försiktig	vorsichtig
förskräcklig	schrecklich
förslag -et -	Vorschlag
förson/a -ar -ade -at sig	sich versöhnen
först	zuerst
första maj	erster Mai
förstu -n -r	Vorlaube
förstå -r, förstod, förstått	verstehen
förståelse -n	Verständnis
förstås	selbstverständlich
förstärkare -n -	Verstärker
förstöring -en -ar	Zerstörung
försvarsanläggning -en -ar	Verteidigungsanlage
försäkring -en -ar	Versicherung
försäkringsbesked -et -	Versicherungsbescheid
försäkringsbolag -et -	Versicherungsgesellschaft
försäljning -en -ar	Verkauf
försörjning -en -ar	Versorgung
förtjust	entzückt
förtvivlad	verzweifelt
förtöj/a -er -de -t	vertäuen
förut	vorher
förutom	außer
förvandl/a -ar -ade -at	verwandeln
förvånad	verwundert
föräld/er -ern -rar	Eltern
förälsk/a -ar -ade -at sig	sich verlieben

G

gaff/el -eln -lar	Gabel
gala, gal, gol, galit	krähen
gammal	alt
ganska	ziemlich
gap/a -ar -ade -at	Mund öffnen
garage -t -	Garage
garderob -en -er	Kleiderschrank
gardin -en -er	Gardine
garner/a -ar -ade -at	garnieren
garnison -en -er	Garnison
gasoltub -en -er	Gaskartusche
gat/a -an -or	Straße
gatukök -et -	Imbißbude
ge -r, gav, gett	geben
ge -r, gav, gett sig av	sich auf den Weg machen
gemensamt	gemeinsam
genast	sofort
generös	großzügig
genom	durch
genomskinlig	durchsichtig
genomvåt	durchnässt
get -en, getter	Ziege
geting -en -ar	Wespe
gift	verheiratet
gift/a -er -te -t sig	heiraten
giftasvuxen	heiratsfähig
giftig	giftig
gill/a -ar -ade -at	mögen
gillestug/a -an -or	Partykeller
giltigt	gültig
giraff -en -er	Giraffe
girer/a -ar -ade -at	überweisen
girland -en -er	Girlande
giss/a -ar -ade -at	raten
gitarr -en -er	Guitarre
gjut/a -er, gjöt, gjutit	gießen
glad	fröhlich
glas -et -	Glas
glasblåsare -n -	Glasbläser
glasbruk -et -	Glasbläserei
glass -en -ar	Eis
glasskiv/a -an -or	Glasscheibe
glasögon	Brille
glid/a -er, gled, glidit	gleiten
glid/a -er, gled, glidit iväg	wegrutschen
glimt/a -ar -ade -at	schimmern
glitt/er -ret	Glitzer, Flitter
glos/a -an -or	Vokabel
gloslist/a -an -or	Vokabelliste
glädja, gläder, gladde, glatt sig	sich freuen
glädje -n	Freude
glädjerik	freudenreich
glödlamp/a -an -or	Glühbirne
glögg -en -ar	Glühwein
glöm/ma -mer, glömde, glömt (bort)	vergessen
gnag/a -er -de -t	nagen
gnistr/a -ar -ade -at	funkeln
gnäll/a -er -de -t	nörgeln
god	gut, lecker
God morgon!	Guten Morgen!
God natt!	Gute Nacht!
Goddag!	Guten Tag!
godispapp/er -ret -	Bonbonpapier
godkänt	genehmigt
golf -en	Golf
golfban/a -an -or	Golfplatz
golv -et -	Fußboden
goss/e -en -ar	Junge
gott	lecker
grad -en -er	Grad
grafik -en	Graphik
gram -met -	Gramm
grammatik -en	Grammatik
gran -en -ar	Tanne, Weihnachtsbaum
grann/e -en -ar	Nachbar
gratis	umsonst
Grattis på födelsedagen!	Herzlichen Glückwunsch zum Geburtstag!
gratuler/a -ar -ade -at	gratulieren
gravmonument -et -	Grabmonument
grek -en -er	Grieche
grekinn/a -an -or (grekisk/a -an -or)	Griechin
grekiska	griechisch
Grekland	Griechenland
gren -en -ar	Ast
griljer/a -ar -ade -at	panieren und überbacken
grill/a -ar -ade -at	grillen
grillkorv -en -ar	Grillwurst
grin/a -ar -ade -at	heulen
grind -en -ar	Pforte
grip/a -er, grep, gripit	greifen
gripande	ergreifend
gris -en -ar	Schwein
grop -en -ar	Loch, Grube
grott/a -an -or	Höhle
grund	flach
grund/a -ar -ade -at	gründen
grundare -n -	Gründer
grundlägg/a -er, grundlade, grundlagt	gründen, den Grund legen
grundreg/el -eln -ler	Grundregel
grundskol/a -an -or	Grundschule
grundsyn -en -er	Grundeinstellung
grundvatt/en -net	Grundwasser
grupp -en -er	Gruppe
gruv/a -an -or	Grube
gryt/a -an -or	Topf
grå	grau
gråsparv -en -ar	Spatz
gråt/a -er, grät, gråtit	weinen
grädd/a -ar -ade -at	backen
grädde -n	Sahne
gräddfil -en	Schmant
gränd -en -er	Gasse
gräns -en -er	Grenze
gräs -et -	Gras
gräshopp/a -an -or	Heuschrecke
gräsklippare -n -	Rasenmäher
gräsmatt/a -an -or	Rasen
gröd/a -an -or	Saat
grön	grün
grönsak -en -er	Gemüse
gubb/e -en -ar	alter Mann
gud -en -ar	Gott
gudstjänst -en -er	Gottesdienst
guid -en -er	Führer
gul	gelb
guld -et	Gold
guldsmed -en -er	Goldschmied
gullig	niedlich
gullviv/a -an -or	Schlüsselblume
gumm/a -an -or	alte Frau
gung/a -an -or	Schaukel
gung/a -ar -ade -at	schaukeln
gungstol -en -ar	Schaukelstuhl
gurk/a -an -or	Gurke
gurkmajonnäs	eine Art Gurkensalat
gyllene	golden
gymnasi/um -et -er	Gymnasium
gymnastiksal -en -ar	Gymnastiksaal
gymnastiksko -n -r	Turnschuh
gå -r, gick, gått	gehen
gå -r, gick, gått fram	vorangehen
gå -r, gick, gått för	zeigen was man kann
gå -r, gick, gått iland	an Land gehen
gå -r, gick, gått ner	untergehen
gå -r, gick, gått och lägg/a -er, la(de), lagt sig	zu Bett gehen
gå -r, gick, gått upp	aufgehen
gå -r, gick, gått ut	herausgehen
gående bord	eine Art Büffet
gågat/a -an -or	Fußgängerzone
gång -en -er	Mal
gånghjälpmed/el -let -	Gehhilfe
gård -en -ar	Hof
gås -en, gäss	Gans
gåsapåg -en -ar	dialektal: Gänsehüter
gåslev/er -ern -rar	Gänseleber
gåt/a -an -or	Rätsel
gäll/a -er -de -t	gelten
gärde -t -n	Feld, Koppel
gärna	gerne
gäst -en -er	Gast
gästrum -met -	Gästezimmer
gödkalv och hummer	Mastkalb und Hummer
göm/ma -mer -de -t	verstecken
göra, gör, gjorde, gjort	machen
göra, gör, gjorde, gjort upp eld	Feuer machen
göra, gör, gjorde, gjort sig till	einschmeicheln, sich zieren

H

Ha det så roligt!	Viel Spaß!
ha en aning om	Ahnung von etwas haben
ha ont i ...	Schmerzen haben
ha -r, hade, haft	haben
ha -r, hade, haft för sig	vorhaben
ha -r, hade, haft kvar	übrig haben/noch haben
ha -r, hade, haft råd	sich etwas leisten
ha -r, hade, haft rätt	recht haben
hack/a -ar -ade -at	hacken
hagl/a -ar -ade -at	hageln
hak/a -an -or	Kinn
haklapp -en -ar	Lätzchen
hal/a -ar -ade -at	herunterlassen
halk/a -ar -ade -at	ausrutschen
hall -en -ar	Diele
Hallå!	Hallo!
halmbock -en -ar	Strohbock
hals -en -ar	Hals
halsband -et -	Halskette
halvklart	teilweise bedeckt
halvljus -et -	Abblendlicht
halvtid -en -er	Halbzeit

hammare -n	Hammer
hamn -en -ar	Hafen
hamn/a -ar -ade -at	landen
hamst/er -ern -rar	Hamster
han	er
han/e -en -ar	Männchen
hand -en, händer	Hand
handboll	Handball
handbroms -en -ar	Handbremse
handduk -en -ar	Handtuch
handel -n	Handel
handelsresande -n -	Vertreter
handikappade	Behinderte
handikapprum -met -	behindertengerechtes Zimmer
handl/a -ar -ade -at	einkaufen
handl/a -ar -ade -at om	handeln von
handling -en -ar	Akte, Urkunde, Dokument
handsk/e -en -ar (ett par handskar)	Handschuh
handväsk/a -an -or	Handtasche
hantverkare -n -	Handwerker
hantverksbod -en -ar	Handwerkerladen
hantverksmässig	handwerksmäßig, handwerklich
harmoni -(e)n -er	Harmonie
harmonisk	harmonisch
hastig	kurz, hastig
hastighet -en -er	Geschwindigkeit
hatt -en -ar	Hut
hatthyll/a -an -or	Garderobe, Hutablage
hav -et -	Meer
havande	schwanger
havsbott/en -nen -nar	Meeresgrund
hedblomst/er -ret -	Imortelle
Hej då!	Tschüß!
Hej!/Hejsan!	Hallo!
hekto -t -n (hg)	100 Gramm
hel	ganz
helg -en -er	Feiertage, Wochenende
helgdag -en -ar	Feiertag
helljus -et -	Fernlicht
hellre	lieber
helst	am liebsten
helt och hållet	ganz und gar
heltid -en -er	Vollzeit
hem	nach Hause
hembygdsmuseum -et -	Heimatmuseum
hemifrån	von Zuhause
hemma	zu Hause
hemsk	schrecklich, sehr
hemslöjd -en	schwed. Kunsthandwerk
hemtrevlig	gemütlich
hennes	ihr/ihre
herrgård -en -ar	Herrenhaus
hertig -en -ar	Herzog
het	heiß
het/a -er, hette, hetat	heißen
him/mel -len -lar	Himmel
himmelskt	himmlisch
hind/er -ret -	Hindernis
hink -en -ar	Eimer
hinn/a -er, hann, hunnit	schaffen
hiss -en -ar	Fahrstuhl
hiss/a -ar -ade -at	hissen
histori/a -an -er	Geschichte
hit	hierher
hit och dit	hin und her
hitt/a -ar -ade -at	finden
hitt/a -ar -ade -at på	erfinden
hittegodsavdelning -en -ar	Fundbüro
hjort -en -ar	Hirsch
hjorthornsalt -et	Hirschhornsalz
hjul -et -	Rad
hjälp -en	Hilfe
hjälpmed/el -let -	Hilfsmittel
hjälpsam	hilfsbereit
hjälpverb -et -	Hilfsverb
hjärta -t -n	Herz
hk (hästkrafter)	PS
hobby -n -er	Hobby
holm/e -en -ar	kleine Insel
hon	sie
hon/a -an -or	Weibchen
honom	ihn/ihm
honung -en	Honig
hopp/a -ar -ade -at	hüpfen
hopp/as -as -ades -ats	hoffen
hormon -en -er	Hormon
hos	bei
host/a -an	Husten
hotell -et -	Hotel
hov -et -	Hof
hudförändring -en -ar	Hautveränderung
hugg/a -er, högg, huggit	hacken
hum/mer -mern -rar	Hummer
humör -et	Laune
hund -en -ar	Hund
hundavel -n	Hundezucht
hundratal -et -	ungefähr hundert
hur	wie
Hur mycket är klockan?	Wie spät ist es?
Hur mår du?	Wie geht es dir?
Hur står det till?	ungefähr: Wie geht's?
hus -et -	Haus
hushållning -en	Wirtschaft, Haushaltung
hustru -n -r	Ehefrau
husvagn -en -ar	Wohnwagen
huvet (huvudet)	Kopf
huvud -et -	Kopf
huvudentré -n -er	Haupteingang
huvudkudd/e -en -ar	Kopfkissen
huvudmål -et -	Hauptziel, Hauptmahlzeit
huvudroll -en -er	Hauptrolle
huvudrätt -en -er	Hauptgericht
huvudsaklig	hauptsächlich
huvudsats -en -er	Hauptsatz
huvudstad -en, huvudstäder	Hauptstadt
huvudvärk -en	Kopfschmerzen
hy -n	Haut
hyacint -en -er	Hyazinte
hygglig	nett
hygienisk	hygienisch
hyll/a -an -or	Regal
hyr/a, hyr, -de -t ut	vermieten
hyreshus -et -	Mietshaus
hyv/el -eln -lar	Hobel
hål -et -	Loch
håll -et -	Richtung
håll/a -er, höll, hållit	halten
håll/a -er, höll, hållit med om	einstimmen
håll/a -er, höll, hållit påmit	etwas beschäftigt sein
hår -et -	Haar
hård	hart
hårfrisörsk/a -an -or	Friseurin
hårtork -en -ar	Fön
häkt/a -ar -ade -at	verhaften
hälft -en -er	Hälfte
häll/a -er -de -t	gießen
hälleflundrafilé -n -er	Heilbuttfilet
hällristning -en -ar	Felszeichnung
häls/a -an	Gesundheit
häls/a -ar -ade -at på	begrüßen
häls/a -ar -ade -at på	besuchen
Hälsa så gott.	Grüß ganz lieb.
hälsning -en -ar	Gruß
hälsokostaffär -en -er	Reformhaus
hämt/a -ar -ade -at	(ab)holen
händ/a -er, hände, hänt	passieren
händelse -n -r	Ereignis
händelsevis	zufällig
häng/a -er -de -at på	hängen an
hänsyn -en -	Rücksicht
hänsynsfull	rücksichtsvoll
hänsynslös	rücksichtslos
här	hier
här och var	hier und dort
härifrån	von hier
härlig	herrlich
häromveckan	vor ein paar Wochen
häst -en -ar	Pferd
hästkärr/a -an -or	Pferdekarre
hävd/a -ar -ade -at sig	sich behaupten
hög	hoch
hög -en -ar	Haufen
högerkurv/a -an -or	Rechtskurve
högfjällsdal -en -ar	Tal im Hochgebirge
högskol/a -an -or	Hochschule
högsäsong -en -er	Hochsaison
högt	laut
högtid -en -er	Feier
högtidsdag -en -ar	Feiertag
högtryck -et -	Hochdruck
höj/a -er -de -t	erhöhen
höjd -en -er	Höhe
höns -et -en	Huhn
hör/a, hör, -de -t	hören
hör/a, hör, -de -t till	dazugehören
hörförståelse -n -r	Hörverständnis
hörn -et -	Ecke
hörn/a -an -or	Ecke
hörnpelare -n -	Eckpfeiler
hörnsoff/a -an -or	Ecksofa
höst -en -ar	Herbst
hövlig	höflich

I

i	in, vor
i alla fall	auf jeden Fall
i den vägen	in der Art
i fornstora	in früheren, alten
i första hand	in erster Linie
i gott skick	in gutem Zustand
i knä -t -n	auf dem Schoß
i närheten	in der Nähe
i onödan	unnötigerweise
i stånd att	imstande zu
i stället	statt dessen
i söndags	letzten Sonntag
i tid	rechtzeitig

i timmar	stundenlang
i tur och ordning	nacheinander
ibland	manchmal
icke rökare	Nichtraucher
ID -kort -et - (identitetskort)	Ausweis
idag	heute
idé -n -er	Idee
idealistisk	idealistisch
identifier/a -ar -ade -at	identifizieren
idrottsplats -en -er	Sportplatz
idyllisk	idyllisch
igen	wieder
ikväll	heute abend
illamående -t	Übelkeit
illustratör -en -er	Illustrator
imperativ -en -er	Imperativ
imponer/a -ar -ade -at	imponieren
importer/a -ar -ade -at	importieren
improviser/a -ar -ade -at	improvisieren
in	herein
in (på)	hinein
inbillning -en -ar	Einbildung
inbjudan (en)	Einladung
inbjudningskort -et -	Einladungskarte
industri -n -er	Industrie
infall/a -er, inföll, infallit på	fallen auf
influens/a -an -or	Grippe
information -en -er	Information
informer/a -ar -ade -at	informieren
inför/a, inför, -de -t	einführen
ingefär/a -an	Ingwer
Ingen orsak!	Keine Ursache!
ingenjör -en -er	Ingenieur -in
ingenting	nichts
inget	kein
ingrediens -en -er	Zutat
ingå -r, ingick, ingått	einbeziehen
ingå -r, ingick, ingått i	einbegriffen in
ingång -en -ar	Eingang
initiativ -et -	Initiative
injektion -en -er	Injektion
inkall/a -ar -ade -at	einberufen
inklusive	inklusive
inkråm -et	das Weiche in einem Brötchen
inköpslist/a -an -or	Einkaufsliste
inled/a -er -de -tt	beginnen
inlopp -et -	Einmündung
innan	bevor
inne	drinnen
innebära innebär, innebar, inneburit	bedeuten
inom	innerhalb
inred/a -er, inredde, inrett	einrichten
inredning -en -ar	Einrichtung
inriktning -en -ar	Spezialisierung
inrätt/a -ar -ade -at	einrichten
inseg/el -let -	Siegel
inspekter/a -ar -ade -at	inspektieren
inspelning -en -ar	Aufnahme, Dreharbeit
installer/a -ar -ade -at	installieren
institut -et -	Institut
institution -en -er	Institution
instruktion -en -er	Anweisung
instrument -et -	Instrument
int/a -ar, -intog, intagit	einnehmen
inte	nicht
inte heller	auch nicht
inte vara tal om	keine Rede sein
interiör -en -er	Interieur
internationell	international
intervju -n -er	Interview
intervju/a -ar -ade -at	interviewen
intill	neben
intolerant	intolerant
intressant	interessant
intresse -t -n	Interesse
intresser/a -ar -ade -at sig för	sich interessieren für
intryck -et -	Eindruck
inträff/a -ar -ade -at	eintreffen, eintreten
intyg -et -	Bescheinigung
intyg/a -ar -ade -at	beglaubigen, bescheinigen, bezeugen
inunder	unter
invandrare -n -	Einwanderer
invandrarförläggning -en -ar	Asylantenheim
invig/a -er -de -t	einweihen
invånare -n -	Einwohner
irriterad	irritiert
is -en -ar	Eis
isbjörn -en -ar	Eisbär
iscensätt/a -er, iscensatte, iscensatt	inszenieren
Island	Island
isländsk/a -an -or	Isländerin
isländska	isländisch
isländning -en -ar	Isländer
Italien	Italien
italienare -n -	Italiener
italiensk/a -an -or	Italienerin
italienska	italienisch

J

ja	ja
jack/a -an -or	Jacke
jag	ich
jaha	ach so
jakt -en -er	Jagd
Janssons frestelse	Janssons Versuchung
januari	Januar
jaså	ach so
javisst	selbstverständlich
jo	ja, doch
jobb -et -	Arbeit
jobb/a -ar -ade -at	arbeiten
jobbig	mühsam
jodå	ja, doch
jord -en	Erde (Welt)
jord -en -ar	Erde
jordbruk -et -	Landwirtschaft
jordgubb/e -en -ar	Erdbeere
jordärtskockepuré	Erdartischockenpüree
journalist -en -er	Journalist
juic/e -en -er	Juice, Saft
jul -en -ar	Weihnachten
jul/afton -aftonen -aftnar	Heiligabend
julbord -et -	Büffett zu Weihnachten
juldag -en -ar	erster Weihnachtstag
julgran -en-ar	Weihnachtsbaum
juli	Juli
julklapp -en -ar	Weihnachtsgeschenk
julkrubb/a -an -or	Krippe
julkärv/e -en -ar	Hafergarbe zu Weihnachten
julott/a -an -or	Christmette
jultomt/e -en -ar	Weihnachtsman
jump/er -ern -rar	Pullover
juni	Juni
just nu	im Moment
jämför/a, jämför, -de -t	vergleichen
jämförpris -et -er	Preis zum Vergleichen
jämn	glatt, eben
jämnt tal -et -	gerade Zahl
jämt och ständigt	ständig
järn -et	Eisen
järnväg -en -ar	Eisenbahn
järnåld/er -ern -rar	Eisenzeit
järv -en -ar	Vielfraß
jäs/a -er -te -t	aufgehen (lassen)
jäst -en	Hefe
jätt/e -en -ar	Riese
jättefin	sehr gut

K

kab/el -eln -lar	Kabel
kackl/a -ar -ade -at	gackern
kaffe -t	Kaffee
kafferep -et -	Kaffeeklatsch
kaj -en -er	Kai
kak/a -an -or	Kuchen
kakelugn -en -ar	Kachelofen
kalas -et -	Feier
kall	kalt
kall/a -ar -ade -at	nennen, rufen
Kalle Anka	Donald Duck
Kalles kaviar	(Fischrogenaufstrich)
kalln/a -ar -ade -at	abkühlen
kalv -en -ar	Kalb
kamel -en -er	Kamel
kamm/a -ar -ade -at sig	sich kämmen
kamomillte -(e)t -er	Kamillentee
kamp -en -er	Kampf
kanal -en -er	Kanal
kandider/a -ar -ade -at	kandidieren
kanel -en	Zimt
kanelbull/e -en -ar	Zimtschnecke
kanon -en -er	Kanone
kanonport -en -ar	Kanonenluke
kanot -en -er	Kanu
kanske	vielleicht
kantr/a -ar -ade -at	kentern
kapit/el -let -	Kapitel
kapp/a -an -or	Mantel
kappsäck -en -ar	Koffer
kapten -en -er	Kapitän
karaktärsdrag -et -	Charakterzug
karamell -en -er	Bonbon
kardemumma -n	Kardamom
karriär -en -er	Karriere
kart/a -an -or	Karte
kartotekskort -et -	Karteikarte
karusell -en -er	Karussell
kass/a -an -or	Kasse
kass/e -en -ar	Tragetasche
kassettdäck -et -	Kassettendeck
kassörsk/a -an -or	Kassiererin
kast -et -	Wurf
kast/a ar -ade -at	werfen
kastglugg -en -ar	Wurfscharte

kastrull -en -er	Topf
katarr -en -er	Katarrh
katastrof -en -er	Katastrophe
katt -en -er	Katze
kattung/e -en -ar	Kätzchen
kavl/a -ar -ade -at	ausrollen
kedj/a -an -or	Kette
kemi -n	Chemie
kemisk	chemisch
kex -et -	Keks
kil/a -ar -ade -at	eilen
kill i magen	kribbeln im Bauch
kill/e -en -ar	fester Freund, Junge, junger Mann
kilo -t -n	Kilo
kilomet/er -ern -rar	Kilometer
kind -en -er	Wange
kiosk -en -er	Kiosk
kist/a -an -or	Truhe
kjol -en -ar	Rock
kl. (klockan)	um ... Uhr
klag/a -ar -ade -at	klagen
klar	fertig, klar
klar/a -ar -ade -at (av)	schaffen, fertigbringen
klass -en -er	Klasse
klasskompis -en -ar	Klassenkamerad
klassrum -met -	Klassenzimmer
klenät -en -er	Schürzkuchen
klick -en -ar	Klacks
klipp/a -er -te -t	schneiden
klo -n -r	Klaue, Schere
klock/a -an -or	Uhr
klockan är mycket	es ist spät
klockslag -et -	Uhrzeit
klockspel -et -	Glockenspiel
klok	klug
klosterstiftelse -n -r	Klosterstiftung
klubb -en -ar	Club
klumpig	klobig, tolpatschig
klung/a -an -or	Haufen, Gruppe
klä -r, klädde, klätt	schmücken
klä -r, klädde, klätt ut sig	sich verkleiden
klä -r, klädde, klätt någon	jemandem stehen
klä -r, klädde, klätt på sig	sich anziehen
klädbutik -en -er	Kleidergeschäft
kläder	Kleider
klädesplagg -et -	Kleidungsstück
klänning -en -ar	Kleid
knak/a -ar -ade -at	knacken, krachen
knappast	kaum
knep -et -	Kniff
kniv -en -ar	Messer
knopp -en -ar	Knospe
knott -et -	Kriebelmücke
knurr/a -ar -ade -at	knurren
knyt/a -er, knöt, knutit	binden, knoten
knåd/a -ar -ade -at	kneten
knäck -en -ar	Sahnebonbon
knäckebröd -et -	Knäckebrot
ko -n -r	Kuh
kock -en -ar	Koch, Köchin
kok/a -ar -ade -at	kochen (100°C)
kokplatt/a -an -or	Kochplatte
kokt	gekocht
koll/a -ar -ade (kontrollera)	kontrollieren
kollider/a -ar -ade -at	kollidieren, zusammen stoßen
kombiner/a -ar -ade -at	kombinieren
komedi -n -er	Komödie
komfort -en	Komfort
komm/a -er, kom, kommit	kommen
komm/a -er, kom, kommit att	werden
komm/a -er, kom, kommit för sent	zu spät kommen
komm/a -er, kom, kommit lös	ausbrechen
komm/a -er, kom, kommit underfund med	dahinterkommen
komm/a -er, kom, kommit överens	übereinkommen
kommun -en -er	Kommune
kompis -en -ar	Freund
kondition -en -er	körperliche Verfassung
konditionalis	Konditional, Bedingungsform
konditori -et -er	Café
konduktör -en -er	Schaffner
konferens -en -er	Konferenz
konjak -en	Kognak
konjunktion -en -er	Konjunktion
konsert -en -er	Konzert
konservburk -en -ar	Konservendose
konst -en -er	Kunst
konstig	komisch
konstitutionell	konstitutionell
konstnär -en -er	Künstler
konstnärinn/a -an -or	Künstlerin
konstruer/a -ar -ade -at	konstruieren
kontakt -en -er	Kontakt
kontinent -en -er	Kontinent
kontokort -et -	Kreditkarte
kontor -et -	Büro
kontorist -en -er	Büroangestellte -r
kontrakt -et -	Vertrag
konversation -en -er	Konversation
kopi/a -an -or	Kopie
kopp -en -ar	Tasse
koppl/a -ar -ade -at	verbinden
koppl/a -ar -ade -at av	entspannen
korkskruv -en -ar	Flaschenöffner
korsning -en -ar	Kreuzung
korsord -et -	Kreuzworträtsel
kort	kurz
kost/a -ar -ade -at	kosten
kostall -et -	Kuhstall
kostvan/a -an -or	Ernährungsgewohnheiten
kostym -en -er	Anzug
kraftig	kräftig, stark
kraftstation -en -er	Kraftwerk
kram -en -ar	Umarmung
krans -en -ar	Kranz
kratt/a -an -or	Harke
kreativ	kreativ
krig -et -	Krieg
kring	um
Kristi himmelfärdsdag -en -ar	Christi Himmelfahrt
krock -en -ar	Zusammenstoß
krock/a -ar -ade -at	zusammenstoßen
krocket -en	Krocket
kron/a -an -or	Krone
kronologisk	chronologisch
kroppsdel -en -ar	Körperteil
kroppstemperatur -en -er	Körpertemperatur
kross/a -ar -ade -at	zerschlagen
krukväxt -en -er	Topfpflanze
Krya på dig!	Gute Besserung!
krydd/a -an -or	Gewürz
kryddgrönt	frische Kräuter (z.B. Petersilie)
kryddlag -en	Kräuterlösung
kryss/a -ar -ade -at för	ankreuzen
kryssare -n	Kreuzfahrtschiff
kräft/a -an -or	Krebs
kräftskiv/a -an -or	Krebsfest
kräk/as -s -tes -ts	sich übergeben
kräv/a -er -de -t	fordern, verlangen
kräv/as -s -des -ts på	abverlangen
kuckeliku	kikeriki
kul	lustig
kulspetspenn/a -an -or	Kugelschreiber
kund -en -er	Kunde
kundvagn -en -ar	Einkaufswagen
kung -en -ar	König
kungagrav -en -ar	Königsgrab
kungapar -et -	Königspaar
kunglig	königlich
kunna, kan, kunde, kunnat	können
kunskap -en -er	Wissen
kupé -n -er	Abteil
kurs -en -er	Kurs
kurv/a -an -or	Kurve
kusin -en -er	Kusine/Vetter
kuvert -et -	Umschlag
kvalité -n -er	Qualität
kvalitet -en -er	Qualität
kvinn/a -an -or	Frau
kvist -en -ar	Zweig
kvitto -t -n	Kassenbon
kväll -en -ar	Abend
kvällskurs -en -er	Abendkurs
kvällsmat -en	Abendessen
kyckling -en -ar	Küken, Hähnchen
kylig	kühl
kylskåp -et -	Kühlschrank
kypare -n -	Kellner
kyrk/a -an -or	Kirche
kyrkogård -en -ar	Friedhof
kyrktorn -et -	Kirchturm
kyss -en -ar	Kuß
kyss/a -er -te -t	Küssen
kål -en	Kohl
kälk/e -en -ar	Schlitten
källare -n -	Keller
kämpigt	anstrengend
kän/na -ner -de -t (till)	kennen
kän/nas -ns -des -ts	fühlen
känd	bekannt
kända	bekannte
känsl/a -an -or	Gefühl
känslig	empfindlich
Kära ...	Liebe/Lieber...
kärlek -en -ar	Liebe
kärleksfilm -en -er	Liebesfilm
kärleksfull	liebevoll
kärnvap/en -net -	Atomwaffen
kö -n -er	Schlange
kök -et -	Küche
köksbord -et -	Küchentisch
köksfläkt -en -ar	Dunstabzugshaube
köldkänsl/a -an -or	Kältegefühl
köp/a -er -te -t	kaufen
köpes	Ankauf
kör/a, kör, -de -t	fahren
kör/a, kör, -de -t iväg	davonfahren
körfält -et -	Fahrbahn

körkort -et -	Führerschein
körriktning -en -ar	Fahrtrichtung
körsbär -et -	Kirsche
kött -et	Fleisch
köttbull/e -en -ar	Fleischklößchen
köttfärs -en	Hackfleisch

L

lad/a -an -or	Scheune
lag -en	Gekräuterte Lösung aus Zucker oder Essig
lag -en -ar	Gesetz
lag -et -	Mannschaft
lag/a -ar -ade -at	reparieren, zubereiten
lag/er -ret -	Lager
lagom	genau richtig
lamm -et -	Lamm
lamp/a -an -or	Lampe
land -et, länder	Land
landdäggdjur -et -	Landsäugetier
landskap -et -	Landschaft, Provinz
landsting -et -	Provinziallandtag
lantbrukare -n -	Landwirt
lanthan/del -eln -lar	Dorfladen
lapp -en -ar	Zettel
larm -et	Alarm
lat	faul
lat/a -ar -ade -at sig	faulenzen
lax -en -ar	Lachs
le -r, log, lett	lächeln
led -en -er	Gelenk, Pfad
led/a -er, ledde, lett	leiten
ledamot, -en, ledamöter	Abgeordnet/er/e
ledigt	frei
leende -t -n	Lächeln
legitimation -en -er	Ausweis
lejon -et -	Löwe
lek -en -ar	Spiel
lektion -en -er	Schulstunde, Unterrichtsstunde
let/a -ar -ade -at efter	suchen nach
lev/a -er -de -t	leben
lev/er -ern -rar	Leber
leverpastej -en -er	Leberpastete
levnadsstandard -en -er	Lebensstandard
lexikon -et -	Lexikon
lid/a -er, led, lidit	leiden
ligg/a -er, låg, legat	liegen
lika	gleich
likn/a -ar -ade -at	gleichen
liknande	ähnlich
lila	lila
liljekonvalj -en -er	Maiglöckchen
Lilla Torg	Kleiner Marktplatz
lillejulafton	Tag vor Heiligabend
limp/a -an -or	ein Laib Brot
lin/a -an -or	Seil
lingon -et -	Preiselbeere
lingonris -et -	Preiselbeerenreisig
linhår -et	Haar blond wie Leinen
linj/e -en -er	Linie
linne -t -n	Hemd, Unterhemd
lit/a -ar -ade -at på	Vertrauen haben
lite	wenig, ein wenig
liten	klein
liter -n	Liter
litteratur -en -er	Literatur
liv -et -	Leben
livlig	lebhaft
livmedikus -en	Leibarzt
livsbejakande	lebensbejahend
livsträd -et -	Lebensbaum
ljug/a -er, ljög, ljugit	lügen
ljus -et -	Kerze
ljusröd	hellrot
ljusstak/e -en -ar	Leuchter
lock/a -ar -ade -at	locken
lodjur -et -	Luchs
lodrätt	senkrecht
log/e -en -ar	Scheune
lojal	loyal
lokal	örtlich
loppis -en -ar	Flohmarkt
loppmarknad -en -er	Flohmarkt
lott -en -er	Los
lotteri -(e)t -er	Lotterie
lov	Erlaubnis
lov/a -ar -ade -at	versprechen
luciadag -en -ar	Luciatag
luciakron/a -an -or	Luciakrone
luciatåg -et -	Luciazug (Lucia mit Gefolge)
luck/a -an -or	Klappe, Luke, Schalter
luft -en -er	Luft
lugn	ruhig
lugn/a -ar -ade -at	beruhigen
lukt/a -ade -at	riechen
lunch -en -	Mahlzeit ca. 12 Uhr
lunchrast -en -er	Mittagspause
lussekatt -en -er	Luciagebäck
lust -en	Lust
lut -et -	Lauge
lut/a -ar -ade -at sig	sich beugen
lut/a -ar -ade -at av	ablaugen
lutfisk -en -ar	Stockfisch
luv/a -an -or	Mütze
Lycka till!	Viel Erfolg!
lycklig	glücklich
lyckligtvis	zum Glück
lyd/a -er, löd, lytt	lauten, gehorchen
lydig	gehorsam
lyktstolp/e -en -ar	Laternenpfahl
lys/a -er -te -t upp	erleuchten
lysning -en -ar	Aufgebot
lyssn/a -ar -ade -at på	zuhören
lyx -en	Luxus
lyxig	luxeriös
lyxkryssning -en -ar	Luxuskreuzfahrt
låd/a -an -or	Schublade
lågpris -et -	Dauerniedrigpreis
lågsäsong -en -er	Nebensaison
lågtryck -et -	Tiefdruck
lån/a -ar -ade -at	leihen
lång	lang
långfilm -en -er	Spielfilm
långfredag -en -ar	Karfreitag
långsam	langsam
långt	weit
lås -et -	Schloß
lås/a -er -te -t upp	aufschließen
låt/a -er, lät, låtit	lassen, klingen
låts/as -ar -ades -ats	sich stellen
läck/a -an -or	undichte Stelle
läd/er -ret	Leder
läge -t -n	Lage
lägenhet -en -er	Wohnung
lägg/a -er, la(de), lagt	legen
lägg/a -er, lade, lagt av	aufhören
lägg/a -er, lade, lagt igen	zusammenschlagen
läkare -n -	Arzt
läkarvård -en	ärztliche Versorgung
läkemed/el -let -	Arzneimittel
lämn/a -ar -ade -at	lassen, abgeben, verlassen
lämn/a -ar -ade -at in	abgeben
län -et -	Verwaltungsgebiet
längd -en -er	Länge
länge	lange
längesedan	lange her
längre	länger
längs med	entlang
länsmuse/um -et -er	Landesmuseum
läppstift -et -	Lippenstift
lär	wird, dürfte
lär/a, lär, -de -t sig	lernen
lära, lär, lärde, lärt känna	kennenlernen
lärare -n -	Lehrer
läs/a -er -te -t	lesen, studieren
läs/a -er -te -t igenom	durchlesen
läs/a -er -te -t ut	durchgelesen
läsk -en	Brause
lätt	einfach
lättöl -et -	Leichtbier
läx/a -an -or	Hausaufgabe
löjlig	lächerlich
löjrom -men	Rogen der Maräne
lök -en -ar	Zwiebel
lön -en -er	Lohn
lön/a -ar -ade -at sig	sich lohnen
lönekontorist -en -er	Lohnbuchhalter/-in
lördag	Samstag
lös	lose, locker
lös/a -er -te -t	lösen
löv -et -	Laub

M

m.m. (med mera)	u.v.m. (und vieles mehr)
mack -en -ar	Tankstelle
mag/e -en -ar	Magen, Bauch
magbesvär -et -	Magenbeschwerden
maj	Mai
majbål -et -	Maifeuer, Valpurgisfeuer
majonnäs -en	Mayonnaise
majorsk/a -an -or	die Frau des Majors
makt -en -er	Macht
mal/a, mal, -de -t	mahlen
man -nen, män	Mann
mand/el -eln -lar	Mandel
mandelmassa -n	Rohmarzipan
mankhöjd -en -er	Rückenhöhe
manusförfattare -en -	Drehbuchautor
margarin -et -er	Margarine
mark -en -er	Boden
marker/a -ar -ade -at	markieren, kenntlich machen
marknad -en -er	Markt
marknadsföring -en	Marketing
marmelad -en -er	Marmelade
mars	März

marsipan -en	Marzipan
massor av	enorm viel/e
mat -en	Essen
matbord -et -	Eßtisch
match/a -ar -ade -at till	passen zu
material -et -	Material
matförgiftning -en -ar	Lebensmittelvergiftung
matlagning -en	Essen kochen
matolj/a -an -or	Speiseöl
matsal -en -ar	Eßzimmer
matsed/el -eln -lar	Speisekarte
matsked -en -ar (msk)	Eßlöffel
matt/a -an -or	Teppich
matte -n	Mathe
max	höchstens, maximal
med	mit
med detsamma	gleich, sofort
medaljong -en -er	Medaillon
medan	während
medbestämmande	mitbestimmend
medborgare -n -	Staatsbürger
medborgarskap -et -	Staatsangehörigkeit
medellivslängd -en	Durchschnittsalter
medelpunkt -en -er	Mittelpunkt
medeltid -en	Mittelalter
medge -r, medgav, medgivit	zugeben
medicin	Medizin
medlem -men -mar	Mitglied
medlemskap -et -	Mitgliedschaft
medverk/a -ar -ade -at	mitwirken
medvurst -en -ar	Mettwurst
mejerivar/a -an -or	Meiereiprodukt
melankolisk	melancholisch
mellan	zwischen
mellandagarna	die Tage zwischen Weihnachten und Neujahr
mellanmål -et -	Zwischenmahlzeit
men	aber
men/a -ar -ade -at	meinen
mening -en -ar	Satz, Meinung
mentalsjukhus -et -	Nervenheilanstalt
mer	mehr, weiter
mera	mehr
meritförteckning -en -ar	Lebenslauf
mervärdesskatt -en -er	Mehrwertsteuer
metall -en -er	Metall
middag -en -ar	Mittag
midj/a -an -or	Taille
midnattssol -en	Mitternachtssonne
midsommar	Mittsommer
midsommar/afton -aftonen -aftnar	Tag vor Mittsommer
midsommardag -en -ar	Mittsommer
mikrovågsugn -en -ar	Mikrowelle
mil (10 kilometer)	Meile
militär -en -er	Militär
miljon -en -er	Million
miljö -n -er	Umgebung, Umwelt
miljöfråg/a -an -or	Umweltfrage
miljövänlig	umweltfreundlich
min	meine
mineralvatt/en -net -	Mineralwasser
miniatyr -en -er	Miniatur

minigolf -en	Minigolf
miniräknare -n -	Taschenrechner
minne -t -n	Erinnerung
minnesgård -en -ar	Gedenkstätte
minsann	wirklich
miss/a -ar -ade -at	verpassen
missköt/a -er -te -t	vernachlässigen
mitt på	mitten auf
mittemot	gegenüber
mjuk	weich
mjöl -et	Mehl
mjölk -en	Milch
mode -t -n	Mode
modell -en -er	Modell
modern	modern
mogen	reif
mogn/a -ar -ade -at	reifen
moln -et -	Wolke
molnigt	bewölkt
moms -en -er	Mehrwertsteuer
monarki -n -er	Monarchie
moped -en -er	Mofa
mor (moder -n, mödrar)	Mutter
mor/bror -brodern -bröder	Onkel (Mutters Bruder)
mor/far -fadern -fäder	Opa (Mutters Vater)
mor/mor -modern -mödrar	Oma (Mutters Mutter)
moraklock/a -an -or	Standuhr mit Bauernmalerei, ursprünglich von Mora
mormor	Großmutter (Mutters Mutter)
morot -en, morötter	Mohrrübe
morr/a -ar -ade -at	knurren
mos -et	Pürree, Brei
most/er -ern -rar	Tante (Mutters Schwester)
mot	gegen, in Richtung
motioner/a -ar -ade -at	sich bewegen, trimmen
motorcyk/el -eln -lar	Motorrad
motoreffekt -en -er	Motorleistung
motorhuv -en -ar	Motorhaube
motorstopp -et -	Panne
motortrafikled -en -er	Schnellstraße
motorväg -en -ar	Autobahn
motsats -en -er	Gegensatz
mottaglig	empfänglich
mottagning -en -ar	Praxis
mugg -en -ar	Becher
mulet	bewölkt
mun -nen -nar	Mund
mur -en -ar	Mauer
murgrön/a -an -or	Efeu
murr/a -ar -ade -at	murren
mus -en, möss	Maus
muse/um -et -er	Museum
musik -en	Musik
mustasch -en -er	Schnurrbart
mustig	saftig
mycket	viel, sehr
mygg	Mücken
mygg/a -an -or	Mücke
myggmed/el -let -	Mückenmittel
myndig	volljährig
myndighet -en -er	Amt
mynning -en -ar	Mündung
myr/a -an -or	Ameise
mysig	gemütlich

må	mögen, möge
må -r, mådde, mått	sich fühlen
mål -et -	Ziel, Tor
mål/a -ar -ade -at	malen
mål/a -ar -ade -at om	umstreichen
målning -en -ar	Gemälde
måltid -en -er	Mahlzeit
mån/e -en -ar	Mond
månad -en -er	Monat
måndag	Montag
många	viel/viele
mångsidig	vielseitig
måste	müssen
måttband -et -	Maßband
måttenhet -en -er	Maßeinheit
måttlig	mäßig
mängd -en -er	Menge
människ/a -an -or	Menschen
märk/a -er -te -t	merken, auszeichnen
märkas, märks, märktes, märkts	merken
märke -t -n	Marke
märkvärdig	merkwürdig
mäss/a -an -or	Messe
mässing -en	Messing
mät/a -er -te -t	messen
möb/el -eln -ler	Möbel
möjligen	möglicherweise
möjligtvis	möglicherweise
mönst/er -ret -	Muster
mör	zart
mörk	dunkel
mörk/er -ret	Dunkelheit
mörkrum -met -	Dunkelkammer
möt/as -as -tes -ts	begegnen
möte -t -n	Verabredung, Sitzung

N

nackdel -en -ar	Nachteil
nall/e -en -ar	Teddy
namn -et -	Name
namnteckning -en -ar	Unterschrift
nationaldag -en -ar	Nationaltag
nationalitet -en -er	Nationalität
natt -en, nätter	Nacht
nattduksbord -et -	Nachttisch
natur -en -er	Natur
naturforskare -n -	Naturforscher
naturligtvis	selbstverständlich
naturreservat -et -	Naturschutzgebiet
naturresurs -en -er	Naturreichtum
naturtillgång -en -ar	Naturschätze
naturvård -en	Naturschutz
nedanför	unterhalb
nedanstående	untenstehend, nachstehend
nedergå -r, nedergick, nedergått	untergehen
nedre botten	Erdgeschoß
nedstämd	mutlos
negativ	negativ
nej	nein
nejlik/a -an -or	Nelke
Nejmen oj!	Oh! Ach!
ner	herunter
nere	unten
nerifrån	von unten
nervös	nervös

neutral	neutral
ni	ihr
nikotinhalt -en -er	Nikotingehalt
njut/a -er, njöt, njutit	genießen
nobeldag -en -ar	Nobeltag
nobelpristagare -n -	Nobelpreisträger
noga	genau, sorgfältig
noggrann	genau
nonchalant	nonchalant
nordlig	nördlich
nordostlig	nordöstlich
nordvästlig	nordwestlich
Norge	Norwegen
norr	Norden
norr/man -mannen -män	Norweger
norsk/a -an -or	Norwegerin
norska	norwegisch
not/a -an -or	Rechnung (im Restaurant)
noter/a -ar -ade -at	notieren
novell -en -er	Novelle
november	November
nu	jetzt
nubb/e -en -ar	Schnaps
nuförtiden	zur Zeit, heutzutage
nuläge -t -n	jetzige Lage
num/mer -ret -	Nummer
numera	zur Zeit
ny	neu
nyans -en -er	Nuance
nyck/el -eln -lar	Schlüssel
nyckelknipp/a -an -or	Schlüsselbund
nyfiken	neugierig
nyhet -en -er	Nachricht, Neuigkeit
nyligen	neulich, vor kurzem
nys/a -er -te -t	niesen
nyttig	gesund
nyårs/afton -aftonen -aftnar	Silvester
nyårsdagen -en -ar	Neujahrstag
nå -r -dde -tt	erreichen
någon	jemand
någonsin	jemals
någonting	etwas
Något annat?	Noch etwas anderes?, Noch etwas?
några	einige
nål -en -ar	Nadel
nämligen	nämlich
nämn/a -er -de -t	erwähnen
när som	wenn
När/hur dags?	Wann?
nära	nahe
näring -en -ar	Gewerbe
närmaste	nächster/nächste/nächstes
näs/a -an -or	Nase
näsdropp/e -en -ar	Nasentropfen
näsduk -en -ar	Taschentuch
nästa	nächster/nächste/nächstes
nästan	fast
nätter	Nächte
näver -n	Birkenrinde
nödvändig	notwendig
nöj/a -er -de -t sig med	sich mit ... zufriedengeben
nöjd	zufrieden
nöjespark -en -er	Vergnügungspark
nöt -en, nötter	Nuß

O

o.s.a. (om svar anhålles)	um Antwort wird gebeten
oaktsamhet -en	unvorsichtigkeit
oavsett	ungeachtet
obegriplig	unbegreiflich
obehaglig	unangenehm
obeskrivlig	unbeschreiblich
obestämd	unbestimmt
objekt -et -	Objekt
obligatorisk	obligatorisch
obs. (observera)	beachte
och	und
också	auch
odl/a -ar -ade -at	anbauen
ofta	oft
oförstånd -et	Unverständis
ogift	unverheiratet
ogiltig	ungültig
ogärna	ungern
Oj då!	Nanu!
OK (Okej)	OK
oktober	Oktober
okänd	unbekannt
olika	verschiedene
olj/a -an -or	Öl
oljenivå -n -er	Ölstand
ollon -et -	Eichel
olyckligtvis	unglücklicherweise
olydig	unerzogen
om	über
om hörnet	um die Ecke
ombord	an Bord
ombud -et -	Vertreter
omkrets -en	Umfang
omkring	ungefähr
omkring	umher
omkörning -en	Überholen
område -t -n	Gebiet
omslagspapper -et -	Einwickelpapier
omslut/a -er, omslöt, omslutit	umschließen
omsvärmad	umschwärmt
omtänksam	umsichtig
onsdag -en -ar	Mittwoch
onyttig	ungesund
onödigt	unnötig
oper/a -an -or	Oper
operation -en -er	Operation
operativ	operativ
opp (upp)	ugs.: auf
optiker -n -	Optiker
optimistisk	optimistisch
ord -et -	Wort
ordentlig	gründlich, ordentlich
ordförråd -et -	Wortschatz
ordiner/a -ar -ade -at	verordnen
ordn/a -ar -ade -at	organisieren
ordning -en -ar	Ordnung
ordningstal -et -	Ordnungszahl
ordspråk -et -	Sprichwort
organisation -en -er	Organisation
organiser/a -ar -ade -at	organisieren
orienterings-förmåg/a -an	Orientierungsvermögen
original -et -	Original
ork/a -ar -ade -at	schaffen
orkest/er -ern -rar	Orchester
ornament -et -	Ornament
orsak/a -ar -ade -at	verursachen
ort -en -er	Ort
orörd	unberührt
ost -en -ar	Käse
ostadig	unbeständig
ostkust -en	Ostküste
ostlig	östlich
ostsmörgås -en -ar	Käsebrot
osv. (och så vidare)	usw. (und so weiter)
osympatisk	unsympathisch
oteknisk	untechnisch
otur -en	Pech
otursdag -en -ar	Unglückstag
ovan	oben
ovanför	oberhalb
ovanlig	ungewöhnlich
ox/e -en -ar	Ochse
oxfilé -n -er	Rinderfilet
oändlighet -en	Unendlichkeit

P

pack/a -ar	packen
paket -et -	Paket
pall -en -ar	Hocker
pannkak/a -an -or	Pfannkuchen
pant -en -er	Pfand
pantomim -en -er	Pantomime
papper -et -	Papier
pappershatt -en -ar	Papierhut
papperslykt/a -an -or	Lampion
pappersmugg -en -ar	Pappbecher
par -et -	Paar
paradis -et -	Paradies
parentes -en -er	Klammer
parfym -en -er	Parfüm
park -en -er	Park
parker/a -ar -ade -at	parken
parkeringshus -et -	Parkhaus
parkeringsplats -en -er	Parkplatz
parlament -et -	Parlament
paraply -et -er (-n)	Regenschirm
pass/a -ar -ade -at	passen
pass/a -ar -ade -at på	Gelegenheit wahrnehmen
pass/a -ar -ade -at sig	sich schicken
passagerare -n -	Passagier, Fahrgast
passer/a -ar -ade -at	durchgehen, passieren
passionerad	passioniert
passkontroll -en -er	Passkontrolle
patient -en -er	Patient
pengar (Plural)	Geld
penn/a -an -or	Stift
pens/el -eln -lar	Pinsel
pensionär -en -er	Rentner
pensl/a -ar -ade -at	pinseln
peppar -n	Pfeffer
pepparkak/a -an -or	Pfefferkuchen
pepparströare -n -	Pfefferstreuer
per	pro
period -en -er	Periode
persilja -n	Petersilie
person -en -er	Person
personal -en -er	Personal
personalvänlig	mitarbeiterfreundlich
personlig	persönlich
personlighet -en -er	Persönlichkeit
personskad/a -an -or	Personenschaden
pianist -en -er	Pianist/in
piano -t -n	Klavier

pigg	munter
pil -en -ar	Pfeil
pilot -en -er	Pilot -in
pin full	total voll
pingst -en -ar	Pfingsten
pingst/afton -aftonen -aftnar	Pfingstsonnabend
pingstdag -en -ar	Pfingstsonntag
pip/a -an -or	Pfeife
pip/a -er, pep, pipit	quieken
pjäs -en -er	Theaterstück
plan -en -er	Plan, Geschoss
planering -en -ar	Planung
planritning -en -ar	Grundriss
planter/a -ar -ade -at	pflanzen
plast -en -er	Plastik
platsansökan (en)	Bewerbung
plikttrogen	pflichtbewußt
plock/a -ar -ade -at	pflücken
plugg/a -ar -ade -at	pauken
plural	Plural
plusgrad -en -er	Plusgrad
plånbok -en, plånböcker	Brieftasche
plåst/er -ret -	Pflaster
plätt -en -ar	kleiner Pfannkuchen
plättpann/a -an -or	Pfanne für kleine Pfann-kuchen
poesialbum -et -	Poesiealbum
pojk/e -en -ar	Junge
pojkvän -nen -ner	fester Freund
polis -en -er	Polizei, Polizist
polisskolan	Polizeischule
politik -en	Politik
polsk	polnisch
pomeransskal -et -	Pomeranzenschale
pool -en -er	Pool
popp/el -eln -lar	Pappel
populär	beliebt
porslin -et	Porzellan
portfölj -en -er	Aktentasche
portion -en -er	Portion
portmonnä -n -er	Portemonnaie
porträtt -et -	Porträt
positiv	positiv
post -en	Post
post -en -er	Posten
post/a -ar -ade -at	Brief abschicken
postnum/mer -ret -	Postleitzahl
potatis -en -ar	Kartoffel
potatismos -et	Kartoffelpüree
poäng -en -	Punkt
praktik -en	Praktikum
praktikant -en -er	Praktikant
praktiskt	praktisch
prat/a -ar -ade -at	sprechen
pratshow -en -er	Talkshow
precis	genau, gerade
predik/a -ar -ade -at	predigen
predikan (en)	Predigt
prem/ie -n	Prämie
prenumeration -en -er	Abonnement
prenumerer/a -ar -ade -at	abonnieren
preposition -en -er	Präposition
presens	Präsens
present -en -er	Geschenk
presenter/a -ar -ade -at	vorstellen
pressylt/a -an -or	Preßsülze
prestation -en -er	Leistung
preteritum	Präteritum
prickig	gepunktet
prinsess/a -an -or	Prinzessin
prinskorv -en -ar	Coktailwürstchen
pris -et -er	Preis
problem -et -	Problem
producer/a -ar -ade -at	produzieren
produkt -en -er	Produkt
professor -n -er	Professor
program -met -	Programm
programledare -n -	Moderator/-in
promenad -en -er	Spaziergang
promenadsko -n -r	Halbschuh
promille -n	Promille
pronom/en -enet -ina	Pronomen
proppmätt	voll (satt)
Prosit!	Gesundheit!
prov -et -	Prüfung
prov/a -ar -ade -at	anprobieren
provins -en -er	Provinz
provrum -met -	Ankleidekabine
pryl -en -ar	Kram, Ding
prägl/a -ar -ade -at	prägen
präktig	prächtig
präst -en -er	Pfarrer
psykologisk	psychologisch
publik -en -er	Publikum
pulk/a -an -or	Plastikrodelschale
pump -en -ar	Zapfsäule
punkt -en -er	Punkt
punktering -en -ar	Reifenpanne
purjolök -en -ar	Porree
pynt/a -ar -ade -at	schmücken
pyssling -en -ar	Wichtel
pytteliten	winzig
på	auf
på alla rum	auf allen Zimmern
på egen hand	selber
på grund av	auf Grund
påbyggnadskurs -en -er	Aufbaukurs
pålitlig	zuverlässig
pås/e -en -ar	Tüte
påsk -en -ar	Ostern
påsk/afton -aftonen -aftnar	Ostersonnabend
påskbord -et -	Osterbuffet
påskdag -en -ar	Ostersonntag
påskägg -et -	Osterei
påstå -r, påstod, påstått	behaupten
påstående -t -n	Behauptung
påtår -en -ar	eine zweite Tasse
pärlsock/er -ret	Hagelzucker
pärm -en -ar	Ordner
päron -et -	Birne

R

rok (rum och kök)	Zimmer und Küche
rabatt -en -er	Ermäßigung
rad -en -er	Reihe
radio -n, radioapparater	Radio
ragu -n -er	Ragout
rak/a -ar -ade -at sig	sich rasieren
rakt fram	geradeaus
ram -en -ar	Rahmen
rams/a -an -or	Reim
randig	gestreift
rapport -en -er	Bericht
rar	lieb
ras/a -ar -ade -at	toben
rastlös	unruhig, rastlos
ratt -en -ar	Steuer
rauk -en -ar	besonderes Gestein (Gotland)
re/a -an -or (realisation -en -er)	Ausverkauf
recept -et -	Rezept
reception -en -er	Rezeption
receptionist -en -er	Empfangsdame
reda/a -er, redde rett sig	zurechtkommen
redan	schon
referens -en -er	Empfehlung
reg/el -eln -ler	Regel
regalskepp -et -	Kriegsschiff
reger/a -ar -ade -at	regieren
regering -en -ar	Regierung
regissör -en -er	Regisseur
registrerings-num/mer -ret -	Zulassungsnummer
regn -et	Regen
regn/a -ar -ade -at	regnen
regnig	regnerisch
reklam -en -er	Reklame
rekommender/a -ar -ade -at	empfehlen
rekonstruktion -en -er	Rekonstruktion
ren	sauber
ren -en -ar	Rentier
renover/a -ar -ade -at	renovieren
renskötsel -n	Rentierhaltung
renässans -en -er	Renaissance
rep -et -	Strick, Seil
reparer/a -ar -ade -at	reparieren
replik -en -er	Replik
report/er -ern -rar	Reporter
representer/a -ar -ade -at	vertreten sein
res/a -an -or	Reise
res/a -er -te -t	reisen, aufstellen
resdag -en -ar	Reisetag
resebyrå -n -er	Reisebüro
residens -et -	Residenz
respektive	beziehungsweise
rest -en -er	Rest
restaurang -en -er	Restaurant
restaurangvagn -en -ar	Speisewagen
resurs -en -er	Mittel, Ressourcen
resväsk/a -an -or	Koffer
returflask/a -an -or	Mehrwegflasche
rid/a -er, red, ridit	reiten
rik	reich
rike -t -n	Reich
riksdag -en -ar	Reichstag
riksgrevinn/a -an -or	Reichsgräfin
riksråd -et -	Reichsrat
riktlinj/e -en -er	Richtlinie
riktning -en -ar	Richtung
riktnum/mer -ret -	Vorwahl
rimlig	angemessen
ring -en -ar	Ring, Kreis
ring/a -ar -ade -at in	einkreisen
ring/a -er -de -t	anrufen, klingeln
rinn/a -er, rann, runnit	fließen
rinnande	fließend
ris -et	Reis
ris -et -	Reisig, Rute
risgrynsgröt -en	Milchreis

risk -en -er	Risiko
risker/a -ar -ade -at	riskieren
risotto -n	Risotto
rist/a -ar -ade -at av	abschütteln
rit/a -ar -ade -at	zeichnen, entwerfen
ritning -en -ar	Zeichnung
ro -r -dde -tt	rudern
rock -en -ar	Herrenmantel
rolig	lustig
roll -en -er	Rolle
rollspel -et -	Rollenspiel
roman -en -er	Roman
rondell -en -er	Kreisel
rop/a -ar -ade -at	rufen
rop/a -ar -ade -at upp	aufrufen
rost/a -ar -ade -at	rosten, rösten
rotmos -et	Steckrübenmus
rouille	Mayonnaise mit roten Pfefferschoten und Knoblauch
rovfåg/el -eln -lar	Raubvogel
rovfågeluppvisning -en -ar	Raubvogelvorführung
rull/a -ar -ade -at	rollen
rull/e -en -ar	Rolle
rum -met -	Zimmer
rundvandring -en -ar	Rundgang
runsten -en -ar	Runenstein
runt	um, herum
rus/a -ar -ade -at in	hineinstürzen
russin -et -	Rosine
rut/a -an -or	Viereck
rutig	kariert
ruv/a -ar -ade -at	brüten
rygg -en -ar	Rücken
ryggsäck -en -ar	Rucksack
rymm/a -er, rymde, rymt	fliehen
råd -et -	Rat
råd/a -er, rådde, rått	herrschen
rådgiv/a -er, rådgav, rådgivit	beraten
rådhus -et -	Rathaus
rådjur -et	Reh
råk/a - ar -ade -at	zufällig (plus Infinitiv)
råk/a -ar -ade -at ut för	zustoßen
rått/a -an -or	Ratte
råtthål -et -	Rattenloch
räck/a -er -de -t ut	ausstrecken, heraus-strecken
räck/a -er -te -t	reichen
rädd/a -ar -ade -at	retten
räddningsbåt -en -ar	Rettungsboot
räk/a -an -or	Krabbe
räkn/a -ar -ade -at	rechnen
räkn/a -ar -ade -at upp	aufzählen
räksallad -en -er	Krabbensalat
räksmörgås -en -ar	Krabbenbrot
rätt	richtig, ziemlich
rätt/a -ar -ade -at (till)	berichtigen, korrigieren
räv -en -ar	Fuchs
röd	rot
rök/a -er -te -t	rauchen
rör/a, rör -de -t	rühren
rör/a, rör -de -t sig	sich rühren
röst/a -ar -ade -at	abstimmen

S

s.k (så kallad)	sog. (so genannt)
saft -en -er	Saft
sag/a -an -or	Märchen
sak -en -er	Sache
saker och ting	Sachen und Dinge
saklig	sachlich
sakt/a -ar -ade -at	verlangsamen
sal -en -ar	Saal
sallad -en -er	Salat
salladshuvud -et -	Salatkopf
salmbär -et -	Boysenbeere
salt -et -er	Salz
salt/a -ar -ade -at	salzen
saltgurk/a -an -or	Salzgurke
saltströare -n -	Salzstreuer
samarbete -t -n	Zusammenarbeit
sam/e -en -er	Same
samband -et -	Zusammenhang
sambo -n -r	Partner
samhälle -t -n	Ortschaft, Gesellschaft
samiska -n	Samisch
saml/a -ar -ade -at	sammeln
samling -en -ar	Sammlung
samma	derselbe/dieselbe/dasselbe
sammetskjol -en -ar	Samtrock
samt	und
samtal -et -	Gespräch
samtal/a -ar -ade -at	sich unterhalten
samtidigt	gleichzeitig
samtliga	sämtliche
sandal -en -er	Sandale
sats/a -ar -ade -at på	auf etwas setzen
sax -en -ar	Schere
scen -en -er	Szene
schampo -t -n	Schampoo
se -r, såg, sett	sehen
se -r, såg, sett ut	aussehen
sebr/a -an -or	Zebra
sedan	dann, danach
sedelautomat -en -er	Münztankautomat
seg	zäh
seg/el -let -	Segel
segelbåt -en -ar	Segelboot
segl/a -ar -ade -at	segeln
seglats -en -er	Segelfahrt
segr/a -ar -ade -at	siegen
sekreterare -n -	Sekretärin
semest/er -ern -rar	Urlaub
semestr/a -ar -ade -at	Urlaub machen
seml/a -an -or	traditionelles Fasten-gebäck mit Marzipan und Sahne
senap -en	Senf
senare	später
sensualitet -en	Sinnlichkeit
september	September
serie -n -r	Serie
server/a -ar -ade -at	servieren
servett -en -er	Serviette
service -n	Service
servitris -en -er	Kellnerin
servitör -en -er	Kellner
ses, ses, sågs, setts igen	sich wiedersehen
sevärdhet -en -er	Sehenswürdigkeiten
sevärt	sehenswert
sexualitet -en	Sexualität

shop -en -ar	kleiner Laden
shopp/a -ar -ade -at	bummeln gehen
sid/a -an -or	Seite
siden	Seide
sidenband -et -	Seidenband
sidengardin -en -er	Seidengardine
siffr/a -an -or	Ziffer
sig	sich
signal -en -er	Signal
signatur -en -er	Signatur, Chiffre
sikt -en	Sicht
sikt/a -ar -ade -at	sieben
sil -en -ar	Sieb
sil/a -ar -ade -at ifrån	absieben
sill -en -ar	Hering
simhall -en -ar	Schwimmhalle
simm/a -ar -ade -at	schwimmen
sin	seinem/seine/sein
singelolyck/a -an -or	Einzelunglück
singular	Singular
sinne -t -n	Sinn, Geist
sirap -en	Sirup
sista	letzter/letztes/letzte
sitt/a -er, satt, suttit	sitzen
situation -en -er	Situation
SJ (Statens Järnvägar)	schwedische Staatsbahn
sjukhus -et -	Krankenhaus
sjukskötersk/a -an -or	Krankenschwester
sjung/a -er, sjöng, sjungit	singen
sjunk/a -er, sjönk, sjunkit	sinken
sjåp/a -ar -ade -at sig	sich anstellen
själ -en -ar	Seele
själv	selbst
självhushåll -et -	Selbstversorgung
självklart	selbstverständlich
självrisk -en	Selbstbeteiligung
självservering -en -ar	Selbstbedienung
självsäker	selbstsicher
sjö -n -ar	See
sjöräddning -en	Seenotrettungsdienst
sjösätt/a -er, sjösatte, sjösatt	vom Stapel lassen
skad/a -ar -ade -at	schaden
skak/a -ar -ade -at	schütteln
skakning -en -ar	Schütteln, Erschütterung
skal/a -ar -ade -at	schälen
skalbagg/e -en -ar	Käfer
skandinavisk	skandinavisch
skap/a -ar -ade -at	schaffen
skatt -en -er	Schatz, Steuer
ske -r, -dde -tt	geschehen
sked -en -ar	Löffel
skepp -et -	Schiff
skeppningshamn -en -ar	Verladungshafen
skeppssättning -en -ar	Schiffsetzung
skeptisk	skeptisch
skick/a -ar -ade -at	schicken
skicklig	geschickt
skildr/a -ar -ade -at	schildern
skillnad -en -er	Unterschied
skin/a -er, sken, skinit	scheinen
skink/a -an -or	Schinken
skinn -et -	Fell, Leder
skivspelare -n -	Plattenspieler

skjort/a -an -or	Hemd
skjut/a -er, sköt, skjutit	schießen
skjut/a -er, sköt, skjutit upp	aufschieben
sko -n -r	Schuh
skoaffär -en -er	Schuhgeschäft
skog och mark	Wald und Feld
skogig	waldig
skogsplantering -en -ar	Waldanpflanzung
skohyll/a -an -or	Schuhregal
skojig	lustig
skol/a -an -or	Schule
skola, ska, skulle, skolat	sollen, wollen, werden
skolres/a -an -or	Schulreise
skolväsk/a -an -or	Schultasche
skottglugg -en -ar	Schießscharte
skridsko -n -r	Schlittschuh
skriftligt	schriftlich
skrik/a -er, skrek, skrikit till	aufschreien
skriv/a -er, skrev, skrivit	schreiben
skriv/a -er, skrev, skrivit in sig	sich einschreiben
skrivbord -et -	Schreibtisch
skrivmaskin -en -er	Schreibmaschine
skrov -et -	Rumpf
skruv -en -ar	Schraube
skruvmejs/el -eln -lar	Schraubenzieher
skräckfilm -en -er	Horrorfilm
skräm/ma -mer -de -t	erschrecken
skräp/a -ar -ade -at (ligg/a -er, låg, legat och)	herumliegen
skräp/a -ar -ade -at ner	verschmutzen
skräpkammare -n -	Rumpelkammer
skugg/a -an -or	Schatten
skuld -en -er	Schuld
skulptur -en -er	Skulptur
skur/a -ar -ade -at	scheuern
skvallertant -en -er	Klatschtante
sky -n -ar	Wolke
skydd/a -ar -ade -at	schützen
skyldig	schuldig
skylt -en -ar	Schild
skyltfönst/er -ret -	Schaufenster
skynd/a -ar -ade -at sig	sich beeilen
skytt/e -en -ar	Schütze
skådespelare -n -	Schauspieler
Skål!	Prost!
skåll/a -ar -ade -at	abbrühen
skåp -et -	Schrank
skägg -et -	Bart
skäm/mas -s -des -ts	sich schämen
skämt -et -	Witz
skänkes	zu verschenken
skära, skär, skar, skurit	schneiden
skärgård -en -ar	schw. Schären
skärp -et -	Gürtel
skärpt	hellwach, konzentriert
skön	schön
skönhet -en -er	Schönheit
sladd -en -ar	Schleudern
slag -et -	Schlag, Art, Sorte
slaktare -n -	Schlachter

slemhinn/a -an -or	Schleimhaut
slick/a -ar -ade -at	lecken
slipp/a -er slapp, sluppit	etwas nicht machen müssen
slipp/a -er, slapp, sluppit igenom	durchkommen
slips -en -ar	Schlips
slop/a -ar -ade -at	abschaffen
slott -et -	Schloß
slut	leer
slut/a -ar -ade -at	aufhören
slut/a -er, slöt, slutit	schließen
slå -r, slog, slagit	schlagen, wählen
slå -r, slog, slagit upp	aufschlagen
slåss, slåss, slogs, slagits	sich schlagen, sich prügeln
släck/a -er -te -t	löschen, ausmachen, ausschalten
släkt -en -er	Verwandtschaft
släkting -en -ar	Verwandte/r
släng/a -er -de -t	wegwerfen
slät	einfach
slö/a -ar -ade -at	faulenzen
slöjd -en -er	Handarbeit
smak -en -er	Geschmack
smak/a -ar -ade -at	schmecken
Smaklig måltid!	Guten Appetit!
smalspår -et -	Schmalspur
smalspårig	schmalspurig
smide -t -n	Schmiedearbeit
smidig	geschmeidig
smittsam	ansteckend
smul/a -an -or	Krümel
smul/a -ar -ade -at	krümeln
smutsig	schmutzig
smyg/a -er, smög, smugit	schleichen
småfolk -et -	Zwerge und Wichtelvolk
småfranska -t -	Brötchen
småkakor	Kleingebäck
smäll -en -ar	Knall, Aufprall
smält/a -er -te -t	schmelzen, zerlassen
smärt	schlank
smör -et	Butter
smörj/a -er, smorde, smort	fetten
snabb	schnell
snabbköp -et -	Supermarkt
snaps -en -ar	Schnaps
snapsvis/a -an -or	Schnapslied
snart	bald
sned	schief
snickare -n -	Tischler
snuv/a -an -or	Schnupfen
snygg	flott, hübsch
snyt/a -er, snöt, snutit sig	sich schneuzen
snäll	lieb
snö -n	Schnee
snö/a -ar -ade -at	schneien
snöfält -et -	Schneefeld
sociala	soziale
sock/er -ret	Zucker
soff/a -an -or	Sofa
soffbord -et -	Sofatisch
soffgrupp -en -er	Polstergarnitur
sol -en -ar	Sonne
solglasögon	Sonnenbrille
solig	sonnig
solnedgång -en -ar	Sonnenuntergang
som	wie, der/die/das
som tur var	zum Glück

som vanligt	wie immer
sommar -en, somrar	Sommer
sommarlov -et -	Sommerferien
sommarstug/a -an -or	Sommerhaus
sommarställe -t -n	Wochenendhaus
somn/a -ar -ade -at	einschlafen
son -en, söner	Sohn
son/dotter -dottern -döttrar	Enkelkind
son/son -sonen -söner	Enkelkind
sop/a -an -or	Müll
sop/a -ar -ade -at	fegen
sopborst/e -en -ar	Besen
sopp/a -an -or	Suppe
soptunn/a -an -or	Mülleimer
sorg -en -er	Trauer
sort -en -er	Art
sorters	Sorten
sortiment -et -	Sortiment
souvenir -en -er	Andenken
sovrum -met -	Schlafzimmer
spad -et -	Brühe, Sud
spad/e -en -ar	Spaten
spagetti -n	Spaghetti
spalt -en -er	Spalte
Spanien	Spanien
spanjor -en -er	Spanier
spanjorsk/a -an -or	Spanierin
spanska	spanisch
spar/a -ar -ade -at	sparen
sparris -en -ar	Spargel
sparsam	sparsam
sparv -en -ar	Spatz
speciell	speziell
speditör -en -er	Spediteur
speg/el -eln -lar	Spiegel
spel -et -	Spiel
spel/a -ar -ade -at	spielen
spel/a -ar -ade -at upp	vorführen, vorspielen
spel/man -mannen -män	Spielmann
spelare -n -	Spieler
spelmansstämm/a -an -or	Jahrestreffen der Spielmänner
spelpjäs -en -er	Spielfigur
spenat -en	Spinat
spik -en -ar	Nagel
spill/a -er -de -t	verschütten
spind/el -eln -lar	Spinne
spontan	spontan
sprick/a -er, sprack, spruckit	platzen
spring/a -er, sprang, sprungit	laufen
sprit -en	Spirituosen
sprits/a -ar -ade -at	spritzen
sprut/a -an -or	Spritze
språk -et -	Sprache
språkkurs -en -er	Sprachkurs
språkres/a -an -or	Sprachreise
spå -r -dde -tt	wahrsagen
spåkvinn/a -an -or	Wahrsagerin
spår -et -	Gleis
spännande	spannend
stad -en, städer	Stadt
stadsdel -en -ar	Stadtteil
staffli -(e)t -n	Staffelei
staket -et -	Zaun
stamp/a -ar -ade -at	stampfen
stan (staden)	die Stadt

standard -en -er	Standard
stann/a -ar -ade -at	bleiben, halten
stark	stark
start/a -ar -ade -at	starten
station -en -er (järnvägs-)	Bahnhof
statlig	staatlich
statsskick -et -	Staatsform
staty -n -er	Statue
stavelse -n -r	Silbe
steg -et -	Schritt
steg/e -en -ar	Leiter
stek -en -ar	Steak
stek/a -er -te -t	braten
stekpann/a -an -or	Bratpfanne
sten -en -ar	Stein
stenblock -et -	Steinblock
stick/a -ar -ade -at	stricken
stick/a -er stack, stuckit	stecken
stift -et -	Bistum
stiftelse -n -r	Stiftung
stig -en -ar	Pfad
stig/a -er, steg, stigit	steigen
stig/a -er, steg, stigit på	eintreten, einsteigen
stig/a -er, steg, stigit upp	aufstehen
stil -en -ar	Stil
stilla	still
stimuler/a -ar -ade -at	stimulieren
stirr/a -ar -ade -at på	anstarren
stjäl/a, stjäl, stal, stulit	stehlen
stjärn/a -an -or	Stern
stjärnanis -en	Sternanis
stjärnbild -en -er	Sternbild
stjärngoss/e -en -ar	Sternsinger
stjärt -en -ar	Schwanz
stockholmsbo -n -r	jemand der in S. wohnt
stol -en -ar	Stuhl
stolp/e -en -ar	Pfahl
stolt	stolz
stolthet -en	Stolz
stopp -en -ar	das Gestopfte
stopp/a -ar -ade -at	anhalten, stopfen
stor	groß
Stora Torg	Großer Marktplatz
storlek -en -ar	Größe
storm -en -ar	Sturm
storviltjägarsås -en -er	Großwildjägersauce
strand -en, stränder	Strand
strategisk	strategisch
strax	gleich
streck -et -	Strich
stressigt	stressig
strid/a -er, stred, stridit	streiten
stridsscen -en -er	Kriegsszene
striml/a -an -or	Streifen
strof -en -er	Strophe
strump/a -an -or	Strumpf
strumpbyx/a -an -or	Strumpfhose
strumpsock/a -an -or	ohne Schuh
strunt/a -ar -ade -t i	unbeachtet lassen, pfeifen auf etwas
strut -en -ar	Tüte
stryk/a -er, strök, strukit	bügeln
stryk/a -er, strök, strukit under	unterstreichen
strykjärn -et -	Bügeleisen
strål/a -ar -ade -at	strahlen
strålkastare -n -	Scheinwerfer
sträck/a -an -or	Strecke
sträv/an -an -anden	Bestrebung
strömm/a -ar -ade -at	strömen
ströv/a -ar -ade -at	streifen
student -en -er	Student
studenten	Abitur
studentliv -et -	Studentenleben
studer/a -ar -ade -at	studieren
studie -n -r	Studie
stug/a -an -or	Häuschen, Ferienhaus
stugby -n -ar	Feriendorf
stum	stumm
stund -en -er	Weile, Moment
stuv/a -an -or	Stube
stå -r, stod, stått	stehen
stå -r, stod, stått för	verantwortlich sein für
stå -r, stod, stått på glänt	einen Spalt offenstehen
stå -r, stod, stått sig	sich halten
stå -r, stod, stått över	aussetzen
stål -et	Stahl
stång -en, stänger	Stange
städ/a -ar -ade -at	aufräumen, saubermachen
ställ/a -er -de -t	stellen
ställ/a -er -de -t ut	ausstellen
stäm/ma -mer -de -t	stimmen
stäm/ma -mer -de -t överens	übereinstimmen
stängt	geschlossen
stödord -et -	Anhaltspunkte
stötfångare -n -	Stoßdämpfer
stöv/el -eln -lar	Stiefel
subjekt -et -	Subjekt
substantiv -et -	Substantiv
sug/a -er, sög, sugit	saugen, lutschen
sund	gesund
sur	sauer
sus	Brausen, Sausen
svag	schwach
svamp -en -ar	Pilz
svar/a -ar -ade -at	antworten
svart	schwarz
svartsjuk	eifersüchtig
Svea hovrätt -en	Oberlandesgericht
svensk	schwedisch
svensk -en -ar	Schwede
svensk/a -an -or	Schwedin
svenska	schwedisch
svenska kronor	schwedische Kronen
Sverige	Schweden
svett/as - as -ades -ats	schwitzen
svik/a -er, svek, svikit	Vertrauen brechen
svimm/a -ar -ade -at	in Ohnmacht fallen
sving/a -ar -ade -at	schwingen
svåg/er -ern -rar	Schwager
svår	schwierig
svägersk/a -an -or	Schwägerin
svälj/a -er, svalde, svalt	schlucken
sväng -en -ar	Kurve
sväng/a -er -de -t	abbiegen
svär/dotter -dottern -döttrar	Schwiegertochter
svär/son -sonen -söner	Schwiegersohn
svärdfisk -en -ar	Schwertfisch
sväv/a -ar -ade -at	schweben
sy -r -dde -tt	nähen
sydfransk	südfranzösisch
sydlig	südlich
sydostlig	südöstlich
sydvästlig	südwestlich
sylt -en -er	Konfitüre
symaskin -en -er	Nähmaschine
symbol -en -er	Symbol
sympatisk	sympathisch
symptom -et -	Symptom
syn -en -er	Einstellung, Sehen
syn -en -er på	Sichtweise
syn/as -s -tes -ts	gesehen werden
synd	schade
synlig	sichtbar
synonym -en -er	Synonym
syssl/a -ar -ade -at med	machen
syst/er -ern -rar	Schwester
system -et -	System
systembolag -et -	staatliche Monopol - Ladenkette für Alkohol
syster/dotter -dottern -döttrar	Nichte
syster/son -sonen -söner	Neffe
så	so
Så där ja!	So!, Das hätten wir!
så småningom	allmählich
sådan/sådant/ sådana	solche/solches/solche
såg -en -ar	Säge
sågverk -et -	Sägewerk
sång -en -er	Lied
sångare -n -	Sänger
sår/a -ar -ade -at	verletzen
sås -en -er	Sauce
säck -en -ar	Sack
säg/a -er, sa(de), sagt	sagen
säkerhet -en -er	Sicherheit
säkert	sicher/sicherlich
sälj/a -er, sålde, sålt	verkaufen
säljes	Verkauf
sällan	selten
säng -en -ar	Bett
sängkammare -n -	Schlafgemach
sänk/a -er -te -t	senken
särskilt	besonders
säte -t -n	Sitz
sätt -et -	Art
sätt/a -er, satte, satt	setzen
sätt/a -er, satte, satt in	einsetzen
sätt/a -er, satte, satt sig	sich setzen
söder	Süden
söderut	nach Süden
sök/a -er -te -t	beantragen, bewerben
sömnig	schläfrig
söndag	Sonntag
söndagsöppet	Sonntags geöffnet
sönder	kaputt
söt	süß

T

t.ex. (till exempel)	z.B. (zum Beispiel)
t.o.m. (till och med)	einschließlich
Ta det lugnt.	Es mit der Ruhe nehmen.
Ta -r sig en titt.	Ein Auge darauf werfen.
ta -r, tog, tagit	nehmen
ta -r, tog, tagit en promenad	einen Spaziergang machen
ta -r, tog, tagit fram	hervornehmen
ta -r, tog, tagit för sig	sich bedienen
ta -r, tog, tagit in på	einkehren
ta -r, tog, tagit på allvar	ernstnehmen
ta -r, tog, tagit på sig	sich anziehen
ta -r, tog, tagit sig fram	seinen Weg machen
ta -r, tog, tagit tag	anpacken
tablett -en -er	Tablette
tack	danke
Tack detsamma!	Danke gleichfalls!
Tack för maten!	Vielen Dank für das Essen!
Tack för senast!	Danke für das letzte Mal!
tack vare...	dank...
tack/a -ar -ade -at	danken
tak -et -	Dach
taklamp/a -an -or	Deckenlampe
tal- et -	Zahl
50 -talet	fünfziger Jahre
tal/a -ar -ade -at	sprechen
tallrik -en -ar	Teller
tambur -en -er	Flur
tandläkare -n -	Zahnarzt
tandvärk -en	Zahnschmerzen
tanig	mager
tank/a -ar -ade -at	tanken
tant -en -er	Tante
tapp/a -ar -ade -at	verlieren
tarm -en -ar	Darm
tarmflor/a -an -or	Darmflora
tavl/a -an -or	(Wand-)Tafel, Bild, Gemälde
taxi -n -	Taxi
taxicentral -en -er	Taxizentrale
te -(e)t -er	Tee
teat/er -ern -rar	Theater
teck/en -net -	Zeichen
teckn/a -ar -ade -at	zeichnen
teckning -en -ar	Zeichnung
telefon -en -er	Telefon
telefonbord -et -	Telefontisch
telefonkatalog -en -er	Telefonbuch
telefonkiosk -en -er	Telefonhäuschen
telefonkort -et -	Telefonkarte
telefonnum/mer -ret -	Telefonnummer
telefonsamtal -et -	Telefongespräch
telekommunikation -en -er	Telekommunikation
tema -t -n	Thema
temperatur -en -er	Temperatur
temporär	zeitweilig
tennis -en	Tennis
terminal -en -er	Terminal, Anleger
termos -en -ar	Thermoskanne
terrass -en -er	Terrasse
tesked -en -ar (tsk)	Teelöffel
text -en -er	Text
text/a -ar -ade -at	mit Großbuchstaben schreiben
tid -en -er	Zeit, Termin
tidig	früh
tidlös	zeitlos
tidning -en -ar	Zeitung
tidsadverb -et -	Zeitadverb
tidsuttryck -et -	Zeitausdruck
tidtabell -en -er	Fahrplan
tidvis	zeitweise
tig/er -ern -rar	Tiger
tigg/a -er -de -t	betteln
till	nach, zu
15 min. till	noch mal 15 Min.
till fots	zu Fuß
till höger (nach)	rechts
till höger/vänster om	rechts/links von
till och med	sogar
till slut	zum Schluß
till tjänst med?	dienen?
till vänster	(nach) links
tillbaka	zurück
tillbring/a -ar -ade -at	verbringen
tilldel/a -ar -ade -at	zuteilen
tillfälle -t -n	Gelegenheit
tillfällig	zufällig, vorläufig
tillgiven	anhänglich, treu
tillgå -r, tillgick, tillgått	geschehen
tillkall/a -ar -ade -at	herbeirufen
tills	bis
tillsammans	zusammen
tillstånd -et -	Genehmigung
tillträde -t -n	Zutritt
tillvaro -n	Dasein
tillverk/a -ar -ade -at	herstellen
tillverkning -en -ar	Herstellung
tillväxt -en	Zuwachs
tillåtelse -n -r	Erlaubnis
tillåtet	erlaubt
timm/e -en -ar	Stunde
tips -et -	Tip
tisdag	Dienstag
titt/a -ar -ade -at	schauen
tjej -en -er	Mädchen, junge Frau
tjocklek -en -ar	Dicke
tjusig	entzückend
tjän/a -ar -ade -at	verdienen
Tjänare!	ugs.: Hallo!
tjänste/man -mannen -män	Angestellt/er/e
toalett -en -er	Toilette
toalettpapp/er -ret -	Toilettenpapier
tolerant	tolerant
tom	leer
tomat -en -er	Tomate
tomt -en -er	Grundstück
tomt/e -en -ar	Wichtelzwerg
tomteluv/a -an -or	Wichtelmütze
ton -en -er	Ton
tonår -en (plural)	Teenager
topp -en -ar	Spitze
toppfart -en -er	Höchstgeschwindigkeit
torg -et -t	Marktplatz
tork/a -ar -ade -at	trocknen
torn -et -	Turm
tornerspel -et -	Turnierspiel
torp -et -	Kate
torr	trocken
torsdag	Donnerstag
totalvikt -en -er	Gewicht (beladen)
tovig	zottelig
tradition -en -er	Tradition
trafik -en	Verkehr
trafikljus -et -	Ampel
trafikmed/el -let -	Verkehrsmittel
trafikolyck/a -an -or	Verkehrsunglück
trafikskadelag -en	Verkehrsordnung
trafikskol/a -an -or	Fahrschule
trafikskylt -en -ar	Verkehrsschild
tragisk	tragisch
traktor -n -er	Trecker
transporter/a -ar -ade -at	transportieren
trapp/a -an -or	Treppe
trapphus -et -	Treppenhaus
trappsteg -et -	Treppenstufe
trasmatt/a -an -or	Flickenteppich
trasslig	verwickelt
trerumslägenhet -en -er	Dreizimmerwohnung
trettondag -en -ar	das Dreikönigsfest
trettondags/afton -aftonen -aftnar	Tag vor dem Dreikönigsfest
trevlig	nett, schön
Trevlig resa!	Gute Reise!
Trevlig semester!	Schönen Urlaub!
trill/a -ar -ade -at ur	herausfallen
trist	trübe, traurig
trivas, trivs, trivdes, trivts	sich wohlfühlen
tro -r -dde -tt	glauben
trofast	treu
trogen	treu
troll -et -	Troll
trots att	obwohl
trumm/a -an -or	Trommel
trumpet -en -er	Trompete
tryff/el -eln -lar	Trüffel
trygg	geborgen
trygghet -en	Geborgenheit
tråkig	traurig, langweilig
trång	eng, schmal
trångboddhet -en	beengtes Wohnen
trä -t -n	Holz
träd -et -	Baum
trädel -en -ar	Holzteil
trädgårdsmöb/el -eln -ler	Gartenmöbel
träff -en -ar	Treffen
träff/a -ar -ade -at	treffen
träff/as -as -ades -ats	sich treffen, antreffbar sein
trän/a -ar -ade -at	üben
träng/a -er -de -t (sig) in	eindringen
trängsel -n	Gedränge
träsko -n -r	Holzschuhe
träsnideri -(e)t -er	Holzschnitzerei
trästol -en -ar	Holzstuhl
tröj/a -an -or	Pullover
trösk/el -eln -lar	Schwelle
trött	müde
tub -en -er	Tube
tuff	keß
tummetott -en -ar	Däumling
tung	schwer (Gewicht)
tung/a -an -or	Zunge
tungvrickare -n -	Zungenbrecher
tunnelban/a -an -or	U-Bahn

tupp -en -ar	Hahn
tupplur -en -ar	Nickerchen
tur -en -er	an der Reihe sein, Glück
tur och retur	hin und zurück
tur/as -as -ades -ats om	sich abwechseln
turas, turas, turades, turats om	abwechseln
turistbyrå -n -er	Fremdenverkehrsbüro
tusen	tausend
TV (teve -n -ar)	TV
tvilling -en -ar	Zwilling
två	zwei
tvål -en -ar	Seife
tvärbäck -en -ar	querender Bach
tvätt/a -ar -ade -at sig	sich waschen
tvättmaskin -en -er	Waschmaschine
tvättmed/el -let -	Waschpulver
tvättstug/a -an -or	Waschkeller
tyck/a -er -te -t	finden
tyck/a -er -te -t om	mögen
tyck/as -as -tes -ts	scheinen
tyd/a -er, tydde, tytt på	deuten auf
tydlig	deutlich
typ -en -er	Typ
typiskt	typisch
tysk	deutsch
tysk -en -ar	Deutscher
tysk/a -an -or	Deutsche
tyska	deutsch
Tyskland	Deutschland
tyst	leise
tyvärr	leider
tå -n -r	Zeh
tåg -et -	Zug
tågluff/a -ar -ade -at	mit Interrailkarte fahren
tål/a tål, -de -t	vertragen
tålamod -et	Geduld
tålmodig	geduldig
tång -en, tänger	Zange
tårt/a -an -or	Torte
tält/a -ar -ade -at	zelten
tänd/a -er, tände, tänt	anzünden
tändare -n -	Feuerzeug
tändning -en -ar	Zündkerze
tändsticksask -en -ar	Streichholzschachtel
tänk/a -er -te -t	denken, werden, wollen
tänk/a -er -te -t om	umdenken
täpp/a -er -te -t	zustopfen, verstopfen
täppt	verstopft
tärn/a -an -or	Mädchen, in Lucias Gefolge
tärning -en -ar	Würfel
tärningskast -et -	Wurf
tät	dicht
tätort -en -er	größerer Ort
töm/ma -mer -de -t	leeren
törn/e -t -n	Dorn
törnros -en -er	wilde Rose

U

udd/e -en -ar	Landzunge
udda tal -et -t	ungerade Zahl
uggl/a -an -or	Eule
ugn -en -ar	Ofen
ugnsbak/a -ar -ade -at	im Ofen backen
ugnstemperatur -en -er	Ofentemperatur
ull -en	Wolle
umgås, umgås, umgicks, umgåtts	Umgang haben
undantag -et -	Ausnahme
under	während, unter
underbar	wunderbar
underhåll/a -er, underhöll, underhållit	unterhalten
underhållande	unterhaltsam
underjordisk	unterirdisch
underlig	sonderbar, merkwürdig
undersök/a -er -te -t	untersuchen
undervis/a -ar -ade -at	unterrichten
undr/a -ar -ade -at	wissen mögen, sich fragen
undvik/a -er, undvek, undvikit	vermeiden
ung	jung
ung/e -en -ar	Kind, Junges
ungdomar	Jugendliche
ungefär	ungefähr
unik	einzigartig
universitet -et -	Universität
upp	nach oben
upp och ner	auf den Kopf gestellt
upp/träda, -träder, -trädde, -trätt	auftreten
uppassersk/a -an -or	Kindermädchen
uppe	oben
uppehåll -et -	Aufenthalt
uppehållsrum -met -	Aufenthaltsraum
uppehållsväd/er -ret -	beständiges Wetter
uppfatt/a -ar -ade -at	auffassen
uppfinn/a -er, uppfann, uppfunnit	erfinden
uppför	hinauf
uppför/a, uppför, -de -t	aufführen
uppge -r, uppgav, uppgett (uppgivit)	angeben
uppgift -en -er	Aufgabe, Angabe, Daten
uppkörning -en -ar	Fahrprüfung
upplev/a -er -de -t	erleben
upplevelse -n -r	Erlebnis
upplysning -en -ar	Auskunft, Aufklärung
uppmuntr/a -ar -ade -at	ermuntern
uppmärksamhet -en	Aufmerksamkeit
uppsats -en -er	Aufsatz
uppseende -t	Aufsehen
uppskatt/a -ar -ade -at	schätzen
upptaget	besetzt
upptäck/a -er -te -t	entdecken
uppvaktning -en -ar	Aufwartung
uppvisning -en -ar	Vorführung
urklipp -et -	Ausschnitt
ursprung -et -	Ursprung
ursprunglig	ursprünglich
Ursäkta mig ...	Verzeihung ...
urval -et -	Auswahl
usch	pfui
ut	nach draußen
utan	ohne, sondern
utan vidare	ohne weiteres
utanför	außerhalb
utanskrift -en -er	altert.: Adresse
utbildning -en -ar	Ausbildung
utbrott -et -	Ausbruch
utdrag -et -	Auszug
ute	draußen
utelämn/a -ar -ade -at	auslassen, weglassen
utflykt -en -r	Ausflug
utflyktsmål -et -	Ausflugsziel
utformning -en -ar	Gestaltung
utgrävning -en -ar	Ausgrabung
utgång -en -ar	Ausgang
utgöra, utgör, utgjorde, utgjort	ausmachen
uthållig	beharrlich, ausdauernd
uti hundrade år	hundert Jahre lang
utifrån	von draußen
utländsk	ausländisch
utmärkt	ausgezeichnet
utnyttj/a -ar -ade -at	ausnutzen
utomlands	im/ins Ausland
utrikespolitik -en	Außenpolitik
utrustning -en -ar	Ausrüstung
utseende -t -n	Aussehen
utsikt -en -er	Aussicht
utsiktstorn -et -	Aussichtsturm
utslag -et -	Ausschlag
utstrålning -en -ar	Ausstrahlung
utställning -en -ar	Ausstellung
utsålt	ausverkauft
utsändning -en -ar	Aussendung
uttal -et -	Aussprache
uttal/a -ar -ade -at	aussprechen
uttryck -et -	Ausdruck
uttryck/a -er -te -t	ausdrücken
utur	heraus
utvandrare -n -	Auswanderer
utveckl/a -ar -ade -at	entwickeln
utveckling -en -ar	Entwicklung
utvis/a -ar -ade -at	zeigen, verweisen
utöv/a -ar -ade -at	ausüben

V

vacker	hübsch
vackl/a -ar -ade -at	wackeln
Vad ... ?	Wie ... ?
Vad bussigt!	Wie nett!
vad som helst	irgend etwas
Vad säger du om att ...	Was hältst du davon, ...
Vad trevligt!	Wie nett!
Vad är klockan?	Wie spät ist es?
vad/a -ar -ade -at	waten
vagg/a -an -or	Wiege
vak/a -ar -ade -at	wachen
vakn/a -ar -ade -at	aufwachen
val -et -	Wahl
valborgsmässo/afton -aftonen -aftnar	Walpurgisnacht
vallgrav -en -ar	Wallgraben
van/a -an -or	Gewohnheit
vandr/a -ar -ade -at	wandern
vandrare -n -	Wanderer
vandrarhem -met -	Jugendherberge
vanlig	gewöhnlich
var	war
Var ... ?	Wo ... ?

Var det bra så?	Ist das alles?
var och en för sig	jeder für sich
var sin	jeder sein
var/a -an -or	Ware
vara, är, var, varit	sein
vara, är, var, varit dags	an der Zeit sein
vara, är, var, varit fel på	kaputt sein
vara, är, var, varit frågan om	um etwas gehen
vara, är, var, varit född	geboren sein
vara, är, var, varit hungrig	Hunger haben
vara, är, var, varit intresserad av	interessiert sein an
vara, är, var, varit kaffesugen	Kaffeedurst haben
vara, är, var, varit känt	bekannt sein
vara, är, var, varit lik någon	jemandem ähnlich sein
vara, är, var, varit lydig mot	gehorsam sein
vara, är, var, varit på väg	unterwegs sein
vara, är, var, varit rätt åt någon	jemandem nichts schaden
vara, är, var, varit skadad	verletzt sein
vara, är, var, varit täckt av	bedeckt sein
vara, är, var, varit varsam	vorsichtig sein
varandra	einander
varannan, vartannat	jeder/jede/jedes zweite
vardag -en -ar	Alltag
vardagsrum -met -	Wohnzimmer
varför	warum
varg -en -ar	Wolf
variation -en -er	Variation
varieté -n -er	Varieté
varifrån	von wo
varje	jeden
varm	warm
varningstriang/el -eln -lar	Warndreieck
varovärde -t -n	Warenwert
varsågod	bitte
vart	wohin
varuhus -et -	Kaufhaus
varv -et -	Werft
varv/a -ar -ade -at	schichten
vas -en -er	Vase
vatt/en -net	Wasser
vattendrag -et -	Wasserlauf
vattenkann/a -an -or	Gießkanne
vattenledning -en -ar	Wasserleitung
vattn/a -ar -ade -at	gießen
vattuman -nen	Wassermann
WC -t -n	WC
veckodag -en -ar	Wochentag
veckoöversikt -en -er	Wochenübersicht
ved -en	Brennholz
vegetarisk	vegetarisch
vem	wer
vems	wessen
verand/a -an -or	Veranda
verb -et -	Verb
verk/a -ar -ade -at	wirken, scheinen
verk/a -ar -ade -at för något	für etwas wirken
verkstad -en, verkstäder	Werkstatt
verktyg -et -	Werkzeug
vers -en -er	Vers, Strophe
verserad	gewandt
veta, vet, visste, vetat	wissen
vetebröd -et -	Hefekuchen
vetelängd -en -er	Hefestreifen
whisky -n	Whisky
vi	wir
vi (varför)	altert.: warum
Vi hörs!	Wir hören von einander!
vickning -en -ar	Imbiß am späten Abend
vid	weit, an, am
vid tretiden	gegen drei Uhr
vidare	weiter
video -n, videoapparater	Video
vidimer/a -ar -ade -at	beglaubigen
wienerbröd -et -	Kopenhagener
vigs/el -eln -lar	Trauung
vik/a -er, vek, vik(i)t	falten
vikt -en -er	Gewicht
viktig	wichtig
vild	wild
vildgåsflock -en -ar	Wildgansschar
vilja, vill, ville, velat	wollen
viljestark	willensstark
vilken/vilket/vilka	welcher/welches/welche
vill/a -an -or	Villa, Haus
vilstol -en -ar	Sessel, Liegestuhl
vin -et	Wein
vin/a -er, ven, vinit	pfeifen
vind -en -ar	Dachgeschoß, Wind
vindil -en -ar	Windbö
vindriktining -en -ar	Windrichtung
vindrut/a -an -or	Windschutzscheibe
vindrutetorkare -n -	Scheibenwischer
ving/e -en -ar	Flügel
vink/a -ar -ade -at	winken
vinn/a -er, vann, vunnit	gewinnen
vinning -en	Gewinn
vint/er -ern -rar	Winter
viol -en -er	Veilchen
virus -et -	Virus
vis -et -	Art, Weise
vis/a -an -or	Leid
vis/a -ar -ade -at	zeigen
visent -en -er	Wisent
visk/a -ar -ade -at	flüstern
vislek -en -ar	spielerischer Tanz
visning -en -ar	Besichtigung
visp/a -ar -ade -at	schlagen
vispgrädde -n	Schlagsahne
viss	bestimmt
visst	gewiß
vit	weiß
vitlök -en -ar	Knoblauch
vitrinskåp -et -	Vitrine
vittne -t -n	Zeuge
vokal -en -er	Vokal
vore	wäre
vräk/a -er -te -t	werfen
vuxen	erwachsen
vykort -et -	Postkarte
våg -en -ar	Waage
våg -en -or	Welle
våg/a -ar -ade -at	wagen
vågrätt	waagerecht
våning -en -ar	Etage
vår -en -ar	Frühling
vårt	unser
väck/a -er -te -t	wecken
väckarklock/a -an -or	Wecker
väd/er -ret -	Wetter
väderkvarn -en -ar	Windmühle
väderleksrapport -en -er	Wetterbericht
väderstreck -et -	Wetterrichtung
vädur -en -ar	Widder
väg -en -ar	Weg
väg/a -er -de -t	wiegen
vägban/a -an -or	Fahrbahn
vägg -en -ar	Wand
vägmärke -t -n	Verkehrsschild
väjningsplikt -en	Wartepflicht
väl	wohl, doch, sehr
väldig	sehr
välj/a -er, valde, valt	aussuchen, wählen
välkommen	willkommen
vält/a -er, välte, vält	walzen
vän -nen -ner	Freund
vänaste	anmutigste
väninn/a -an -or	Freundin
vänj/a -er, vande, vant sig vid	sich gewöhnen
vänt/a -ar -ade -at	warten
väntan	Warten
väntrum -met -	Warteraum
värdfolk -et -	Wirtsleute
värld -en -ar	Welt
världsdesignade	international entworfene
värm/a -er -de -t	wärmen, erwärmen
väsk/a -an -or	Tasche
väster	Westen
väster om	westlich von
västlig	westlich
vätsk/a -an -or	Flüssigkeit
väv/a -er -de -t	weben
vävning -en	Weben
väx/a -er -te -t	wachsen
växelkurs -en -er	Wechselkurs
växelvis	wechselweise
växl/a -ar -ade -at	wechseln
växt -en -er	Pflanze
växtrike -t -n	Pflanzenwelt

Y

yrke -t -n	Beruf
yrkeserfarenhet -en	Berufserfahrung
yrsel -n	Schwindel
yt/a -an -or	Fläche, Oberfläche
ytlig	oberflächlich
ytterdörr -en -ar	Haustür
ytterkläder	Oberbekleidung
ytterligare	zusätzlich
yx/a -an -or	Beil

Z

zon -en -er	Zone
zoolog -en -er	Zoologe

Å

å -n -ar	Fluß
å andra sidan	andererseits
å ena sidan	einerseits
Åh!	Oh!
åk/a -er -te -t	fahren
åk/a -er -te -t skidor	Ski fahren
åk/er -ern -rar	Acker
åld/er -ern -rar	Alter
ångr/a -ar -ade -at	bereuen
år -et -	Jahr
året om	das ganze Jahr über
århundrade -t -n	Jahrhundert
års (så här års)	für diese Jahreszeit
årsmodell -en -er	Jahresmodell
årstid -en -er	Jahreszeit
årtal -et -	Jahreszahl
årtionde -t -n	Jahrzehnt
åsikt -en -er	Ansicht
åsk/a -ar -ade -at	gewittern
åskådare -n -	Zuschauer
åt dig	für dich
åter/vända, -vänder, -vände, -vänt	zurückkehren
åter/komma -kommer -kom -kommit	zurückkommen
återskapa/a -ar -ade -at	wiederherstellen
återvändsgat/a -an -or	Sackgasse
åtminstone	wenigstens

Ä

äg/a -er -de -t	besitzen
äg/a -er -de -t rum	stattfinden
ägg -et -	Ei
ägn/a -ar -ade -at sig åt	sich beschäftigen mit
äkta	echt
äldre	Ältere (Menschen)
älg -en -ar	Elch
älsk/a -ar -ade -at	lieben
älv -en -ar	Strom
ämbets/man -mannen -män	Beamter
ämne -t -n	Fach
än	noch
ända till	bis zu
ändamålsenlig	zweckmäßig
ändr/a -ar -ade -at	ändern
äng/el -eln -lar	Engel
ängd -en -er	Wiese
ängslig	ängstlich
änk/a -an -or	Witwe
änkling -en -ar	Witwer
ännu	noch
äntligen	endlich
äppelsaft -en -er	Apfelsaft
äpple -t -n	Apfel
är	ist
ärat	geehrt
ärlig	ehrlich
äro (är)	sein (alte Pluralform)
ärt/a -an -or	Erbse
ärv/a -er -de -t	erben
ät/a -er, åt, ätit	essen
ät/a -er, åt, ätit upp	aufessen
ättik/a -an	Essig
även	auch
äventyrsfilm -en -er	Abenteuerfilm

Ö

ö -n -ar	Insel
öde	öde, verlassen
öga -t, ögon	Auge
ögonblick -et -	Augenblick
ök/a -ar -ade -at	steigen
öppen	offen
öppen spis	Kamin
öppenhjärtig	offenherzig
öppet	geöffnet
öppettid -en -er	Geschäftszeiten
öppn/a -ar -ade -at	öffnen
öra -t, öron	Ohr
öre -t -n	schwed. Pfennig
örfil/a -ar -ade -at	Ohrfeigen
örlogs-	Kriegs-, Marine-
ört -en -er	Kraut
ös/a -er -te -t	gießen
öster	Osten
österrikare -n -	Österreicher
Österrike	Österreich
österrikisk/a -an -or	Österreichin
öv/a -ar -ade -at	üben
över	über
överallt	überall
överdoser/a -ar -ade -at	überdosieren
överflöd -et	Überfluß
överlev/a -er -de -t	überleben
övernattning -en -ar	Übernachtung
översätt/a -er, översatte, översatt	übersetzen
övertid -en	Überstunde
övertyg/a -ar -ade -at	überzeugen
övertäckt	abgedeckt
övervak/a -ar -ade -at	überwachen
övning -en -ar	Übung
övningskör/a övningskör, -de -t	Übungsfahrt
övrig	übrig

Wörterverzeichnis Deutsch-Schwedisch

Angabe des Substantives: Grundform, bestimmter Artikel, Pluralendung

Angabe des Verbes: Infinitiv, Präsens, Präteritum, Perfekt/Plusquamperfekt (*Supinum*)

A

abbiegen	sväng/a -er -de -t
abbilden	avbild/a -ar -ade -at
Abblendlicht	halvljus -et -
abbrühen	skåll/a -ar -ade -at
Abend	afton -en, aftnar, kväll -en -ar
Abendessen	kvällsmat -en
Abendkurs	kvällskurs -en -er
Abenteuerfilm	äventyrsfilm -en -er
aber	men
abfahren	avgå -r, avgick, avgått
Abfall	avfall -et -
Abgasrohr	avgasrör -et -
abgeben	lämn/a -ar -ade -at (in)
abgedeckt	övertäckt
Abgeordnet/er/e	ledamot, -en, ledamöter
abhalten	anordn/a -ar -ade -at
abhören	förhör/a, förhör, -de -t
Abitur	studenten
abkühlen	kalln/a -ar -ade -at
Abkürzung	förkortning -en -ar
ablaugen	lut/a -ar -ade -at av
abmachen	avgöra, avgör, avgjorde, avgjort
Abonnement	prenumeration -en -er
abonnieren	prenumerer/a -ar -ade -at
abschaffen	slop/a -ar -ade -at
Abschied	avsked -et -
abschleppen	bogser/a -ar -ade -at
Abschleppwagen	bärgningsbil -en -ar
abschließen	avslut/a -ar -ade -at
Abschlußexamen	avslutningsexamen
Abschlußtag	avslutningsdag -en -ar
Abschnitt	avsnitt -et -
abschütteln	rist/a -ar -ade -at av
Absender	avsändare -n -
mit Absicht	flit (med flit)
absieben	sil/a -ar -ade -at ifrån
absolut	absolut
Abstand	avstånd -et -
abstimmen	röst/a -ar -ade -at
Abteil	kupé -n -er
Abteilung	avdelning -en -ar
abverlangen	kräv/as -s -des -ts på
Abwaschbürste	diskborst/e -en -ar
abwechseln	turas, turas, turades, turats om
sich abwechseln	tur/as -as -ades -ats om
abwesend	borta
Abzahlung	amortering -en -ar
ach so	jaha, jaså
Acker	åk/er -ern -rar
Adjektiv	adjektiv -et -
Adressse	adress -en -er
Adventsleuchter	adventsstak/e -en -ar
Adverb	adverb -et -
Affe	ap/a -an -or
aggressiv	aggressiv
agieren	ager/a -ar -ade -at
ahnen	an/a -ar -ade -at
ähnlich	liknande
jemandem ähnlich sein	vara, är, var, varit lik någon
Ahnung von etwas haben	ha en aning om
Akademie	akademi -n -er
Akazienhain	akacielund -en -er

Akkord	ackord -et -
Akte	handling -en -ar
Aktentasche	portfölj -en -er
Aktivität	aktivitet -en -er
aktuell	aktuell
Akzent	accent -en -er
Alarm	larm -et
alle zusammen	allihop
alle/alles	all/allt/alla
Allergie	allergi -n -er
Allerheiligen	allhelgonadag -en -ar
alles	allting
allgemein	allmän
allgemeines Nutzungsrecht	allemansrätt -en
allmählich	så småningom
Alltag	vardag -en -ar
also	alltså
alt	gammal
Alter	åld/er -ern -rar
Ältere (Menschen)	äldre
alternativ angebaut	alternativodlad
altert. sonst	eljest (annars)
am	vid
Ameise	myr/a -an -or
Ampel	trafikljus -et -
Amt	myndighet -en -er
an	vid
Ananasring	ananasring -en -ar
anbauen	bygg/a -er -de -t till, odl/a -ar -ade -at
anbieten	bjud/a -er, bjöd, bjudit på
Andenken	souvenir -en -er
andere	andra
andererseits	å andra sidan
ändern	ändr/a -ar -ade -at
anders	annorlunda
anfangen	börj/a -ar, -ade -at
Angabe	uppgift -en -er
angeben	ange -r, angav, angett, uppge -r, uppgav, upp gett (uppgivit)
Angebot	erbjudande -t -n, extrapris -et -er
Angehöriger	anhörig
Angelmöglichkeit	fiske -t -n
Angelplatz	fiskeplats -en -er
angemessen	rimlig
angenehm	angenäm
Angestellt/er/e	tjänste/man -mannen -män
Angst bekommen vor	bli -r, blev, blivit rädd för
ängstlich	ängslig
anhalten	stopp/a -ar -ade -at
Anhaltspunkte	stödord -et -
anhänglich	tillgiven
Ankauf	köpes
Anker	ankare -t -
Ankleidekabine	provrum -met -
Anknüpfung	anknytning -en -ar
ankommen	framme
ankreuzen	kryss/a -ar -ade -at för
Ankunft	ankomst -en -er
Anlage	anläggning -en -ar
Anleger	terminal -en -er
Anmeldeformular	anmälningsblankett -en -er
anmelden	anmäl/a -er -de -t sig

anmutigste	vänaste
anpacken	ta -r, tog, tagit tag
sich anpassen	anpass/a -ar -ade -at sig
anprobieren	prov/a -ar -ade -at
anrufen	ring/a -er -de -t
Anschluß	anslutning -en -ar
Anschovis	ansjovis -en -ar
Ansicht	åsikt -en -er
anstarren	stirr/a -ar -ade -at på
ansteckend	smittsam
sich anstellen	sjåp/a -ar -ade -at sig
anstrengend	kämpigt
Antibiotika	antibiotik/um -umet -a
Antiquität	antikvitet -en -er
antreffbar sein	träff/as -as -ades -ats
antworten	svar/a -ar -ade -at
Anweisung	anvisning -en -ar, instruktion -en -er
Anzahl	antal -et -
Anzeige	annons -en -er
sich anziehen	klä -r, klädde, klätt på sig, ta -r, tog, tagit på sig
Anziehung	attraktion -en -er
Anzug	kostym -en -er
anzünden	tänd/a -er, tände, tänt
Apfel	äpple -t -n
Apfelsaft	äppelsaft -en -er
Apfelsine	apelsin -en -er
Apotheke	apotek -et -
Apotheker	apotekare -n -
Apparat	apparat -en -er
Appetit	aptit -en
Aprikose	aprikos -en -er
April	april
Aquarell	akvarell -en -er
Aquarium	akvari/um -et -er
Arbeit	jobb -et -
arbeiten	arbet/a -ar -ade -at, jobb/a -ar -ade -at
Arbeitsamt	arbetsförmedling -en
Arbeitskollege	arbetskamrat -en -er arbeitslosarbetslös
Archäologe	arkeolog -en -er
Architekt	arkitekt -en -er
ärgerlich	förargligt
Argument	argument -et -
argumentieren	argumenter/a -ar -ade -at
Arm	arm -en -ar
arm	fattig
Armband	Armband -et -
der Arme	den arme
Armut	fattigdom -en
aromatisch	aromatisk
arrogant	arrogant
Art	art -en -er, slag -et -, sort -en -er, sätt -et -, vis -et -
eine Art	en sorts
in der Art	i den vägen
Artikel	artik/el -eln -lar
Arzneimittel	läkemed/el -let -
Arzt	läkare -n -
aschenähnlich	asklikt
Aschenbecher	askkopp -en -ar
Asphalt	asfalt -en -er
Assistent	assistent -en -er
assoziieren	associer/a -ar -ade -at
Ast	gren -en -ar
Astrologie	astrologi -n
Asylantenheim	invandrarförläggning -en -ar
Atelier	ateljé

atmen	and/as -as -ades -ats
Atmosphäre	atmosfär -en -er
Atomwaffen	kärnvap/en -net -
Attraktion	attraktion -en -er
attraktiv	attraktiv
auch	också, även
auch nicht	inte heller
auf	på
auf allen Zimmern	på alla rum
auf den Kopf gestellt	upp och ner
auf Grund	på grund av
auf jeden Fall	i alla fall
Auf Wiedersehen!	Adjö!
Aufbaukurs	påbyggnadskurs -en -er
Aufenthalt	uppehåll -et -
Aufenthaltsraum	uppehållsrum -met -
aufessen	ät/a -er, åt, ätit upp
auffassen	uppfatt/a -ar -ade -at
aufführen	uppför/a, uppför, -de -t
auffüllen	fyll/a -er -de -t på
Aufgabe	uppgift -en -er
Aufgebot	lysning -en -ar
aufgehen	gå -r, gick, gått upp
aufgehen (lassen)	jäs/a -er -te -t
aufhören	lägg/a -er, lade, lagt av, slut/a -ar -ade -at
Aufklärung	upplysning -en -ar
Aufmerksamkeit	uppmärksamhet -en
Aufnahme	inspelning -en -ar
Aufprall	smäll -en -ar
aufräumen	städ/a -ar -ade -at
aufrufen	rop/a -ar -ade -at upp
Aufsatz	uppsats -en -er
aufschieben	skjut/a -er, sköt, skjutit upp
aufschlagen	slå -r, slog, slagit upp
aufschließen	lås/a -er -te -t upp
aufschreien	skrik/a -er, skrek, skrikit till
Aufsehen	uppseende -t
aufstehen	stig/a -er, steg, stigit upp
aufstellen	res/a -er -te -t
aufteilen	del/a -ar -ade -at upp
auftreten	upp/träda, -träder, -trädde, -trätt
aufwachen	vakn/a -ar -ade -at
Aufwartung	uppvaktning -en -ar
aufzählen	räkn/a -ar -ade -at upp
Auge	öga -t, ögon
Augenblick	ögonblick -et -
August	augusti
aus	av
Ausbildung	utbildning -en -ar
ausbrechen	komm/a -er, kom, kommit lös
ausbreiten	bred/a -er, bredde, brett
Ausbruch	utbrott -et -
ausdauernd	uthållig
Ausdruck	uttryck -et -
ausdrücken	uttryck/a -er -te -t
Ausflug	utflykt -en -r
Ausflugsziel	utflyktsmål -et -
ausfüllen	fyll/a -er -de -t i
Ausgang	utgång -en -ar
ausgezeichnet	utmärkt
Ausgrabung	utgrävning -en -ar
Auskunft	upplysning -en -ar
im/ins Ausland	utomlands
ausländisch	utländsk
auslassen	utelämn/a -ar -ade -at
ausmachen	släck/a -er -te -t, utgöra, utgör, utgjorde, utgjort
Ausnahme	undantag -et -
ausnutzen	utnyttj/a -ar -ade -at
ausrollen	kavl/a -ar -ade -at

Ausrüstung	utrustning -en -ar
ausrutschen	halk/a -ar -ade -at
ausschalten	släck/a -er -te -t
Ausschlag	utslag -et -
Ausschnitt	urklipp -et -
aussehen	se -r, såg, sett ut
Aussehen	utseende -t -n
Aussendung	utsändning -en -ar
Außenpolitik	utrikespolitik -en
Außenspiegel	backspeg/el -eln -lar
außer	förutom
außerdem	dessutom
außerhalb	utanför
aussetzen	stå -r, stod, stått över
Aussicht	chans -en -er, utsikt -en -er
Aussichtsturm	utsiktstorn -et -
Aussprache	uttal -et -
aussprechen	uttal/a -ar -ade -at
ausstellen	ställ/a -er -de -t ut
Ausstellung	utställning -en -ar
Ausstrahlung	utstrålning -en -ar
ausstrecken	räck/a -er -de -t ut
aussuchen	välj/a -er, valde, valt
ausüben	utöv/a -ar -ade -at
Ausverkauf	re/a -an -or (realisation -en -er)
ausverkauft	utsålt
Auswahl	urval -et -
Auswanderer	utvandrare -n -
Ausweis	ID -kort -et - (identitetskort), legitimation -en -er
auszeichnen	märk/a -er -te -t
Auszug	utdrag -et -
authentisch	autentisk
Auto	bil -en -ar
mit dem Auto reisen	bil/a -ar -ade -at
Autobahn	motorväg -en -ar
Autobesitzer	bilägare -n -
Autofahrer	bilist -en -er
Automechaniker	bilmekaniker -n -
Autoteil	bildel -en -ar

B

Bach	bäck -en -ar
querender Bach	tvärbäck -en -ar
backen	bak/a -ar -ade -at
backen	grädd/a -ar -ade -at
Bäckerladen	bagarbod -en -ar
baden	bad/a -ar -ade -at
Badestelle	badplats -en -er
Badezimmer	badrum -met -
Bahnhof	station -en -er (järnvägs-)
Bakterie	bakterie -n -er
bald	snart
Balkon	balkong -en -er
Ball	boll -en -ar
Banane	banan -en -er
Bank	bank -en -er
Bar	bar -en -er
Bart	skägg -et -
Bär	björn -en -ar
Batterie	batteri -et -er
Bauarbeiter	byggnadsarbetare -n -
Bauch	buk -en -ar, mag/e -en -ar
bauen	bygg/a -er -de -t
Bauer	bonde -n, bönder
Bauernkultur	allmogekultur -en -er
Bauernregelbuch	bondepraktikan
Bauernstube	bondstug/a -an -or
Baum	träd -et -
Baumeister	byggmästare -n -
beachte	obs. (observera)

Beamter	ämbets/man -mannen -män
etwas beanstanden	anmärk/a -er -te -t på något
beantragen	sök/a -er -te -t
Becher	mugg -en -ar
bedächtig	betänksam
bedeckt sein	vara, är, var, varit täckt av
teilweise bedeckt	halvklart
bedeuten	innebära innebär, innebar, inneburit
bedeutend	framstående
Bedeutung	betydelse -n -r
sich bedienen	ta -r, tog, tagit för sig
Bedingungsform	konditionalis
Bedürfnis	behov -et -
sich beeilen	skynd/a -ar -ade -at sig
beengtes Wohnen	trångboddhet -en
Beere	bär -et -
befestigen	be/fästa -fäster -fäste -fäst
befestigt	befäst
begabt	begåvad
Begabung	begåvning -en -ar
begegnen	möt/as -as -tes -ts
beginnen	inled/a -er -de -tt
beglaubigen	intyg/a -ar -ade -at, vidimer/a -ar -ade -at
begreifen	begrip/a -er, begrep, begripit
begrüßen	häls/a -ar -ade -at på
beharrlich	uthållig
behaupten	påstå -r, påstod, påstått
sich behaupten	hävd/a -ar -ade -at sig
Behauptung	påstående -t -n
Behinderte	handikappade
behindertengerechtes Zimmer	handikapprum -met -
bei	hos
Beil	yx/a -an -or
Bein	ben -et -
Beispiel	exemp/el -let -
beißen	bit/a -er, bet, bitit
beitragen	bidr/a -ar, bidrog, bidragit
Bekämpfungsmittel	bekämpningsmed/el -let-
bekannt	känd
bekannt sein	vara, är, var, varit känt
bekannte	kända
Bekannte/r	bekant -en -a
bekennen	erkänn/a -er -de -t
bekommen	få -r, fick, fått (tag på)
Beleuchtung	belysning -en -ar
beliebt	populär
Benzin	bensin -en
Benzinpumpe	bränslepump -en -ar
Benzinverbrauch	bränsleförbrukning -en -ar
bequem	bekväm
beraten	rådgiv/a -er, rådgav, rådgivit
bereit	beredd
bereuen	ångr/a -ar -ade -at
Berg	berg -et -
die nordischen Berge	fjäll -et -
bergen	bärg/a -ar -ade -at
bergig	bergig
Bergkette	fjällkedj/a -an -or
Bergung	bärgning -en -ar
Bergwache	fjällräddning -en
Bericht	rapport -en -er
berichtigen	rätt/a -ar -ade -at (till)
bersten	brist/a -er, brast, brustit
Beruf	yrke -t -n

Berufserfahrung	yrkeserfarenhet -en
beruhigen	lugn/a -ar -ade -at
Besatzung	besättning -en -ar
sich beschäftigen mit	ägn/a -ar -ade -at sig åt, lut/a -ar -ade -at sig
mit etwas beschäftigt sein	håll/a -er, höll, hållit på
bescheinigen	intyg/a -ar -ade -at
Bescheinigung	intyg -et -
beschließen	beslut/a -er, beslöt, beslutit
beschreiben	beskriv/a -er, beskrev, beskrivit
Beschreibung	beskrivning -en -ar
Besen	sopborst/e -en -ar
besetzt	upptaget
besichtigen	besiktig/a -ar -ade -at
Besichtigung	visning -en -ar
besitzen	äg/a -er -de -t
besonders	särskilt
besprühen	besprut/a -ar -ade -at
besser	bättre
beständiges Wetter	uppehållsväd/er -ret -
bestehen	bestå -r, bestod, bestått
bestehen aus	bestå -r, bestod, bestått av
bestellen	beställ/a -er -de -t
bestimmt	bestämd, viss
Bestimmung	bestämning -en -ar
bestrafen	bestraff/a -ar -ade -at
Bestrebung	sträv/an -an -anden
bestücken	bestyck/a -ar -ade -at
Besuch	besök -et -
besuchen	häls/a -ar -ade -at på
betonen	beton/a -ar -ade -at
betrachten	betrakt/a -ar -ade -at
Betrachter	betraktare -n -
betreffen	drabb/a -ar -ade -at
betreffend	angående, beträffande
Betriebswirtschaft	företagsekonomi -n
Betrübnis	bedrövelse -n -r
betrübt	bedrövad
betrunken	full
Bett	säng -en -ar
zu Bett gehen	gå -r, gick, gått och lägg/a -er, la(de), lagt sig
betteln	tigg/a -er -de -t
sich beugen	befolkning -en -ar
bevor	innan
sich bewegen	motioner/a -ar -ade -at
beweisen	bevis/a -ar -ade -at
bewerben	sök/a -er -te -t
Bewerbung	ansökan (en), platsansökan (en)
bewölkt	molnigt, mulet
Bewunderung	beundran
bezahlen	betal/a -ar -ade -at
bezeugen	intyg/a -ar -ade -at
beziehungsweise	respektive
Bezirksarzt	distriktläkare -n -
Bezug	anknytning -en -ar
bezüglich	angående
Biene	bi -(e)t -n
Bild	bild -en -er, tavl/a -an -or
bilden	bild/a -ar -ade -at
billig	billig
binden	knyt/a -er, knöt, knutit, bind/a -er, band, bundit
Birke	björk -en -ar
Birkenrinde	näver -n
Birne	päron -et -
bis	tills
bis zu	ända till
Bistum	stift -et -
bitte	varsågod
bitten	be -r, bad, bett
um etwas bitten	be -r, bad, bett om
blank	blank
blaß	blek
Blaßnase	bleknos -en -ar
blau	blå
bleiben	stann/a -ar -ade -at
Blick	blick -en -ar
blinken	blink/a -ar -ade -at
Blinker	blink/er -ern -rar
Blitz	blixt -en -rar
blitzen	blixtr/a-ar -ade -at
Blödsinn	dumhet -en -er
Blume	blomm/a -an -or
Blumenstrauß	blombukett -en -er
Bluse	blus -en -ar
Blut	blod -et
Boden	mark -en -er
Bohne	bön/a -an -or
Bonbon	karamell -en -er
Bonbonpapier	godispapp/er -ret -
Boot	båt -en -ar
an Bord	ombord
Bordkarte	boardingkort -et -
böse	arg
das Böse	det onda
Botschafter	ambassadör -en -er
Bouillon	buljong -en -er
Boysenbeere	salmbär -et -
Brand	brand -en, bränder
braten	stek/a -er -te -t
Bratpfanne	stekpann/a -an -or
Brauchbarkeit	användbarhet -en
brauchen	behöv/a -er -de -t, bruk/a -ar -ade -at
braun	brun
braunäugig	brunögd
Brause	läsk -en
Brausen	sus
Braut	brud -en -ar
Bräutigam	brudgum -men -mar
brechen	bryt/a -er, bröt, brutit, brist/a -er, brast, brustit
breit	bred
Breite	bredd -en -er
Bremsflüssigkeit	bromsvätsk/a -an -or
brennen	bränn/a -er -de -t, brinn/a -er, brann, brunnit
Brennholz	ved -en
Brief	brev -et -
Brief abschicken	post/a -ar -ade -at
Briefkasten	brevlåd/a -an -or
Briefmarke	frimärke -t -n
Briefpapier	brevpapper -et -
Brieftasche	plånbok -en, plånböcker
Brille	glasögon
Bronzezeit	bronsålder -n
Broschüre	broschyr -en -er
Brot	bröd -et -
ein Laib Brot	limp/a -an -or
Brötchen	småfranska -t -
das Weiche in einem Brötchen	inkråm -et
Brücke	bro -n -ar
Bruder	bror (broder -n, bröder)
Brühe	spad -et -
Brunnen	brunn -en -ar
brüten	ruv/a -ar -ade -at
Buche	bok -en -ar
buchen	bok/a -ar -ade -at
Bücherei	bibliotek -et -
Buchladen	bokhand/el -eln -lar
Buchstabe	bokstav -en, bostäver
Bucht	bukt -en -er
Büffett	buffé -n -er
Büffett zu Weihnachten	julbord -et -
Bügeleisen	strykjärn -et -
bügeln	stryk/a -er, strök, strukit
bummeln gehen	shopp/a -ar -ade -at
Bündnis	förbund -et -
Burg	borg -en -ar
bürgerlich	borgerlig
Burghof	borggård -en -ar
Büro	kontor -et -
Büroangestellte -r	kontorist -en -er
Bus	buss -en -ar
Busch	busk/e -en -ar
Busfahrer	busschaufför -en -er
Bushaltestelle	busshållplats -en -er
Butter	smör -et

C

Cafeteria	cafeteria
Café	café -t -er, konditori -et -er
campen	camp/a -ar -ade -at
Camping	camping -en
Campingkarte	campingkort -et -
Campingplatz	campingplats -en -er
CD	CD -n -
Champagner	champagne -n
Chance	chans -en -er
Charakterzug	karaktärsdrag -et -
Charterreise	charterres/a -an -or
Chauffeur	chaufför -en -er
Chef	chef -en -er
Chemie	kemi -n
chemisch	kemisk
Chiffre	signatur -en -er
Chips	chips -et -
Christi Himmelfahrt	Kristi himmelfärdsdag -en -ar
Christmette	julott/a -an -or
chronologisch	kronologisk
Club	klubb -en -ar
Coktailwürstchen	prinskorv -en -ar
Computer	dator -n, datorer

D

d.h. (das heißt)	dvs. (det vill säga)
da	eftersom
da hinten	där borta
Dach	tak -et -
Dachgeschoß	vind -en -ar
dagegen	emot
dahinterkommen mit	komm/a -er, kom, kom underfund med
damalig	dåtida
danach	sedan
Däne	dansk -en -ar
Dänemark	Danmark
Dänin	dansk/a -an -or
dänisch	danska
dank ...	tack vare...
danke	tack
danken	tack/a -ar -ade -at
dann	då, sedan
Darm	tarm -en -ar
Darmflora	tarmflor/a -an -or
das/es	den
das/es	det
Dasein	tillvaro -n
Daten	fakta (plural), uppgift -en -er
Datum	datum -et -
Dauerniedrigpreis	lågpris -et -
Däumling	tummetott -en -ar
davonfahren	kör/a, kör, -de -t iväg
dazugehören	hör/a, hör, -de -t till

Debatte	debatt -en -er
Deckenlampe	taklamp/a -an -or
dein	din
Delfin	delfin -en -er
demonstrieren	demonstrer/a -ar -ade -at
denken	tänk/a -er -te -t
denn	då
deprimiert	deprimerad
der/die/das (rückbezüglich)	som
derart	dylik
derselbe/dieselbe/dasselbe	samma
Dessertlöffel	dessertsked -en -ar
deuten auf	tyd/a -er, tydde, tytt på
deutlich	tydlig
deutsch	tysk, tyska
Deutsche	tysk/a -an -or
Deutscher	tysk -en -ar
Deutschland	Tyskland
Dezember	december
Deziliter	deciliter -n (dl)
Dezilitermaß	decilitermått -et -
Diabild	diabild -en -er
Dialog	dialog -en -er
Diaprojektor	diaprojektor -n -er
dicht	tät
Dicke	tjocklek -en -ar
Diele	hall -en -ar
Dienstag	tisdag
diese	denna
dieser/dieses/diese (dort)	den/det/de där
dieser/dieses/diese (hier)	den/det/de här
diktieren	dikter/a -ar -ade -at
Ding	pryl -en -ar
direkt	alldeles
Diskothek	disco -t -n
diskriminieren	diskriminer/a -ar -ade -at
Diskussion	diskussion -en -er
diskutieren	diskuter/a -ar -ade -at
doch	jo, jodå, väl
Dokument	handling -en -ar
Dokumentarfilm	dokumentärfilm -en -er
Dom	domkyrk/a -an -or
donnern	dundr/a -ar -ade -at
Donnerstag	torsdag
Doppelzimmer	dubbelrum -met -
Dorf	by -n -ar
Dorfladen	lanthan/del -eln -lar
Dorn	törn/e -t -n
dort	där
von dort	därifrån
dorthin	dit
Dose	burk -en -ar
Dragee	dragé -n -er
draußen	ute
nach draußen	ut
von draußen	utifrån
Dreharbeit	inspelning -en -ar
Drehbuchautor	manusförfattare -en -
Dreikönigsfest	trettondag -en -ar
Dreizimmerwohnung	trerumslägenhet -en -er
drinnen	inne
du	du
duften	doft/a -ar -ade -at
dumm	dum
dunkel	mörk
Dunkelheit	mörk/er -ret
Dunkelkammer	mörkrum -met -
Dunstabzugshaube	köksfläkt -en -ar
durch	genom
Durchfall	diarré -n -er
durchgehen	passer/a -ar -ade -at
durchgelesen	läs/a -er -te -t ut
durchkommen	slipp/a -er, slapp, sluppit igenom
durchlesen	läs/a -er -te -t igenom
durchnässt	genomvåt
Durchschnittsalter	medellivslängd -en
durchsichtig	genomskinlig
dürfen	få -r, fick, fått lov
Dusche	dusch -en -ar
Dynamit	dynamit -en

E

eben	jämn
echt	äkta
Ecke	hörn -et -, hörn/a -an -or
Eckpfeiler	hörnpelare -n -
Ecksofa	hörnsoff/a -an -or
Efeu	murgrön/a -an -or
Effekt	effekt -en -er
egoistisch	egoistisk
Ehefrau	fru -n -ar, hustru -n -r
ehrgeizig	ambitiös
ehrlich	ärlig
Ei	ägg -et -
Eiche	ek -en -ar
Eichel	ollon -et -
Eichenbrett	ekbräd/a -an -or
eifersüchtig	svartsjuk
eigen	egen
Eigenschaft	egenskap -en -er
eigentlich	egentligen
eilen	kil/a -ar -ade -at
eilig	bråttom
Eimer	hink -en -ar
einander	varandra
Einbahnstraße	enkelriktad trafik
einbegriffen in	ingå -r, ingick, ingått i
einberufen	inkall/a -ar -ade -at
einbeziehen	ingå -r, ingick, ingått
Einbildung	inbillning -en -ar
eindringen	träng/a -er -de -t (sig) in
Eindruck	intryck -et -
eine andere	en annan
einer nach dem anderen	en i taget
einerseits	å ena sidan
einfach	enkel, lätt, slät
einführen	inför/a, inför, -de -t
Eingang	ingång -en -ar
einige	en del, några
einkaufen	handl/a -ar -ade -at
Einkaufsliste	inköpslist/a -an -or
Einkaufswagen	kundvagn -en -ar
einkehren	ta -r, tog, tagit in på
einkreisen	ring/a -ar -ade -at in
einladen	bjud/a -er, bjöd, bjudit
Einladung	bjudning -en -ar, inbjudan (en)
Einladungskarte	inbjudningskort -et -
Einmündung	inlopp -et -
einnehmen	int/a -ar, -intog, intagit
einrichten	inred/a -er, inredde, inrett, inrätt/a -ar -ade -at
Einrichtung	inredning -en -ar
einschlafen	somn/a -ar -ade -at
einschließlich	t.o.m. (till och med)
einschmeicheln	göra, gör, gjorde, gjort sig till
sich einschreiben	skriv/a -er, skrev, skrivit in sig
einsetzen	sätt/a -er, satte, satt in
einsteigen	stig/a -er, steg, stigit på
Einstellung	syn -en -er
einstimmen	håll/a -er, höll, hållit med om
eintönig	enformig
eintreffen	inträff/a -ar -ade -at
eintreten	stig/a -er, steg, stigit på, inträff/a -ar -ade -at
Eintritt	entré -n -er
Einwanderer	invandrare -n -
einweihen	invig/a -er -de -t
Einwickelpapier	omslagspapper -et -
Einwohner	invånare -n -
Einzelunglück	singelolyck/a -an -or
Einzelzimmer	enkelrum -met -
einziehen	flytt/a -ar -ade -at in
einzigartig	unik
der/die/das einzige	enda
Eis	glass -en -ar, is -en -ar
Eisbär	isbjörn -en -ar
Eisen	järn -et
Eisenbahn	järnväg -en -ar
Eisenzeit	järnåld/er -ern -rar
eitel	fåfäng
Elch	älg -en -ar
Elefant	elefant -en -er
elegant	elegant
Elektroherd	elspis -en -ar
Eltern	föräld/er -ern -rar
empfänglich	mottaglig
Empfangsdame	receptionist -en -er
empfehlen	rekommender/a -ar -ade -at
Empfehlung	referens -en -er
empfindlich	känslig
endlich	äntligen
Energie	energi -n
energisch	energisk
eng	trång
Engel	äng/el -eln -lar
England	England
Engländer	engels/man -mannen -män
Engländerin	engelsk/a -an -or
englisch	engelska
Enkelkind	barnbarn -et -, dotter/dotter -dottern -döttrar, dotter/son -sonen -söner, son/dotter -dottern -döttrar, son/son -sonen -söner
enorm	enorm
enorm viel/e	massor av
Entbindungsstation	BB (barnbördshus)
entdecken	upptäck/a -er -te -t
enthusiastisch	entusiastisk
entlang	längs med
entlassen	avsätt/a -er, avsatte, avsatt
Entrecôte	entrecote -en -er
entscheiden	bestäm/ma -mer -de -t, avgöra, avgör, avgjorde, avgjort
sich entscheiden	bestämm/a -er -de -t sig
entspannen	koppl/a -ar -ade -at av
enttäuscht	besviken
Enttäuschung	besvikelse -n -r
entweder - oder	antingen - eller
entwerfen	rit/a -ar -ade -at
international entworfene	världsdesignade
entwickeln	utveckl/a -ar -ade -at
Entwicklung	utveckling -en -ar
entzückend	tjusig
entzückt	förtjust
Epoche	epok -en -er
er	han
erben	ärv/a -er -de -t

Erbse	ärt/a -an -or
Erdartischocken-püree	jordärtskockepuré
Erdbeere	jordgubb/e -en -ar
Erde	jord -en -ar
Erde (Welt)	jord -en
Erdgeschoß	bottenvåning -en -ar, nedre botten
Ereignis	evenemang -et -, händelse -n -r
erfahren	erfaren
Erfahrung	erfarenhet -en -er
erfinden	hitt/a -ar -ade -at på, uppfinn/a -er, uppfann, uppfunnit
Erfolg	framgång -en -ar
ergreifend	gripande
erhalten	bevarad, erhåll/a -er, erhöll, erhållit
erhöhen	höj/a -er -de -t
Erinnerung	minne -t -n
erklären	förklar/a -ar -ade -at
Erlaubnis	lov, tillåtelse -n -r
erlaubt	tillåtet
erleben	upplev/a -er -de -t
Erlebnis	upplevelse -n -r
erleuchten	lys/a -er -te -t upp
Ermäßigung	rabatt -en -er
ermuntern	uppmuntr/a -ar -ade -at
Ernährungsge-wohnheiten	kostvan/a -an -or
ernst	allvarligt
ernstnehmen	ta -r, tog, tagit på allvar
erreichen	få -r, fick, fått tag på, nå -r -dde -tt
Ersatz	ersättning -en -er
erschrecken	skräm/ma -mer -de -t
Erschütterung	skakning -en -ar
Erstattung	ersättning -en -er
erster Mai	första maj
erwachsen	vuxen
erwähnen	nämn/a -er -de -t
erwärmen	värm/a -er -de -t
erzählen	berätt/a -ar -ade -at
Erzähler	berättare -n -
Essen	mat -en
essen	ät/a -er, åt, ätit
Essen kochen	matlagning -en
Essig	ättik/a -an
Eßlöffel	matsked -en -ar (msk)
Eßtisch	matbord -et -
Eßzimmer	matsal -en -ar
Etage	våning -en -ar
Etappe	etapp -en -er
Etikette	etikett -en
etwas	någonting
euer	er
Eule	uggl/a -an -or
ewig	evig
exakt	exakt
Experiment	experiment -et -
Export	export -en -er
extra	extra

F

Fabrik	fabrik -en -er
Fach	ämne -t -n
Fackel	fackl/a -an -or
Fahrbahn	körfält -et -, vägban/a -an -or
fahren	kör/a, kör, -de -t, åk/a -er -te -t, fara, far, for, farit
Fahrer	förare -n -
Fähre	färj/a -an -or
Fahrgast	passagerare -n -
Fahrkarte	biljett -en -er
Fahrplan	tidtabell -en -er
Fahrprüfung	uppkörning -en -ar
Fahrrad	cyk/el -eln -lar
Fahrradfahrer	cyklist -en -er
Fahrschule	trafikskol/a -an -or
Fahrstuhl	hiss -en -ar
Fahrt	färd -en -er
Fahrtrichtung	körriktning -en -ar
Fahrzeug	fordon -et -
Fakten	fakta (plural)
fallen	fall/a -er, föll, fallit
fallen auf	infall/a -er, inföll, ifallit på
fällen	avverk/a -ar -ade -at
falten	vik/a -er, vek, vik(i)t
Familie	familj -en -er
Familienstand	civilstånd -et -
Farbe	färg -en -er
färben	färg/a -ar -ade -at
Farbstifte	färgpenn/a -an -or
fast	nästan
faszinierend	fascinerande
faul	lat
faulenzen	lat/a -ar -ade -at sig, slö/a -ar -ade -at
Fax	fax -et
Februar	februari
Federball	badminton
fegen	sop/a -ar -ade -at
Fehler	fel -et -
fehlerfrei	felfritt
Feier	högtid -en -er, kalas -et -
feiern	fir/a -ar -ade -at
Feiern	firande -t -n
Feiertag	helgdag -en -ar, högtidsdag -en -ar
Feiertage	helg -en -er
Feige	fikon -et -
fein	fint
Feld	gärde -t -n
Fell	skinn -et -
Felszeichnung	hällristning -en -ar
Fenchel	fänkål -en
Fenster	fönst/er -ret -
Feriendorf	stugby -n -ar
Ferienhaus	stug/a -an -or
ferngesteuert	fjärrstyrd
Fernlicht	helljus -et -
fertig	färdig, klar
fertigbringen	klar/a -ar -ade -at (av)
fesseln	fängsl/a -ar -ade -at
fesselnd	fängslande
fest	fast
Fest	fest -en -er
festbinden	bind/a -er, band, bundit fast
fester Freund	pojkvän -nen -ner
Festung	fästning -en -ar
Fett	fett -et -er
fetten	smörj/a -er, smorde, smort
Feuer machen	göra, gör, gjorde, gjort upp eld
Feuerlöscher	eldsläckare -n -
Feuerwehr	brandkår -en -er
Feuerwehrmann	brand/man -mannen, -män
Feuerzeug	tändare -n -
Fieber	feb/er -ern -rar
Fieberthermometer	febertermomet/er -ern -rar
Filet	filé -n -er
Film	film -en -er
Filmstar	filmstjärn/a -an -or

finden	finn/as -as, fanns, funnits, hitt/a -ar -ade -at, tyck/a -er -te -t, finn/a -er, fann, funnit
Finger	fing/er -ret -rar
Finland	Finland
Finne	finländare -n -
Finnin	finsk/a -an -or
finnisch	finska
Firma	företag -et -
Fisch	fisk -en -ar
fischen	fisk/a -ar -ade -at
Fischen	fiske -t -n
Fischerboot	fiskebåt -en -ar
flach	grund
Fläche	yt/a -an -or
Flagge	flagg/a -an -or
flammen	flamm/a -ar -ade -at
Flasche	flask/a -an -or
Flaschenöffner	korkskruv -en -ar
Fleisch	kött -et
Fleischklößchen	köttbull/e -en -ar
Fleischwurst	falukorv -en -ar
fleißig	flitig
Flickenteppich	trasmatt/a -an -or
Fliege	flug/a -an -or
fliegen	flyg/a -er, flög, flugit
fliehen	rymm/a -er, rymde, rymt
fließen	flöd/a -ar -ade -at, rinn/a -er, rann, runnit
fließend	rinnande
Flocke	fling/a -an -or
Flohmarkt	loppis -en -ar, loppmarknad -en -er
Floßstrecke	flott(nings)led -en -er
flott	flott, snygg
Flotte	flott/a -an -or
Fluchtburg	fornborg -en -ar
Flügel	ving/e -en -ar
Flughafen	flygplats -en -er
Flugticket	flygbiljett -en -er
Flur	farstu -n -r, tambur -en -er
Fluß	å -n -ar
Flüssigkeit	vätsk/a -an -or
Flüssigkeit beim Teiganrühren	degspad -et -
flüstern	visk/a -ar -ade -at
folgende	följande
Fön	hårtork -en -ar
fordern	kräv/a -er -de -t
Form	form -en -er
Formgebung	design -en
Formular	blankett -en -er
Forschung	forskning -en -ar
Foto	foto -t -n
Fotograf	fotograf -en -er
fotografieren	fotografer/a -ar -ade -at
Fotografieren	fotografering -en
Fotoladen	fotoaffär -en -er
Frage- und Antwortspiel	frågesport -en -er
fragen	fråg/a -ar -ade -at
sich fragen	undr/a -ar -ade -at
Fragespiel	frågelek -en -ar
Frankreich	Frankrike
Franzose	frans/man -mannen -män
Französin	fransysk/a -an -or
französisch	franska
Frau	kvinn/a -an -or
alte Frau	gumm/a -an -or
frei	fri, ledigt
Freiheit	frihet -en -er
Freitag	fredag
freiwillig	frivillig
Freizeit	fritid -en

fremd	främmande
Fremdenverkehrsbüro	turistbyrå -n -er
Freude	glädje -n
freudenreich	glädjerik
sich freuen	glädja, gläder, gladde, glatt sig, bli -r, blev, blivit glad
Freund	kompis -en -ar, vän -nen -ner
fester Freund	kill/e -en -ar
Freundin	väninn/a -an -or
Friedenspreis	fredspris -et -
Friedhof	kyrkogård -en -ar
frieren	frys/a -er, frös, frusit
frisch	frisk, färsk
Friseurin	hårfrisörsk/a -an -or
Friseur	frissan (frisören)
Frisur	frisyr -en -er
fröhlich	glad
Fruchtbarkeit	fruktbarhet -en
früh	tidig
früher	förr
Frühling	vår -en -ar
Frühstück	frukost -en -ar
Frühstücksflocken	flingor
Fuchs	räv -en -ar
fühlen	kän/nas -ns -des -ts
sich fühlen	må -r, mådde, mått
Führer	guid -en -er
Führerschein	körkort -et -
Füllung	fyllning -en -ar
Fundbüro	hittegodsavdelning -en -ar
Fünftel	femtedel -en -ar
fünfziger Jahre	50 -talet
Fünfzigkronenschein	femtiolapp -en -ar
funkeln	gnistr/a -ar -ade -at
Funktion	funktion -en -er
funktionieren	funger/a -ar -ade -at, funk/a -ar -ade -at
für	för
für dich	åt dig
für immer	för gott
Fuß	fot -en, fötter
zu Fuß	till fots
Fußball	fotboll -en
Fußboden	golv -et -
Fußgänger	fotgängare -n -
Fußgängerzone	gågat/a -an -or
Futter	fod/er -ret -
G	
Gabel	gaff/el -eln -lar
gackern	kackl/a -ar -ade -at
Gans	gås -en, gäss
Gänseleber	gåslev/er -ern -rar
ganz	alldeles, hel
ganz und gar	helt och hållet
Garage	garage -t -
Garderobe	hatthyll/a -an -or
Gardine	gardin -en -er
garnieren	garner/a -ar -ade -at
Garnison	garnison -en -er
Gartenmöbel	trädgårdsmöb/el -eln -ler
Gaskartusche	gasoltub -en -er
Gasse	gränd -en -er
Gast	gäst -en -er
Gästezimmer	gästrum -met -
Gebäck	bakelse -n -r
Gebäude	byggnad -en -er
geben	finn/as -as, fanns, funnits, ge -r, gav, gett
Gebiet	område -t -n
geblümt	blommig
geboren sein	vara, är, var, varit född
geborgen	trygg
Geborgenheit	trygghet -en
gebrauchen	an/vänd -vänder, -vände -vänt
gebraucht	begagnad
Gebühr	avgift -en -er
Geburtsjahr	födelseår -et -
Geburtsstadt	födelsestad -en, födelsestäder
Geburtstag	födelsedag -en -ar
Geburtstag haben	fyll/a -er -de -t år
Gedenkstätte	minnesgård -en -ar
Gedicht	dikt -en -er
Gedränge	trängsel -n
Geduld	tålamod -et
geduldig	tålmodig
geehrt	ärat
Gefahr	far/a -an -or
Gefängnis	fängelse -t -r
Gefühl	känsl/a -an -or
gegen drei Uhr	vid tretiden
gegen, in Richtung	mot
Gegensatz	motsats -en -er
Gegenstand	föremål -et -
gegenüber	mittemot
gehen	gå -r, gick, gått
Gehhilfe	gånghjälpmed/el -let -
gehorchen	lyd/a -er, löd, lytt
gehorsam	lydig
gehorsam sein	vara, är, var, varit lydig mot
Geige	fiol -en -er
Geist	sinne -t -n
gekocht	kokt
gelb	gul
Geld	pengar (Plural)
gelegen	belägen
Gelegenheit	tillfälle -t -n
Gelegenheit wahrnehmen	pass/a -ar -ade -at på
Gelenk	led -en -er
gelten	gäll/a -er -de -t
Gemälde	målning -en -ar, tavl/a -an -or
gemein	elak
Gemeindehaus	församlingshem -met -
gemeinsam	gemensamt
Gemüse	grönsak -en -er
gemütlich	hemtrevlig, mysig
genau	exakt, noga, noggrann, precis
genau richtig	lagom
genehmigt	godkänt
Genehmigung	tillstånd -et -
genießen	njut/a -er, njöt, njutit
geöffnet	öppet
Gepäcknetz	bagagehyll/a -an -or
gepunktet	prickig
gerade	precis
geradeaus	rakt fram
Gerät	apparat -en -er
gerne	gärna
Geschäft	affär -en -er
Geschäftsfreund	affärsvän -nen -ner
Geschäftszeiten	öppettid -en -er
geschehen	ske -r, -dde -tt, tillgå -r, tillgick, tillgått
Geschenk	present -en -er
Geschichte	histori/a -an -er
geschickt	skicklig
geschlossen	stängt
Geschmack	smak -en -er
geschmeidig	smidig
Geschoss	plan -en -er
geschützt	fridlyst
Geschwindigkeit	fart -en -er, hastighet -en -er
Geschwindigkeitsüberschreitung	fortkörning -en
gesehen werden	syn/as -s -tes -ts
Gesellschaft	samhälle -t -n
Gesetz	lag -en -ar
Gesicht	ansikte -t -n
Gespräch	samtal -et -
Gestaltung	utformning -en -ar
Gestopftes	stopp -en -ar
gestreift	randig
gesund	frisk, nyttig, sund
Gesundheit	häls/a -an
Gesundheit!	Prosit!
Getränk	dryck -en -er
gewandt	verserad
Gewerbe	näring -en -ar
Gewerkschaft	fackförening -en -ar
Gewicht	vikt -en -er
Gewicht (beladen)	totalvikt -en -er
Gewinn	vinning -en
gewinnen	vinn/a -er, vann, vunnit
gewiß	visst
gewittern	åsk/a -ar -ade -at
sich gewöhnen	vänj/a -er, vande, vant sig vid
Gewohnheit	van/a -an -or
gewöhnlich	vanlig
Gewürz	krydd/a -an -or
gießen	gjut/a -er, gjöt, gjutit, häll/a -er -de -t, vattn/a -ar -ade -at, ös/a -er -te -t
Gießkanne	vattenkann/a -an -or
giftig	giftig
Giraffe	giraff -en -er
Girlande	girland -en -er
Glas	glas -et -
Glasbläser	glasblåsare -n -
Glasbläserei	glasbruk -et -
Glasscheibe	glasskiv/a -an -or
glatt	jämn
glauben	tro -r -dde -tt
gleich	lika, strax, med detsamma
gleichen	likn/a -ar -ade -at
gleichzeitig	samtidigt
Gleis	spår -et -
gleiten	glid/a -er, gled, glidit
Gleitzeit	flextid -en -er
Glitzer, Flitter	glitt/er -ret
Glockenspiel	klockspel -et -
Glück	tur -en -er
zum Glück	lyckligtvis, som tur var
glücklich	lycklig
Glühbirne	glödlamp/a -an -or
Glühwein	glögg -en -ar
Gold	guld -et
golden	gyllene
Goldschmied	guldsmed -en -er
Golf	golf -en
Golfplatz	golfban/a -an -or
Gott	gud -en -ar
Gottesdienst	gudstjänst -en -er
Grabmonument	gravmonument -et -
Grad	grad -en -er
Gramm	gram -met -
100 Gramm	hekto -t -n
Grammatik	grammatik -en
Graphik	grafik -en
Gras	gräs -et -
gratulieren	gratuler/a -ar -ade -at
grau	grå
greifen	grip/a -er, grep, gripit

Grenze	gräns -en -er
Grieche	grek -en -er
Griechenland	Grekland
Griechin	grekinn/a -an -or (grekisk/a -an -or)
griechisch	grekiska
grillen	grill/a -ar -ade -at
Grillwurst	grillkorv -en -ar
Grippe	influens/a -an -or
groß	stor
mit Großbuchstaben schreiben	text/a -ar -ade -at
Größe	storlek -en -ar
Großmutter (Mutters Mutter)	mormor
großzügig	generös
Grube	gruv/a -an -or, grop -en -ar
Grund	anledning -en -ar
seinen Grund haben in	bero -r, berodde, berott på
Grundeinstellung	grundsyn -en -er
Grundlage	bas -en -er
gründlich	ordentlig
Grundregel	grundreg/el -eln -ler
Grundriss	planritning -en -ar
Grundschule	grundskol/a -an -or
Grundstück	tomt -en -er
Grundwasser	grundvatt/en -net
grün	grön
gründen	grund/a -ar -ade -at, grundlägg/a -er, grundla-de, grundlagt
Gründer	grundare -n -
Gruppe	grupp -en -er
Gruß	hälsning -en -ar
Guitarre	gitarr -en -er
gültig	giltigt
Gurke	gurk/a -an -or
Gürtel	skärp -et -
gut	bra, fint, god
sehr gut	jättefin
das Gute	det goda
Gute Nacht!	God natt!
Guten Morgen!	God morgon!
Guten Tag!	Goddag!
Gymnasium	gymnasi/um -et -er
Gymnastiksaal	gymnastiksal -en -ar

H

Haar	hår -et -
Haar blond wie Leinen	linhår -et
haben	ha -r, hade, haft
übrig haben/noch haben	ha -r, hade, haft kvar
hacken	hack/a -ar -ade -at, hugg/a -er, högg , huggit
Hackfleisch	köttfärs -en
Hafen	hamn -en -ar
hageln	hagl/a -ar -ade -at
Hagelzucker	pärlsock/er -ret
Hahn	tupp -en -ar
Halbschuh	promenadsko -n -r
Halbzeit	halvtid -en -er
Hälfte	hälft -en -er
Hallo!	Hallå!, Hej!, Hejsan!
Hallo! (ugs.)	Tjänare!
Hals	hals -en -ar
Halskette	halsband -et -
halten	håll/a -er, höll, hållit, stann/a -ar -ade -at
sich halten	stå -r, stod, stått sig
Hammer	hammare -n
Hamster	hamst/er -ern -rar
Hand	hand -en, händer
Handarbeit	slöjd -en -er
Handball	handboll
Handbremse	handbroms -en -ar
Handel	handel -n
handeln	ager/a -ar -ade -at
handeln von	handl/a -ar -ade -at om
Handschuh	handsk/e -en -ar (ett par handskar)
Handtasche	handväsk/a -an -or
Handtuch	handduk -en -ar
Handwerker	hantverkare -n -
Handwerkerladen	hantverksbod -en -ar
handwerklich	hantverksmässig
hängen an	häng/a -er -de -at på
Harke	kratt/a -an -or
Harmonie	harmoni -(e)n -er
harmonisch	harmonisk
hart	hård
häßlich	ful
hastig	hastig
Haufen	hög -en -ar
Haufen, Gruppe	klung/a -an -or
Haupteingang	huvudentré -n -er
Hauptgericht	huvudrätt -en -er
Hauptmahlzeit	huvudmål -et -
Hauptrolle	huvudroll -en -er
hauptsächlich	huvudsaklig
Hauptsatz	huvudsats -en -er
Hauptstadt	huvudstad -en, huvudstä-der
Hauptziel	huvudmål -et -
Haus	vill/a -an -or, hus -et -
nach Hause	hem
zu Hause	hemma
Hausaufgabe	läx/a -an -or
Häuschen	stug/a -an -or
Haustür	ytterdörr -en -ar
Haut	hy -n
Hautveränderung	hudförändring -en -ar
Hefe	jäst -en
Hefekuchen	vetebröd -et -
Hefestreifen	vetelängd -en -er
Hefestück	bull/e -en -ar
Heidelbeere	blåbär -et -
Heilbuttfilet	hälleflundrafilé -n -er
Heiligabend	jul/afton -aftonen -aftnar
Heimatmuseum	hembygdsmuseum -et -
heiraten	gift/a -er -te -t sig
heiratsfähig	giftasvuxen
heiß	het
heißen	het/a -er, hette, hetat
Heizung (elektrische)	elvärme -n
hellrot	ljusröd
hellwach	skärpt
Hemd	linne -t -n, skjort/a -an -or
heraus	utur
herausfallen	trill/a -ar -ade -at ur
herausgehen	gå -r, gick, gått ut
herausstrecken	räck/a -er -de -t ut
herbeirufen	tillkall/a -ar -ade -at
Herbst	höst -en -ar
herein	in
Hering	sill -en -ar
Herrenhaus	herrgård -en -ar
Herrenmantel	rock -en -ar
herrlich	härlig
herrschen	råd/a -er, rådde, rått
herstellen	tillverk/a -ar -ade -at
Herstellung	tillverkning -en -ar
herum	runt
herumliegen	skräp/a -ar -ade -at (ligg/a -er, låg, legat och)
herunter	ner
herunterlassen	hal/a -ar -ade -at
hervorgehen	framgå -r, framgick, framgått
hervorheben	framhäv/a -er -de -t
hervornehmen	ta -r, tog, tagit fram
Herz	hjärta -t -n
Herzog	hertig -en -ar
heulen	grin/a -ar -ade -at
Heuschrecke	gräshopp/a -an -or
heute	idag
heute abend	ikväll
das heutige	det nuvarande
heutzutage	nuförtiden
hier	här
von hier	härifrån
hier und dort	här och var
hierher	hit
Hilfe	hjälp -en
hilfsbereit	hjälpsam
Hilfsmittel	hjälpmed/el -let -
Hilfsverb	hjälpverb -et -
Himmel	him/mel -len -lar
himmlisch	himmelskt
hin und her	hit och dit
hin und zurück	tur och retur
hinauf	uppför
Hindernis	hind/er -ret -
hinein	in (på)
hineinstürzen	rus/a -ar -ade -at in
Hinterrad	bakdäck -et -
Hirsch	hjort -en -ar
Hirschhornsalz	hjorthornsalt -et
hissen	hiss/a -ar -ade -at
Hobby	hobby -n -er
Hobel	hyv/el -eln -lar
hoch	hög
Hochdruck	högtryck -et -
Hochsaison	högsäsong -en -er
Hochschule	högskol/a -an -or
höchstens, maximal	max
Höchstgeschwindig-keit	toppfart -en -er
Hochzeit	bröllop -et -
Hocker	pall -en -ar
Hof	gård -en -ar, hov -et -
hoffen	hopp/as -as -ades -ats
höflich	hövlig
Höflichkeit	artighet -en -er
Höhe	höjd -en -er
Höhle	grott/a -an -or
(ab)holen	hämt/a -ar -ade -at
Holz	trä -t -n
Holzschnitzerei	träsnideri -(e)t -er
Holzschuhe	träsko -n -r
Holzstuhl	trästol -en -ar
Holzteil	trädel -en -ar
Honig	honung -en
hören	hör/a, hör, -de -t
Hormon	hormon -en -er
Horrorfilm	skräckfilm -en -er
Hörverständnis	hörförståelse -n -r
Hose	byx/a -an -or (ett par byxor)
Hotel	hotell -et -
hübsch	snygg, vacker
Hügel	back/e -en -ar
Huhn	höns -et -en
Hummer	hum/mer -mern -rar
Hund	hund -en -ar
ungefähr hundert	hundratal -et -
hundert Jahre lang	uti hundrade år
Hundezucht	hundavel -n
Hunger haben	vara, är, var, varit hungrig
hüpfen	hopp/a -ar -ade -at
Husten	host/a -an
Hut	hatt -en -ar

Hutablage	hatthyll/a -an -or
Hyazinte	hyacint -en -er
hygienisch	hygienisk

I

ich	jag
idealistisch	idealistisk
Idee	idé -n -er
identifizieren	identifier/a -ar -ade -at
idyllisch	idyllisk
ihn/ihm	honom
ihr	ni
ihre	hennes
Illustrator	illustratör -en -er
Imbiß am späten Abend	vickning -en -ar
Imbißbude	gatukök -et -
immer	alltid
immer noch	fortfarande
Imperativ	imperativ -en -er
imponieren	imponer/a -ar -ade -at
importieren	importer/a -ar -ade -at
improvisieren	improviser/a -ar -ade -at
imstande zu	i stånd att
in	i
in der Tat	faktiskt
in erster Linie	i första hand
in früheren, alten	i fornstora
indessen	emellertid
Industrie	industri -n -er
Information	information -en -er
informieren	informer/a -ar -ade -at
Ingenieur -in	ingenjör -en -er
Ingwer	ingefär/a -an
Initiative	initiativ -et -
Injektion	injektion -en -er
inklusive	inklusive
innerhalb	inom
Insel	ö -n -ar
kleine Insel	holm/e -en -ar
insgesamt	allt som allt
inspektieren	inspekter/a -ar -ade -at
installieren	installer/a -ar -ade -at
Institut	institut -et -
Institution	institution -en -er
Instrument	instrument -et -
inszenieren	iscensätt/a -er, iscensatte, iscensatt
interessant	intressant
Interesse	intresse -t -n
sich interessieren für	intresser/a -ar -ade -at sig för
interessiert sein an	vara, är, var, varit intresserad av
Interieur	interiör -en -er
international	internationell
mit Interrailkarte fahren	tågluff/a -ar -ade -at
Interview	intervju -n -er
interviewen	intervju/a -ar -ade -at
intolerant	intolerant
irgend etwas	vad som helst
irritiert	irriterad
Island	Island
Isländer	islänning -en -ar
Isländerin	isländsk/a -an -or
isländisch	isländska
ist	är
Italien	Italien
Italiener	italienare -n -
Italienerin	italiensk/a -an -or
italienisch	italienska

J

ja	ja, jo, jodå
Jacke	jack/a -an -or
Jagd	jakt -en -er
Jahr	år -et -
das ganze Jahr über	året om
Jahresmodell	årsmodell -en -er
Jahreszahl	årtal -et -
Jahreszeit	årstid -en -er
für diese Jahreszeit	så här års
Jahrhundert	århundrade -t -n
14-jährig	fjortonåring -en -ar
Jahrzehnt	årtionde -t -n
Janssons Versuchung	Janssons frestelse
Januar	januari
jeden	varje
jeder für sich	var och en för sig
jeder sein	var sin
jeder/jede/jedes zweite	varannan, vartannat
jedoch	dock
jemals	någonsin
jemand	någon
jemandem stehen	klä -r, klädde, klätt någon
jetzt	nu
Journalist	journalist -en -er
Jugendherberge	vandrarhem -met -
Jugendliche	ungdomar
Juli	juli
jung	ung
Junge	goss/e -en -ar, pojk/e -en -ar
Junges	ung/e -en -ar
Juni	juni

K

Kabel	kab/el -eln -lar
Kachelofen	kakelugn -en -ar
Käfer	skalbagg/e -en -ar
Kaffee	kaffe -t
Kaffee trinken	fik/a -ar -ade -at
Kaffeedurst haben	vara, är, var, varit kaffe sugen
Kaffeeklatsch	kafferep -et -
Kai	kaj -en -er
Kakaogetränk	choklad -en -er
Kalb	kalv -en -ar
Kalender	almanack/a -an -or
kalt	kall
Kältegefühl	köldkänsl/a -an -or
Kamel	kamel -en -er
sich kämmen	kamm/a -ar -ade -at sig
Kamillentee	kamomillte -(e)t -er
Kamin	öppen spis
Kaminfeuer	bras/a -an -or
Kampf	kamp -en -er
Kanal	kanal -en -er
kandidieren	kandider/a -ar -ade -at
Kanone	kanon -en -er
Kanonenluke	kanonport -en -ar
Kanu	kanot -en -er
Kapitän	kapten -en -er
Kapitel	kapit/el -let -
kaputt	sönder
kaputt sein	vara, är, var, varit fel på
Karamel (Pudding)	brulé (pudding en -ar)
Kardamom	kardemumma -n
Karfreitag	långfredag -en -ar
kariert	rutig
Karriere	karriär -en -er
Karte	kart/a -an -or
Karteikarte	kartotekskort -et -
Kartoffel	potatis -en -ar
Kartoffelpüree	potatismos -et
Karussell	karusell -en -er
Käse	ost -en -ar
Käsebrot	ostsmörgås -en -ar
Kasse	kass/a -an -or
Kassenbon	kvitto -t -n
Kassette	band -et -
Kassettendeck	kassettdäck -et -
Kassettenrekorder	bandspelare -n -
Kassiererin	kassörsk/a -an -or
Katarrh	katarr -en -er
Katastrophe	katastrof -en -er
Kate	torp -et -
Kätzchen	kattung/e -en -ar
Katze	katt -en -er
kaufen	köp/a -er -te -t
Kaufhaus	varuhus -et -
kaum	knappast
Keilriemen	fläktrem -men -mar
kein	inget
keine Rede sein	inte vara tal om
Keks	kex -et -
Keller	källare -n -
Kellner	kypare -n -, servitör -en -er
Kellnerin	servitris -en -er
kennen	kän/na -ner -de -t (till)
kennenlernen	lära, lär, lärde, lärt känna
kenntlich machen	marker/a -ar -ade -at
kentern	kantr/a -ar -ade -at
Kerze	ljus -et -
keß	tuff
Kette	kedj/a -an -or
Kilo	kilo -t -n
Kilometer	kilomet/er -ern -rar
Kind	ung/e -en -ar
Kindermädchen	uppassersk/a -an -or
Kinderteller	barnmeny -n -er
Kinderzimmer	barnkammare -n -
Kinn	hak/a -an -or
Kino	bio -n, biografer
Kiosk	kiosk -en -er
Kippe	fimp -en -ar
Kirche	kyrk/a -an -or
Kirchturm	kyrktorn -et -
Kirsche	körsbär -et -
Kiste	back -en -ar
Klacks	klick -en -ar
klagen	klag/a -ar -ade -at
Klammer	parentes -en -er
Klappe	luck/a -an -or
klar	klar
Klasse	klass -en -er
Klassenkamerad	klasskompis -en -ar
Klassenzimmer	klassrum -met -
Klatschtante	skvallertant -en -er
Klaue	klo -n -r
Klavier	piano -t -n
Kleid	klänning -en -ar
Kleider	kläder
Kleidergeschäft	klädbutik -en -er
Kleiderschrank	garderob -en -er
Kleidungsstück	klädesplagg -et -
klein	liten
Kleingebäck	småkakor
klingeln	ring/a -er -de -t
klingen	låt/a -er, lät, låtit
klobig	klumpig
klopfen	bult/a -ar -ade -at
Klosterstiftung	klosterstiftelse -n -r
klug	klok
Knäckebrot	knäckebröd -et -
knacken	knak/a -ar -ade -at

Knall	smäll -en -ar
kneten	knåd/a -ar -ade -at
Kniff	knep -et -
Knoblauch	vitlök -en -ar
Knospe	knopp -en -ar
knoten	knyt/a -er, knöt, knutit
knurren	knurr/a -ar -ade -at, morr/a -ar -ade -at
Koch, Köchin	kock -en -ar
kochen (100°C)	kok/a -ar -ade -at
Kochplatte	kokplatt/a -an -or
Koffer	kappsäck -en -ar, resväsk/a -an -or
Kofferraum	bagageluck/a -an -or
Kofferraum-volumen	bagagevolym -en
Kognak	konjak -en
Kohl	kål -en
kollidieren	kollider/a -ar -ade -at
kombinieren	kombiner/a -ar -ade -at
Komfort	komfort -en
komisch	konstig
kommen	komm/a -er, kom, kommit
zu spät kommen	komma, kommer, kom, kommit försent
Kommode	byrå -n -ar
Kommune	kommun -en -er
Komödie	komedi -n -er
Konditional	konditionalis
Konferenz	konferens -en -er
Konfitüre	sylt -en -er
König	kung -en -ar
Königin	drottning -en -ar
königlich	kunglig
Königsgrab	kungagrav -en -ar
Königspaar	kungapar -et -
Konjunktion	konjunktion -en -er
können	förmå -r -dde -tt, kunna, kan, kunde,kunnat
Konservendose	konservburk -en -ar
konstitutionell	konstitutionell
konstruieren	konstruer/a -ar -ade -at
Kontakt	kontakt -en -er
Kontinent	kontinent -en -er
kontrollieren	koll/a -ar -ade (kontrollera)
Konversation	konversation -en -er
konzentriert	skärpt
Konzert	konsert -en -er
Kopenhagener	wienerbröd -et -
Kopf	huvet (huvudet), huvud -et -
Kopfkissen	huvudkudd/e -en -ar
Kopfschmerzen	huvudvärk -en
Kopie	kopi/a -an -or
Koppel	gärde -t -n
Körperteil	kroppsdel -en -ar
Körpertemperatur	kroppstemperatur -en -er
korrigieren	rätt/a -ar -ade -at (till)
kosten	kost/a -ar -ade -at
Kostüm	dräkt -en -er
Krabbe	räk/a -an -or
Krabbenbrot	räksmörgås -en -ar
Krabbensalat	räksallad -en -er
krachen	knak/a -ar -ade -at
kräftig	kraftig
Kraftwerk	kraftstation -en -er
krähen	gala, gal, gol, galit
Kram	pryl -en -ar
Krankenhaus	sjukhus -et -
Krankenschwester	sjukskötersk/a -an -or
Kranz	krans -en -ar
Kraut	ört -en -er
frische Kräuter	kryddgrönt
Kräuterlösung	kryddlag -en
kreativ	kreativ

Krebs	canc/er -ern -rar, kräft/a -an -or
Krebsfest	kräftskiv/a -an -or
Kreditkarte	kontokort -et -
Kreis	ring -en -ar
Kreisel	rondell -en -er
Kreuzfahrtschiff	kryssare -n
Kreuzung	korsning -en -ar
Kreuzworträtsel	korsord -et -
kribbeln im Bauch	kill i magen
Kriebelmücke	knott -et -
Krieg	krig -et -
Kriegs-	örlogs-
Kriegsschiff	regalskepp -et -
Kriegsszene	stridsscen -en -er
Krimi	deckare -n -
Krippe	julkrubb/a -an -or
Krocket	krocket -en
Krone	kron/a -an -or
Krümel	smul/a -an -or
krümeln	smul/a -ar -ade -at
Kuchen	kak/a -an -or
Kuchenform	form -en -ar
Küche	kök -et -
Küchentisch	köksbord -et -
Kugelschreiber	kulspetspenn/a -an -or
Kuh	ko -n -r
kühl	kylig
Kühlschrank	kylskåp -et -
Kuhstall	kostall -et -
Küken, Hähnchen	kyckling -en -ar
Kunde	kund -en -er
Kunst	konst -en -er
Kunsthandwerk (schwed.)	hemslöjd -en
Künstler	konstnär -en -er
Künstlerin	konstnärinn/a -an -or
Kurs	kurs -en -er
Kurve	kurv/a -an -or, sväng -en -ar
kurz	hastig, kort
Kusine/Vetter	kusin -en -er
Küssen	kyss/a -er -te -t
Kuß	kyss -en -ar

L

lächeln	le -r, log, lett
Lächeln	leende -t -n
lächerlich	löjlig
Lachs	lax -en -ar
Laden	affär -en -er, bod -en -ar, butik -en -er
kleiner Laden	shop -en -ar
Lage	läge -t -n
jetzige Lage	nuläge -t -n
Lager	lag/er -ret -
Lamm	lamm -et -
Lampe	lamp/a -an -or
Lampion	papperslykt/a -an -or
Land	land -et, länder
an Land gehen	gå -r, gick, gått iland
landen	hamn/a -ar -ade -at
Landesmuseum	länsmuse/um -et -er
Landsäugetier	landdäggdjur -et -
Landschaft	landskap -et -
Landwirt	lantbrukare -n -
Landwirtschaft	jordbruk -et -
Landzunge	udd/e -en -ar
lang	lång
lange	länge
lange her	längesedan
Länge	längd -en -er
länglich	avlång
langsam	långsam

langweilig	tråkig
Du Langweiler!	Din tråkmåns!
Lärm	bull/er -ret
lassen	låt/a -er, lät, låtit, lämn/a -ar -ade -at
Laternenpfahl	lyktstolp/e -en -ar
Lätzchen	haklapp -en -ar
Laub	löv -et -
laufen	spring/a -er, sprang, sprungit
Lauge	lut -et -
Laune	humör -et
laut	enligt, högt
lauten	lyd/a -er, löd, lytt
leben	lev/a -er -de -t
Leben	liv -et -
Lebensbaum	livsträd -et -
lebensbejahend	livsbejakande
Lebenslauf	meritförteckning -en -ar
Lebensmittel-vergiftung	matförgiftning -en -ar
Lebensstandard	levnadsstandard -en -er
Leber	lev/er -ern -rar
Leberblümchen	blåsipp/a -an -or
Leberpastete	leverpastej -en -er
lebhaft	livlig
lecken	slick/a -ar -ade -at
lecker	god, gott
Leder	läd/er -ret
Leder	skinn -et -
leer	slut, tom
leeren	töm/ma -mer -de -t
legen	lägg/a -er, la(de), lagt
Lehrer	lärare -n -
Leibarzt	livmedikus -en
Leichtbier	lättöl -et -
Leid	vis/a -an -or
leiden	lid/a -er, led, lidit
leider	tyvärr
leihen	lån/a -ar -ade -at
Leinwand	filmduk -en -ar
leise	tyst
sich etwas leisten	ha -r, hade, haft råd
Leistung	prestation -en -er
leiten	led/a -er, ledde, lett
Leiter	steg/e -en -ar
lernen	lär/a, lär, -de -t sig
lesen	läs/a -er -te -t
letzter/letztes/letzte	sista
Leuchter	ljusstak/e -en -ar
Leuchtturm	fyr -en -ar
Lexikon	lexikon -et -
lieb	rar, snäll
Liebe	kärlek -en -ar
Liebe/Lieber...	Kära ...
lieben	älsk/a -ar -ade -at
lieber	hellre
Liebesfilm	kärleksfilm -en -er
liebevoll	kärleksfull
Lieblingsschau-spieler/in	favoritskådis
am liebsten	helst
Lied	sång -en -er
liegen	ligg/a -er, låg, legat
Liegestuhl	vilstol -en -ar
lila	lila
nach links	till vänster
Linie	linj/e -en -er
links von	till vänster om
nach links	till vänster
Lippenstift	läppstift -et -
Liter	liter -n
Literatur	litteratur -en -er
Loch	hål -et -, grop -en -ar
locken	lock/a -ar -ade -at

locker	lös
Löffel	sked -en -ar
Lohn	lön -en -er
Lohnbuchhalter/-in	lönekontorist -en -er
sich lohnen	lön/a -ar -ade -at sig
Los	lott -en -er
löschen	släck/a -er -te -t
lose	lös
lösen	lös/a -er -te -t
Lotterie	lotteri -(e)t -er
Löwe	lejon -et -
loyal	lojal
Luchs	lodjur -et -
Luciagebäck	lussekatt -en -er
Luciakrone	luciakron/a -an -or
Luciatag	luciadag -en -ar
Luciazug (Lucia mit Gefolge)	luciatåg -et -
Luft	luft -en -er
lügen	ljug/a -er, ljög, ljugit
Luke	luck/a -an -or
Lust	lust -en
lustig	kul, rolig, skojig
lutschen	sug/a -er, sög, sugit
luxeriös	lyxig
Luxus	lyx -en
Luxuskreuzfahrt	lyxkryssning -en -ar

M

machen	göra, gör, gjorde, gjort, syssl/a -ar -ade -at med
etwas nicht machen müssen	slipp/a -er, slapp, sluppit
Macht	makt -en -er
Mädchen	flick/a -an -or
Mädchen, in Lucias Gefolge	tärn/a -an -or
Mädchen, junge Frau	tjej -en -er
Magen	mag/e -en -ar
Magen-beschwerden	magbesvär -et -
mager	tanig
mahlen	mal/a, mal, -de -t
Mahlzeit	måltid -en -er
Mahlzeit ca. 12 Uhr	lunch -en -
Mai	maj
Maifeuer	majbål -et -
Maiglöckchen	liljekonvalj -en -er
Majorsfrau	majorsk/a -an -or
Mal	gång -en -er
malen	mål/a -ar -ade -at
manchmal	ibland
Mandel	mand/el -eln -lar
Mandeln (gebrannt)	brända mandlar
mangelnde	bristande
Mann	man -nen, män
alter Mann	gubb/e -en -ar
Männchen	han/e -en -ar
Mannschaft	lag -et -
Mantel	kapp/a -an -or
Märchen	sag/a -an -or
Margarine	margarin -et -er
Marine-	örlogs-
Marke	märke -t -n
Marketing	marknadsföring -en
markieren	marker/a -ar -ade -at
Markt	marknad -en -er
Marktplatz	torg -et -t
Marmelade	marmelad -en -er
Marzipan	marsipan -en
März	mars
Maßband	måttband -et -
Maßeinheit	måttenhet -en -er
mäßig	måttlig
Mastkalb und Hummer	gödkalv och hummer
Material	material -et -
Mathe	matte -n
Mauer	mur -en -ar
Maus	mus -en, möss
Mayonnaise	majonnäs -en
Medaillon	medaljong -en -er
Medizin	medicin
Meer	hav -et -
Meeresgrund	havsbott/en -nen -nar
Mehl	mjöl -et
mehr	mer, mera
Mehrwegflasche	returflask/a -an -or
Mehrwertsteuer	mervärdesskatt -en -er, moms -en -er
Meiereiprodukt	mejerivar/a -an -or
Meile	mil (10 kilometer)
meine	min
meinen	men/a -ar -ade -at
Meinung	mening -en -ar
meistens	för det mesta
melancholisch	melankolisk
Menge	mängd -en -er
eine ganze Menge	en hel del
Menschen	människ/a -an -or
merken	märk/a -er -te -t, märkas, märks, märktes, märkts
merkwürdig	märkvärdig, underlig
Messe	mäss/a -an -or
messen	mät/a -er -te -t
Messer	kniv -en -ar
Messing	mässing -en
Metall	metall -en -er
Mettwurst	medvurst -en -ar
Mietshaus	hyreshus -et -
Mikrowelle	mikrovågsugn -en -ar
Milch	mjölk -en
Milchreis	risgrynsgröt -en
Militär	militär -en -er
Million	miljon -en -er
Mineralwasser	mineralvatt/en -net -
Miniatur	miniatyr -en -er
Minigolf	minigolf -en
mischen	bland/a -ar -ade -at
mit	med
mitarbeiter-freundlich	personalvänlig
mitbestimmend	medbestämmande
Mitglied	medlem -men -mar
Mitgliedschaft	medlemskap -et -
mitkommen	följ/a -er -de -t med
Mittag	middag -en -ar
Mittagspause	lunchrast -en -er
Mittel	resurs -en -er
Mittelalter	medeltid -en
Mittelpunkt	medelpunkt -en -er
mitten auf	mitt på
Mitternachtssonne	midnattssol -en
Mittsommer	midsommar, midsommardag -en -ar
Mittwoch	onsdag -en -ar
mitwirken	medverk/a -ar -ade -at
Möbel	möb/el -eln -ler
Mode	mode -t -n
Modell	modell -en -er
Moderator/-in	programledare -n -
modern	modern
Mofa	moped -en -er
mögen	gill/a -ar -ade -at, tyck/a -er -te -t om
mögen, möge	må
möglicherweise	möjligen, möjligtvis
Mohrrübe	morot -en, morötter
Moment	stund -en -er
im Moment	just nu
Monarchie	monarki -n -er
Monat	månad -en -er
Mond	mån/e -en -ar
Montag	måndag
Motorhaube	motorhuv -en -ar
Motorleistung	motoreffekt -en -er
Motorrad	motorcyk/el -eln -lar
Mücke	mygg/a -an -or
Mücken	mygg
Mückenmittel	myggmed/el -let -
müde	trött
Mühe	besvär -et -
mühsam	jobbig
Müll	sop/a -an -or
Mülleimer	soptunn/a -an -or
Mund	mun -nen -nar
Mund öffnen	gap/a -ar -ade -at
Mündung	mynning -en -ar
munter	pigg
Münztankautomat	sedelautomat -en -er
murren	murr/a -ar -ade -at
Museum	muse/um -et -er
Musik	musik -en
müssen	böra, bör, borde, bort, måste
Muster	mönst/er -ret -
mutlos	nedstämd
Mutter	mor (moder -n, mödrar)
Mütze	luv/a -an -or

N

n.C. (nach Christus)	e.Kr. (efter Kristus)
nach	efter, till
nach Angaben	enligt
Nachbar	grann/e -en -ar
nachdenklich	betänksam
nacheinander	i tur och ordning
nachfüllen	fyll/a -er -de -t på
Nachmittag	eftermiddag -en -ar
Nachname	efternamn -et -
Nachricht	nyhet -en -er
nachstehend	nedanstående
nächster/nächste/ nächstes	närmaste, nästa
Nacht	natt -en, nätter
Nachteil	nackdel -en -ar
Nächte	nätter
Nachtisch	efterrätt -en -er
Nachttisch	nattduksbord -et -
Nadel	nål -en -ar
Nagel	spik -en -ar
nagen	gnag/a -er -de -t
nahe	nära
in der Nähe	i närheten
nähen	sy -r -dde -tt
Nähmaschine	symaskin -en -er
Nahrung	föd/a -an
Name	namn -et -
nämlich	nämligen
Nanu!	Oj då!
Nase	näs/a -an -or
Nasentropfen	näsdropp/e -en -ar
Nationalität	nationalitet -en -er
Nationaltag	nationaldag -en -ar
Natur	natur -en -er
Naturforscher	naturforskare -n -
Naturliebhaber	friluftsälskande
Naturreichtum	naturresurs -en -er
Naturschätze	naturtillgång -en -ar
Naturschutz	naturvård -en
Naturschutzgebiet	naturreservat -et -
Nebel	dimm/a -an -or

neben	bredvid, intill
Nebenrolle	biroll -en -er
Nebensaison	lågsäsong -en -er
Nebensatz	bisats -en -er
neblich	dimmigt
Neffe	bror/son -sonen -söner, syster/son -sonen -söner
negativ	negativ
nehmen	ta -r, tog, tagit
nein	nej
Nelke	nejlik/a -an -or
nennen	kall/a -ar -ade -at
Nervenheilanstalt	mentalsjukhus -et -
nervös	nervös
nett	hygglig, trevlig
neu	ny
neugierig	nyfiken
Neuigkeit	nyhet -en -er
Neujahrstag	nyårsdagen -en -ar
neulich	nyligen
neutral	neutral
nicht	inte
Nichte	brors/dotter -dottern -döttrar, syster/dotter -dottern -döttrar
Nichtraucher	icke rökare
nichts	ingenting
Nickerchen	tupplur -en -ar
niedlich	gullig
niemals	aldrig
Nikotingehalt	nikotinhalt -en -er
niesen	nys/a -er -te -t
Nobelpreisträger	nobelpristagare -n -
Nobeltag	nobeldag -en -ar
noch	än, ännu
noch mal 15 Min.	15 min. till
nonchalant	nonchalant
Norden	norr
nördlich	nordlig
nordöstlich	nordostlig
nordwestlich	nordvästlig
nörgeln	gnäll/a -er -de -t
Norwegen	Norge
Norweger	norr/man -mannen -män
Norwegerin	norsk/a -an -or
norwegisch	norska
notieren	anteckn/a -ar -ade -at, noter/a -ar -ade -at
Notiz	anteckning -en -ar
notwendig	nödvändig
Novelle	novell -en -er
November	november
Nuance	nyans -en -er
Nummer	num/mer -ret -
nur	bara, enbart, endast
Nuß	nöt -en, nötter

O

oben	ovan, uppe
nach oben	upp
Oberbekleidung	ytterkläder
Oberfläche	yt/a -an -or
oberflächlich	ytlig
oberhalb	ovanför
Oberlandesgericht	Svea hovrätt -en
Objekt	objekt -et -
obligatorisch	obligatorisk
Obst	frukt -en -er
obwohl	fastän, trots att
Ochse	ox/e -en -ar
oder	eller
öde	öde
Ofen	ugn -en -ar
im Ofen backen	ugnsbak/a -ar -ade -at
Ofentemperatur	ugnstemperatur -en -er
offen	öppen
offenherzig	öppenhjärtig
öffnen	öppn/a -ar -ade -at
oft	ofta
ohne	utan
ohne weiteres	utan vidare
in Ohnmacht fallen	svimm/a -ar -ade -at
Ohr	öra -t, öron
Ohrfeigen	örfil/a -ar -ade -at
OK	OK (Okej)
ökologisch	ekologisk
ökonomisch	ekonomisk
Oktober	oktober
Öl	olj/a -an -or
Ölstand	oljenivå -n -er
Oma (Mutters Mutter)	mor/mor -modern -mödrar
Oma (Vaters Mutter)	far/mor -modern -mödrar
Onkel (Mutters Bruder)	mor/bror -brodern -bröder
Onkel (Vaters Bruder)	far/bror -brodern -bröder
Opa (Mutters Vater)	mor/far -fadern -fäder
Opa (Vaters Vater)	far/far -fadern -fäder
Oper	oper/a -an -or
Operation	operation -en -er
operativ	operativ
Optiker	optiker -n -
optimistisch	optimistisk
Orchester	orkest/er -ern -rar
ordentlich	ordentlig
Ordner	pärm -en -ar
Ordnung	ordning -en -ar
Ordnungszahl	ordningstal -et -
Organisation	organisation -en -er
organisieren	ordn/a -ar -ade -at, organiser/a -ar -ade -at
Orientierungsvermögen	orienteringsförmåg/a -an
Original	original -et -
Ornament	ornament -et -
Ort	ort -en -er
größerer Ort	tätort -en -er
örtlich	lokal
Ortschaft	samhälle -t -n
Osten	öster
Osterbuffet	påskbord -et -
Osterei	påskägg -et -
Ostermontag	annandag påsk
Ostern	påsk -en -ar
Österreich	Österrike
Österreicher	österrikare -n -
Österreichin	österrikisk/a -an -or
Ostersonnabend	påsk/afton -aftonen -aftnar
Ostersonntag	påskdag -en -ar
Ostküste	ostkust -en
östlich	ostlig

P

Paar	par -et -
packen	pack/a -ar
Paket	paket -et -
panieren und überbacken	griljer/a -ar -ade -at
Panne	motorstopp -et -
Pantomime	pantomim -en -er
Papier	papper -et -
Papierhut	pappershatt -en -ar
Pappbecher	pappersmugg -en -ar
Pappel	popp/el -eln -lar
Paradies	paradis -et -
Parfüm	parfym -en -er
Park	park -en -er
parken	parker/a -ar -ade -at
Parkhaus	parkeringshus -et -
Parkplatz	parkeringsplats -en -er
Parlament	parlament -et -
Partner	sambo -n -r
Partykeller	gillestug/a -an -or
Pass auf!	Akta dej!
Passagier	passagerare -n -
passen	pass/a -ar -ade -at
passen zu	match/a -ar -ade -at till
passieren	händ/a -er, hände, hänt, passer/a -ar -ade -at
passioniert	passionerad
Passkontrolle	passkontroll -en -er
Patient	patient -en -er
pauken	plugg/a -ar -ade -at
Pech	otur -en
Periode	period -en -er
Person	person -en -er
Personal	personal -en -er
Personenschaden	personskad/a -an -or
persönlich	personlig
Persönlichkeit	personlighet -en -er
Petersilie	persilja -n
Petroleumlampe	fotogenlamp/a -an -or
Pfad	led -en -er, stig -en -ar
Pfahl	stolp/e -en -ar
Pfand	pant -en -er
Pfanne für kleine Pfannkuchen	plättpann/a -an -or
Pfannkuchen	pannkak/a -an -or
kleiner Pfannkuchen	plätt -en -ar
Pfarrer	präst -en -er
Pfeffer	peppar -n
Pfefferkuchen	pepparkak/a -an -or
Pfefferstreuer	pepparströare -n -
Pfeife	pip/a -an -or
pfeifen	vin/a -er, ven, vinit
pfeifen auf etwas	strunt/a -ar -ade -t i
Pfeil	pil -en -ar
Pferd	häst -en -ar
Pferdekarre	hästkärr/a -an -or
pfiffig	fiffig
Pfingsten	pingst -en -ar
Pfingstmontag	annandag pingst
Pfingstsonnabend	pingst/afton -aftonen -aftnar
Pfingstsonntag	pingstdag -en -ar
Pflanze	växt -en -er
pflanzen	planter/a -ar -ade -at
Pflanzenwelt	växtrike -t -n
Pflaster	plåst/er -ret -
zu machen pflegen	bruk/a -ar -ade -at
pflichtbewußt	plikttrogen
pflücken	plock/a -ar -ade -at
Pforte	grind -en -ar
pfui	usch
Phantasie	fantasi -n -er
phantasiereich	fantasifull
Phantasiewesen	fantasiväsen (ett)
phantastisch	fantastisk
phlegmatisch	flegmatisk
Phrase	fras -en -er
Physik	fysik -en
Pianist/in	pianist -en -er
Pilot -in	pilot -en -er
Pilz	svamp -en -ar
Pinsel	pens/el -eln -lar
pinseln	pensl/a -ar -ade -at

Pin-Wand	anslagstavl/a -an -or
Plakette	brick/a -an -or
Plan	plan -en -er
Planung	planering -en -ar
Plastik	plast -en -er
Plastikrodelschale	pulk/a -an -or
Plattenspieler	skivspelare -n -
platzen	sprick/a -er, sprack, spruckit
Plural	plural
Plusgrad	plusgrad -en -er
Poesiealbum	poesialbum -et -
Politik	politik -en
Polizei	polis -en
Polizeischule	polisskolan
Polizist	polis -en -er
polnisch	polsk
Polstergarnitur	soffgrupp -en -er
Pomeranzenschale	pomeransskal -et -
Pool	pool -en -er
Porree	purjolök -en -ar
Portemonnaie	portmonnä -n -er
Portion	portion -en -er
Porträt	porträtt -et -
Porzellan	porslin -et
positiv	positiv
Post	post -en
Postbote	brevbärare -n -
Posten	post -en -er
Postkarte	vykort -et -
Postleitzahl	postnum/mer -ret -
prächtig	präktig
prägen	prägl/a -ar -ade -at
Praktikant	praktikant -en -er
Praktikum	praktik -en
praktisch	praktiskt
Prämie	prem/ie -n
Präposition	preposition -en -er
Präsens	presens
Präteritum	preteritum
Praxis	mottagning -en -ar
predigen	predik/a -ar -ade -at
Predigt	predikan (en)
Preis	pris -et -er
Preis zum Vergleichen	jämförpris -et -er
Preiselbeere	lingon -et -
Preiselbeerenreisig	lingonris -et -
Preßsülze	pressylt/a -an -or
Prinzessin	prinsess/a -an -or
pro	per
Problem	problem -et -
Produkt	produkt -en -er
produzieren	producer/a -ar -ade -at
Professor	professor -n -er
Programm	program -met -
Promille	promille -n
Pronomen	pronom/en -enet -ina
Prost!	Skål!
Provinz	landskap -et -, provins -en -er
Provinziallandtag	landsting -et -
Prüfung	prov -et -
sich prügeln	slåss, slåss, slogs, slagits
PS	hk (hästkrafter)
psychologisch	psykologisk
Publikum	publik -en -er
Puderzucker	florsock/er -ret
Pullover	jump/er -ern -rar, tröj/a -an -or
Punkt	poäng -en -, punkt -en -er
Puppenhaus	dockskåp -et -
Pürree, Brei	mos -et

Q

Qualität	kvalité -n -er, kvalitet -en -er
quieken	pip/a -er, pep, pipit

R

Rad	hjul -et -
radeln	cykl/a -ar -ade -at
Radio	radio -n, radioapparater
Ragout	ragu -n -er
Rahmen	ram -en -ar
Rasen	gräsmatt/a -an -or
Rasenmäher	gräsklippare -n -
sich rasieren	rak/a -ar -ade -at sig
rastlos	rastlös
Rat	råd -et -
raten	giss/a -ar -ade -at
Rathaus	rådhus -et -
Rätsel	gåt/a -an -or
Ratte	råtț/a -an -or
Rattenloch	råtthål -et -
Raubvogel	rovfåg/el -eln -lar
Raubvogelvorführung	rovfågeluppvisning -en -ar
rauchen	rök/a -er -te -t
rechnen	räkn/a -ar -ade -at
Rechnung (im Restaurant)	not/a -an -or
recht haben	ha -r, hade, haft rätt
rechts von	till höger om
nach rechts	till höger
Rechtskurve	högerkurv/a -an -or
rechtzeitig	i tid
Reformhaus	hälsokostaffär -en -er
Regal	hyll/a -an -or
Regel	reg/el -eln -ler
Regen	regn -et
Regenschirm	paraply -et -er (-n)
Regenwurm	daggmask -en -ar
regieren	reger/a -ar -ade -at
Regierung	regering -en -ar
Regisseur	regissör -en -er
regnen	regn/a -ar -ade -at
regnerisch	regnig
Reh	rådjur -et
reich	rik
Reich	rike -t -n
reichen	räck/a -er -te -t
Reichsgräfin	riksgrevinn/a -an -or
Reichsrat	riksråd -et -
Reichstag	riksdag -en -ar
reif	mogen
Reifen	däck -et -
reifen	mogn/a -ar -ade -at
Reifenpanne	punktering -en -ar
Reihe	rad -en -er
an der Reihe sein	tur -en -er
Reim	rams/a -an -or
Reis	ris -et
Reise	res/a -an -or
Reisebüro	resebyrå -n -er
reisen	res/a -er -te -t
Reisetag	resdag -en -ar
Reisig	ris -et -
reiten	rid/a -er, red, ridit
Reklame	reklam -en -er
Rekonstruktion	rekonstruktion -en -er
Renaissance	renässans -en -er
renovieren	renover/a -ar -ade -at
Rentier	ren -en -ar
Rentierhaltung	renskötsel -n
Rentner	pensionär -en -er
reparieren	lag/a -ar -ade -at, reparer/a -ar -ade -at
Replik	replik -en -er
Reporter	report/er -ern -rar
Residenz	residens -et -
Ressourcen	resurs -en -er
Rest	rest -en -er
Restaurant	restaurang -en -er
retten	rädd/a -ar -ade -at
Rettungsboot	räddningsbåt -en -ar
Rettungswagen	ambulans -en -er
Rezept	recept -et -
Rezeption	reception -en -er
richtig	rätt
Richtlinie	riktlinj/e -en -er
Richtung	håll -et -, riktning -en -ar
riechen	lukt/a -ade -at
Riese	jätt/e -en -ar
Rinde	bark -en
Rinderfilet	oxfilé -n -er
Ring	ring -en -ar
Risiko	risk -en -er
riskieren	risker/a -ar -ade -at
Risotto	risotto -n
Rock	kjol -en -ar
Rohmarzipan	mandelmassa -n
Rolle	roll -en -er, rull/e -en -ar
rollen	rull/a -ar -ade -at
Rollenspiel	rollspel -et -
Roman	roman -en -er
wilde Rose	törnros -en -er
Rosine	russin -et -
rosten	rost/a -ar -ade -at
rösten	rost/a -ar -ade -at
rot	röd
Rücken	rygg -en -ar
Rückenhöhe	mankhöjd -en -er
Rucksack	ryggsäck -en -ar
Rückseite	baksid/a -an -or
Rücksicht	hänsyn -en -
rücksichtslos	hänsynslös
rücksichtsvoll	hänsynsfull
Rückspiegel	backspeg/el -eln -lar
rudern	ro -r -dde -tt
rufen	kall/a -ar -ade -at, rop/a -ar -ade -at
ruhig	lugn
rühren	rör/a, rör -de -t
sich rühren	rör/a, rör -de -t sig
Rührschüssel	bunk/e -en -ar
Rumpelkammer	skräpkammare -n -
Rumpf	skrov -et -
rund um die Uhr	dygnet runt
Rundgang	rundvandring -en -ar
Runenstein	runsten -en -ar
Rute	ris -et -

S

Saal	sal -en -ar
Saat	gröd/a -an -or
Sache	sak -en -er
sachlich	saklig
Sack	säck -en -ar
Sackgasse	återvändsgat/a -an -or
Saft	juic/e -en -er, saft -en -er
saftig	mustig
sagen	säg/a -er, sa(de), sagt
Säge	såg -en -ar
Sägewerk	sågverk -et -
Sahne	grädde -n
Sahnebonbon	knäck -en -ar
Salat	sallad -en -er
Salatkopf	salladshuvud -et -

Deutsch - Schwedisch

Salon	förmak -et -
Salz	salt -et -er
salzen	salt/a -ar -ade -at
Salzgurke	saltgurk/a -an -or
Salzstreuer	saltströare -n -
Same	sam/e -en -er
Samisch	samiska -n
sammeln	saml/a -ar -ade -at
Sammlung	samling -en -ar
Samstag	lördag
sämtliche	samtliga
Samtrock	sammetskjol -en -ar
Sandale	sandal -en -er
Sänger	sångare -n -
Satz	mening -en -ar
sauber	ren
saubermachen	städ/a -ar -ade -at
Sauce	sås -en -er
sauer	sur
saugen	sug/a -er, sög, sugit
Sauna	bastu -n -r
Sausen	sus
schade	synd
schaden	skad/a -ar -ade -at
jemandem nichts schaden	vara, är, var, varit rätt åt någon
schaffen	hinn/a -er, hann, hunnit, ork/a -ar -ade -at, skap/a -ar -ade -at, klar/a -ar -ade -at (av)
Schaffner	konduktör -en -er
schälen	skal/a -ar -ade -at
Schalter	luck/a -an -or
sich schämen	skäm/mas -s -des -ts
Schampoo	schampo -t -n
Schären (schwed.)	skärgård -en -ar
Schatten	skugg/a -an -or
Schatz	skatt -en -er
schätzen	uppskatt/a -ar -ade -at
schauen	titt/a -ar -ade -at
Schaufenster	skyltfönst/er -ret -
Schaukel	gung/a -an -or
schaukeln	gung/a -ar -ade -at
Schaukelstuhl	gungstol -en -ar
Schauspieler	skådespelare -n -
Scheck	check -en -ar
Scheibenwischer	vindrutetorkare -n -
scheinen	skin/a -er, sken, skinit, tyck/as -as -tes -ts, verk/a -ar -ade -at
Scheinwerfer	strålkastare -n -
Schenkung	donation -en -er
Schere	klo -n -r, sax -en -ar
scheuern	skur/a -ar -ade -at
Scheune	lad/a -an -or, log/e -en -ar
schichten	varv/a -ar -ade -at
schicken	skick/a -ar -ade -at
sich schicken	pass/a -ar -ade -at sig
schief	sned
schießen	skjut/a -er, sköt, skjutit
Schießscharte	skottglugg -en -ar
Schiff	skepp -et -
Schiffsbruch	förlisning -en -ar
Schiffsetzung	skeppssättning -en -ar
Schild	skylt -en -ar
schildern	skildr/a -ar -ade -at
schimmern	glimt/a -ar -ade -at
Schinken	skink/a -an -or
Schlachter	slaktare -n -
Schlafgemach	sängkammare -n -
schläfrig	sömnig
Schlafzimmer	sovrum -met -
Schlag	slag -et -
schlagen	slå -r, slog, slagit, visp/a -ar -ade -at

sich schlagen	slåss, slåss, slogs, slagits
Schlagsahne	vispgrädde -n
Schlange	kö -n -er
schlank	smärt
schlecht	dålig
schleichen	smyg/a -er, smög, smugit
Schleimhaut	slemhinn/a -an -or
Schleudern	sladd -en -ar
schließen	slut/a -er, slöt, slutit
schlimm	farlig
Schlips	slips -en -ar
Schlitten	kälk/e -en -ar
Schlittschuh	skridsko -n -r
Schloß	lås -et -, slott -et -
schlucken	svälj/a -er, svalde, svalt
Schlüssel	nyck/el -eln -lar
Schlüsselblume	gullviv/a -an -or
Schlüsselbund	nyckelknipp/a -an -or
schmal	trång
Schmalspur	smalspår -et -
schmalspurig	smalspårig
Schmant	gräddfil -en
schmecken	smak/a -ar -ade -at
schmelzen	smält/a -er -te -t
Schmerzen haben	ha ont i ...
Schmetterling	fjäril -en -ar
Schmiedearbeit	smide -t -n
schmücken	klä -r -dde -tt, pynt/a -ar -ade -at
schmutzig	smutsig
Schnaps	nubb/e -en -ar, snaps -en -ar
Schnapslied	snapsvis/a -an -or
Schnee	snö -n
Schneefeld	snöfält -et -
schneiden	klipp/a -er -te -t, skära, skär, skar, skurit
schneien	snö/a -ar -ade -at
schnell	fort, snabb
Schnellstraße	motortrafikled -en -er
sich schneuzen	snyt/a -er, snöt, snutit sig
Schnupfen	snuv/a -an -or
Schnurrbart	mustasch -en -er
Schock	chock -en -er
Schokolade	choklad -en -er
Schokolade (Tafel)	chokladkak/a -an -or
schon	redan
schön	skön, trevlig
Schönheit	skönhet -en -er
auf dem Schoß	i knä -t -n
Schrank	skåp -et -
Schraube	skruv -en -ar
Schraubenzieher	skruvmejs/el -eln -lar
schrecklich	förskräcklig, hemsk
schreiben	skriv/a -er, skrev, skrivit
Schreibmaschine	skrivmaskin -en -er
Schreibtisch	skrivbord -et -
schriftlich	skriftligt
Schriftsteller	författare -n -
Schritt	fjät -et -, steg -et -
Schublade	låd/a -an -or
schüchtern	blyg
Schuh	sko -n -r
ohne Schuh	strumpsock/a -an -or
Schuhgeschäft	skoaffär -en -er
Schuhregal	skohyll/a -an -or
Schuld	skuld -en -er
schuldig	skyldig
Schule	skol/a -an -or
Schüler	elev -en -er
Schulreise	skolres/a -an -or
Schulstunde	lektion -en -er
Schultasche	skolväsk/a -an -or
Schuppen	bod -en -ar
Schürzkuchen	klenät -en -er
Schüttelfrost	fross/a -an -or

schütteln	skak/a -ar -ade -at
Schütteln	skakning -en -ar
Schütze	skytt/e -en -ar
schützen	skydd/a -ar -ade -at
schwach	svag
Schwager	svåg/er -ern -rar
Schwägerin	svägersk/a -an -or
schwanger	havande
Schwanz	stjärt -en -ar
schwarz	svart
schweben	sväv/a -ar -ade -at
Schwede	svensk -en -ar
Schweden	Sverige
Schwedenmilch	filmjölk -en
Schwedin	svensk/a -an -or
schwedisch	svensk, svenska
schwedische Kronen	svenska kronor
schwedische Pfennig	öre -t -n
Schwein	gris -en -ar
Schwelle	trösk/el -eln -lar
schwer (Gewicht)	tung
Schwertfisch	svärdfisk -en -ar
Schwester	syst/er -ern -rar
Schwiegersohn	svär/son -sonen -söner
Schwiegertochter	svär/dotter -dottern -döttrar
schwierig	svår
schwimmen	simm/a -ar -ade -at, flyt/a -er, flöt, flutit
Schwimmhalle	simhall -en -ar
Schwindel	yrsel -n
schwingen	sving/a -ar -ade -at
schwitzen	svett/as - as -ades -ats
See	sjö -n -ar
Seele	själ -en -ar
Seenotrettungsdienst	sjöräddning -en
Segel	seg/el -let -
Segelboot	segelbåt -en -ar
Segelfahrt	seglats -en -er
segeln	segl/a -ar -ade -at
sehen	se -r, såg, sett
Sehen	syn -en -er
sehenswert	sevärt
Sehenswürdigkeiten	sevärdhet -en -er
sehr	mycket, väl, väldig, hemsk
Seide	siden
Seidenband	sidenband -et -
Seidengardine	sidengardin -en -er
Seife	tvål -en -ar
Seil	lin/a -an -or
Seil	rep -et -
sein	sin
sein	vara, är, var, varit
Seite	sid/a -an -or
Sekretärin	sekreterare -n -
selber	på egen hand
selbst	själv
Selbstbedienung	självservering -en -ar
Selbstbeteiligung	självrisk -en
selbstsicher	självsäker
Selbstversorgung	självhushåll -et -
selbstverständlich	förstås, javisst, naturligtvis, självklart
selten	sällan
Senf	senap -en
senken	sänk/a -er -te -t
senkrecht	lodrätt
September	september
Serie	serie -n -r
Service	service -n
servieren	server/a -ar -ade -at
Serviette	servett -en -er

Sessel	fåtölj -en -er, vilstol -en -ar
setzen	sätt/a -er, satte, satt
sich setzen	sätt/a -er, satte, satt sig
auf etwas setzen	sats/a -ar -ade -at på
Sexualität	sexualitet -en
sich	sig
sicher/sicherlich	säkert
Sicherheit	säkerhet -en -er
Sicht	sikt -en
sichtbar	synlig
Sichtweise	syn -en -er på
sie	de, hon
Sieb	sil -en -ar
sieben	sikt/a -ar -ade -at
Siegel	inseg/el -let -
siegen	segr/a -ar -ade -at
Signal	signal -en -er
Signatur	signatur -en -er
Silbe	stavelse -n -r
Silvester	nyårs/afton -aftonen -aftnar
singen	sjung/a -er, sjöng, sjungit
Singular	singular
sinken	sjunk/a -er, sjönk, sjunkit
Sinn	sinne -t -n
Sinnlichkeit	sensualitet -en
Sirup	sirap -en
Situation	situation -en -er
Sitz	säte -t -n
sitzen	sitt/a -er, satt, suttit
Sitzung	möte -t -n
skandinavisch	skandinavisk
skeptisch	skeptisk
Ski fahren	åk/a -er -te -t skidor
Skulptur	skulptur -en -er
so	så
Sofa	soff/a -an -or
Sofatisch	soffbord -et -
sofort	med detsamma, genast
sog. (so genannt)	s.k (så kallad)
sogar	till och med
Sohn	son -en, söner
solche/solches/solche	sådan/sådant/sådana
sollen	böra, bör, borde, bort, skola, ska, skulle, skolat
Sommer	sommar -en, somrar
Sommerferien	sommarlov -et -
Sommerhaus	sommarstug/a -an -or
Sommersprosse	fräk/ne -nen -nar
sonderbar	underlig
sondern	utan
Sonne	sol -en -ar
Sonnenbrille	solglasögon
Sonnenuntergang	solnedgång -en -ar
sonnig	solig
Sonntag	söndag
Sonntags geöffnet	söndagsöppet
letzten Sonntag	i söndags
sonst	annars
sorgfältig	noga
Sorte	slag -et -
Sorten	sorters
Sortiment	sortiment -et -
soziale	sociala
Spaghetti	spagetti -n
Spalte	spalt -en -er
einen Spalt offenstehen	stå -r, stod, stått på glänt
Spanien	Spanien
Spanier	spanjor -en -er
Spanierin	spanjorsk/a -an -or
spanisch	spanska
spannend	spännande
sparen	spar/a -ar -ade -at
Spargel	sparris -en -ar

sparsam	sparsam
Spaten	spad/e -en -ar
später	senare
Spatz	gråsparv -en -ar, sparv -en -ar
Spaziergang	promenad -en -er
einen Spaziergang machen	ta -r, tog, tagit en promenad
Spediteur	speditör -en -er
Speisekarte	matsed/el -eln -lar
Speiseöl	matolj/a -an -or
Speisewagen	restaurangvagn -en -ar
Spezialisierung	inriktning -en -ar
speziell	speciell
Spiegel	speg/el -eln -lar
Spiel	lek -en -ar, spel -et -
spielen	spel/a -ar -ade -at
Spieler	spelare -n -
Spielfigur	spelpjäs -en -er
Spielfilm	långfilm -en -er
Spielmann	spel/man -mannen -män
Spinat	spenat -en
Spinne	spind/el -eln -lar
Spirituosen	sprit -en
Spitze	topp -en -ar
spontan	spontan
Sportplatz	idrottsplats -en -er
Sprache	språk -et -
Sprachkurs	språkkurs -en -er
Sprachreise	språkres/a -an -or
sprechen	prat/a -ar -ade -at, tal/a -ar -ade -at
Sprichwort	ordspråk -et -
Springbrunnen	fontän -en -er
Spritze	sprut/a -an -or
spritzen	sprits/a -ar -ade -at
Spühlmaschine	diskmaskin -en -er
staatlich	statlig
Staatsangehörigkeit	medborgarskap -et -
Staatsbürger	medborgare -n -
Staatsform	statsskick -et -
Stadt	stad -en, städer
die Stadt	stan (staden)
Stadtteil	stadsdel -en -ar
Staffelei	staffli -(e)t -n
Stahl	stål -et
stampfen	stamp/a -ar -ade -at
Standard	standard -en -er
ständig	jämt och ständigt
Standuhr mit Bauernmalerei, ursprünglich von Mora	moraklock/a -an -or
Stange	stång -en, stänger
vom Stapel lassen	sjösätt/a -er, sjösatte, sjösatt
stark	kraftig, stark
starten	start/a -ar -ade -at
statt dessen	i stället
stattfinden	äg/a -er -de -t rum
Statue	staty -n -er
Staubsauger	dammsugare -n -
Steak	stek -en -ar
stecken	stick/a -er stack, stuckit
Steckrübenmus	rotmos -et
Steg	brygg/a -an -or
stehen	stå -r, stod, stått
stehlen	stjäl/a, stjäl, stal, stulit
steigen	stig/a -er, steg, stigit, ök/a -ar -ade -at
Stein	sten -en -ar
Steinblock	stenblock -et -
stellen	ställ/a -er -de -t
sich stellen	låts/as -ar -ades -ats

sterben	dö -r, dog ,dött
Stern	stjärn/a -an -or
Sternanis	stjärnanis -en
Sternbild	stjärnbild -en -er
Sternsinger	stjärngoss/e -en -ar
Steuer	ratt -en -ar, skatt -en -er
Stiefel	stöv/el -eln -lar
Stift	penn/a -an -or
Stiftung	stiftelse -n -r
Stil	stil -en -ar
still	stilla
stimmen	stäm/ma -mer -de -t
stimulieren	stimuler/a -ar -ade -at
der erste Stock	en trappa upp
Stockfisch	lutfisk -en -ar
stolz	stolt
Stolz	stolthet -en
stopfen	stopp/a -ar -ade -at
Stoßdämpfer	stötfångare -n -
strahlen	strål/a -ar -ade -at
Strand	strand -en, stränder
Straße	gat/a -an -or
strategisch	strategisk
Strauß	bukett -en -er
Strecke	sträck/a -an -or
Streichholzschachtel	tändsticksask -en -ar
Streifen	striml/a -an -or
streifen	ströv/a -ar -ade -at
streiten	strid/a -er, stred, stridit
stressig	stressigt
Strich	streck -et -, rep -et -
stricken	stick/a -ar -ade -at
Strohbock	halmbock -en -ar
Strom	el (elektricitet) -en, älv -en -ar
Stromanschluß	eluttag -et -
strömen	strömm/a -ar -ade -at
Stromrechnung	elräkning -en -ar
Stromschnelle	fors -en -ar
Strophe	strof -en -er, vers -en -er
Strumpf	strump/a -an -or
Strumpfhose	strumpbyx/a -an -or
Stube	stuv/a -an -or
Stück	bit -en -ar
Student	student -en -er
Studentenleben	studentliv -et -
Studie	studie -n -r
studieren	läs/a -er -te -t, studer/a -ar -ade -at
Stuhl	stol -en -ar
stumm	stum
Stunde	timm/e -en -ar
stundenlang	i timmar
stur	envis
Sturm	storm -en -ar
Subjekt	subjekt -et -
Substantiv	substantiv -et -
suchen nach	let/a -ar -ade -at efter
Sud	spad -et -
Süden	söder
nach Süden	söderut
südfranzösisch	sydfransk
südlich	sydlig
südöstlich	sydostlig
südwestlich	sydvästlig
Supermarkt	snabbköp -et -
Suppe	sopp/a -an -or
Suppenteller	djup tallrik -en -ar
süß	söt
Symbol	symbol -en -er
sympathisch	sympatisk
Symptom	symptom -et -
Synonym	synonym -en -er
System	system -et -
Szene	scen -en -er

T

Tablett	brick/a -an -or
Tablette	tablett -en -er
(Wand-)Tafel	tavl/a -an -or
Tag	dag -en -ar, dan (dagen)
Tage	dar (dagar)
am Tag darauf	dagen därpå
die Tage zwischen Weihnachten und Neujahr	mellandagarna
Tag vor Mittsommer	midsommar/afton -aftonen -aftnar
Tagebuch	dagbok -en, dagböcker
Tagesstätte	daghem -met -, dagis -et -
Tagestour	endagstur -en -er
täglich	dagligen
Taille	midj/a -an -or
Tal	dal -en -ar
Tal im Hochgebirge	högfjällsdal -en -ar
Talkshow	pratshow -en -er
tanken	tank/a -ar -ade -at
Tankstelle	bensinstation -en -er, mack -en -ar
Tanne	gran -en -ar
Tante	tant -en -er
Tante (Mutters Schwester)	most/er -ern -rar
Tante (Vaters Schwester)	fast/er -ern -rar
Tanz	dans -en -er
spielerischer Tanz	vislek -en -ar
tanzen	dans/a -ar -ade -at
Tanzkursus	danskurs -en -er
Tasche	väsk/a -an -or
Tasche (Kleidung)	fick/a -an -or
Taschenlampe	ficklamp/a -an -or
Taschenmesser	fickkniv -en -ar
Taschenrechner	miniräknare -n -
Taschentuch	näsduk -en -ar
Tasse	kopp -en -ar
Tatsachen	fakta (plural)
Taube	duv/a -an -or
tauchen	dyk/a -er, dök, dykt
Taucher	dykare -n -
Taucherglocke	dykarklock/a -an -or
taufen	döp/a -er -te -t
taugen	dug/a -er, -de (dög), -t
(um)tauschen	byt/a -er -te -t
tausend	tusen
Taxi	taxi -n -
Taxizentrale	taxicentral -en -er
Teddy	nall/e -en -ar
Tee	te -(e)t -er
Teelöffel	tesked -en -ar (tsk)
Teenager	tonår -en (plural)
Teig	deg -en -ar
teilen	del/a -ar -ade -at
teilnehmen	delta -r, deltog, deltagit
Teilnehmer	deltagare -n -
teilweise	delvis
Telefon	telefon -en -er
Telefonbuch	telefonkatalog -en -er
Telefongespräch	telefonsamtal -et -
Telefonhäuschen	telefonkiosk -en -er
Telefonkarte	telefonkort -et -
Telefonnummer	telefonnum/mer -ret -
Telefontisch	telefonbord -et -
Telekommunikation	telekommunikation -en -er
Teller	tallrik -en -ar
größerer Teller	fat -et -
Temperatur	temperatur -en -er
Tennis	tennis -en

Teppich	matt/a -an -or
Termin	tid -en -er
Terminal	terminal -en -er
Terrasse	terrass -en -er
teuer	dyr
Teufel	djävul -en, djävlar
Text	text -en -er
Theater	teat/er -ern -rar
Theaterstück	pjäs -en -er
Thema	tema -t -n
Thermoskanne	termos -en -ar
tief	djup
Tiefdruck	lågtryck -et -
Tiefe	djup -et -
Tier	djur -et -
Tierpark	djurpark -en -er
Tierwelt	djurrike -t -n
Tiger	tig/er -ern -rar
Tip	tips -et -
Tisch	bord -et -
Tisch decken	duk/a -ar -ade -at
Tischdecke	duk -en -ar
Tischlampe	bordslamp/a -an -or
Tischler	snickare -n -
Tischordnung	bordsplacering -en -ar
toben	ras/a -ar -ade -at
Tochter	dotter -n, döttrar
Tochtergesellschaft	dotterbolag -et -
Tod	död -en
Toilette	toalett -en -er
Toilettenpapier	toalettpapp/er -ret -
tolerant	tolerant
tolpatschig	klumpig
Tomate	tomat -en -er
Ton	ton -en -er
Topf	gryt/a -an -or, kastrull -en -er
Topfpflanze	krukväxt -en -er
Tor	mål -et -
Torte	tårt/a -an -or
total voll	pin full
Tradition	tradition -en -er
tragen	bära, bär, bar, burit
Tragetasche	kass/e -en -ar
tragisch	tragisk
transportieren	transporter/a -ar -ade -at
Trauer	sorg -en -er
Traum	dröm -men -mar
träumen	drömm/a -er -de -t
traurig	trist, tråkig
traurig machen	bedröv/a -ar -ade -at
Trauung	vigs/el -eln -lar
Trecker	traktor -n -er
Treffen	träff -en -ar
treffen	träff/a -ar -ade -at
(be)treffen	drabb/a -ar -ade -at
sich treffen	träff/as -as -ades -ats
treiben	driv/a -er, drev, drivit
Treppe	trapp/a -an -or
Treppenhaus	trapphus -et -
Treppenstufe	trappsteg -et -
Tresen	disk -en -ar
treu	tillgiven, trofast, trogen
sich trimmen	motioner/a -ar -ade -at
trinken	drick/a -er, drack, druckit
Trinkgeld	dricks -et
trocken	torr
trocknen	tork/a -ar -ade -at
Troll	troll -et -
Trommel	trumm/a -an -or
Trompete	trumpet -en -er
trübe	trist
Trüffel	tryff/el -eln -lar
Truhe	kist/a -an -or
Tschüß!	Hej då!
Tube	tub -en -er

tüchtig	duktig
tunken	dopp/a -ar -ade -at
Turm	torn -et -
Turnierspiel	tornerspel -et -
Turnschuh	gymnastiksko -n -r
Tüte	pås/e -en -ar, strut -en -ar
TV	TV (teve -n -ar)
Typ	typ -en -er
typisch	typiskt

U

u.a. (unter anderem)	bl.a. (bland annat)
U-Bahn	tunnelban/a -an -or
Übelkeit	illamående -t
üben	trän/a -ar -ade -at, öv/a -ar -ade -at
über	om, över
überall	överallt
überdosieren	överdoser/a -ar -ade -at
übereinkommen mit	komm/a -er, kom, kom överens
übereinstimmen	stäm/ma -mer -de -t överens
Überfluß	överflöd -et
sich übergeben	kräk/as -s -tes -ts
Überholen	omkörning -en
überleben	överlev/a -er -de -t
überlegen	funder/a -ar -ade -at
Übernachtung	övernattning -en -ar
übersetzen	översätt/a -er, översatte, översatt
Überstunde	övertid -en
überwachen	övervak/a -ar -ade -at
überweisen	girer/a -ar -ade -at
überzeugen	övertyg/a -ar -ade -at
übrig	övrig
übrigens	förresten
Übung	övning -en -ar
Übungsfahrt	övningskör/a övningskör, -de -t
Uhr	klock/a -an -or
Uhrzeit	klockslag -et -
um	kring, runt
um ... Uhr	kl. (klockan)
um die Ecke	om hörnet
um etwas gehen	vara, är, var, varit frågan om
um zu	för att
Umarmung	kram -en -ar
umbauen	bygg/a -er -de -t om
umdenken	tänk/a -er -te -t om
Umfang	omkrets -en
Umgang haben	umgås, umgås, umgicks, umgåtts
Umgebung	miljö -n -er
umher	omkring
Umschlag	kuvert -et -
umschließen	omslut/a -er, omslöt, omslutit
umschwärmt	omsvärmad
umsichtig	omtänksam
umsonst	gratis
umsteigen	byt/a -er -te -t
umstreichen	mål/a -ar -ade -at om
Umtausch	bytes
(um)tauschen	byt/a -er -te -t
Umwelt	miljö -n -er
Umweltfrage	miljöfråg/a -an -or
umweltfreundlich	miljövänlig
UN (Vereinigte Nationen)	FN (Förenta Nationerna)
unangenehm	obehaglig

unbeachtet lassen	strunt/a -ar -ade -t i
unbegreiflich	obegriplig
unbekannt	okänd
unberührt	orörd
unbeschreiblich	obeskrivlig
unbeständig	ostadig
unbestimmt	obestämd
und	och, samt
undichte Stelle	läck/a -an -or
Unendlichkeit	oändlighet -en
unerzogen	olydig
ungeachtet	oavsett
ungefähr	omkring, ungefär
ungern	ogärna
ungesund	onyttig
ungewöhnlich	ovanlig
unglücklicherweise	olyckligtvis
Unglückstag	otursdag -en -ar
ungültig	ogiltig
Universität	universitet -et -
unnötig	onödigt
unnötigerweise	i onödan
unruhig	rastlös
unser	vårt
unsympathisch	osympatisk
untechnisch	oteknisk
unten	nere
von unten	nerifrån
untenstehend	nedanstående
unter	inunder, under
untergehen	gå -r, gick, gått ner, nedergå -r, nedergick, nedergått
unterhalb	nedanför
unterhalten	underhåll/a -er, underhöll, underhållit
sich unterhalten	samtal/a -ar -ade -at
unterhaltsam	underhållande
Unterhemd	linne -t -n
unterirdisch	underjordisk
unterrichten	undervis/a -ar -ade -at
Unterrichtsstunde	lektion -en -er
Unterschied	skillnad -en -er
Unterschrift	namnteckning -en -ar
unterstreichen	stryk/a -er, strök, strukit under
untersuchen	undersök/a -er -te -t
unterwegs sein	vara, är, var, varit på väg
unverheiratet	ogift
Unverständis	oförstånd -et
unvorsichtigkeit	oaktsamhet -en
Urkunde	handling -en -ar
Urlaub	semest/er -ern -rar
Urlaub machen	semestr/a -ar -ade -at
Ursprung	ursprung -et -
ursprünglich	ursprunglig
usw. (und so weiter)	osv. (och så vidare)
u.v.m. (und vieles mehr)	m.m. (med mera)

V

Variation	variation -en -er
Varieté	varieté -n -er
Vase	vas -en -er
Vater	far (fader -n, fäder)
vegetarisch	vegetarisk
Veilchen	viol -en -er
Verabredung	möte -t -n
Veranda	verand/a -an -or
veranstalten	anordn/a -ar -ade -at
verantwortlich sein für	stå -r, stod, stått för
verantwortungsvoll	ansvarsfull
Verb	verb -et -
verbergen	dölj/a -er, dolde, dolt
verbessern	förbättr/a -ar -ade -at
verbieten	förbjud/a -er, förbjöd, förbjudit
verbinden	förknipp/a -ar -ade -at, koppl/a -ar -ade -at
Verbindung	förbindelse -n -r
verbleiben	förbli -r, förblev, förblivit
Verbot	förbud -et -
verbrauchen	förbruk/a -ar -ade -at
verbringen	tillbring/a -ar -ade -at
verdienen	tjän/a -ar -ade -at
Verein	förening -en -ar
Verfasser	författare -n -
körperliche Verfassung	kondition -en -er
verflossen	förfluten
vergessen	glöm/ma -mer, glömde, glömt (bort)
vergleichen	jämför/a, jämför, -de -t
Vergnügungspark	nöjespark -en -er
verhaften	anhåll/a -er, anhöll, anhållit, häkt/a -ar -ade -at
Verhältnis	förhållande -t -n
verheiratet	gift
verhören	förhör/a, förhör, -de -t
Verkauf	försäljning -en -ar, säljes
verkaufen	sälj/a -er, sålde, sålt
Verkäufer(in)	expedit -en -er
Verkehr	trafik -en
Verkehrsmittel	trafikmed/el -let -
Verkehrsordnung	trafikskadelag -en
Verkehrsschild	trafikskylt -en -ar, vägmärke -t -n
Verkehrsunglück	trafikolyck/a -an -or
sich verkleiden	klä -r, klädde, klätt ut sig
verkleinern	förminsk/a -ar -ade -at
Verladungshafen	skeppningshamn -en -ar
verlangen	kräv/a -er -de -t
verlangsamen	sakt/a -ar -ade -at
verlassen	lämn/a -ar -ade -at, öde
verletzen	sår/a -ar -ade -at
verletzt sein	vara, är, var, varit skadad
sich verlieben	förälsk/a -ar -ade -at sig
verlieren	tapp/a -ar -ade -at
sich verloben	förlov/a -ar -ade -at sig
vermeiden	undvik/a -er, undvek, undvikit
vermieten	hyr/a, hyr, -de -t ut
vermuten	förmod/a -ar -ade -at
vermutlich	förmodligen
vernachlässigen	misskööt/a -er -te -t
verordnen	ordiner/a -ar -ade -at
Verpackung	förpackning -en -ar
verpassen	miss/a -ar -ade -at
verreist	bortrest
Vers	vers -en -er
zu verschenken	skänkes
verschiedene	diverse
verschiedene	olika
verschmutzen	skräp/a -ar -ade -at ner
verschütten	spill/a -er -de -t
Versicherung	försäkring -en -ar
Versicherungsbescheid	försäkringsbesked -et -
Versicherungsgesellschaft	försäkringsbolag -et -
sich versöhnen	förson/a -ar -ade -at sig
Versorgung	försörjning -en -ar
ärztliche Versorgung	läkarvård -en
verspätet	försenad

versprechen	lov/a -ar -ade -at
Verständnis	förståelse -n
Verstärker	förstärkare -n -
verstecken	göm/ma -mer -de -t
verstehen	förstå -r, förstod, förstått
verstopfen	täpp/a -er -te -t
verstopft	täppt
vertäuen	förtöj/a -er -de -t
Verteidigungsanlage	försvarsanläggning -en -ar
Vertrag	kontrakt -et -
vertragen	tål/a tål, -de -t
Vertrauen brechen	svik/a -er, svek, svikit
Vertrauen haben	lit/a -ar -ade -at på
vertreten sein	representer/a -ar -ade -at
Vertreter	handelsresande -n -, ombud -et -
verursachen	orsak/a -ar -ade -at
Verwaltungsgebiet	län -et -
Verwaltungsgebühr	expeditionsavgift -en -er
verwandeln	förvandl/a -ar -ade -at
Verwandte/r	släkting -en -ar
Verwandtschaft	släkt -en -er
verweisen	utvis/a -ar -ade -at
verwickelt	trasslig
verwundert	förvånad
Verzeihung	förlåt
Verzeihung ...	Ursäkta mig ...
verzichten	avstå -r, avstod, avstått
Verzierung	dekor -en -er
verzweifelt	förtvivlad
Video	video -n, videoapparater
Vieh	boskap -en
viel	mycket
viel/viele	många
viele (ugs.)	fullt med
Vielfraß	järv -en -ar
vielleicht	kanske
vielseitig	mångsidig
Viereck	rut/a -an -or
Villa	vill/a -an -or
Virus	virus -et -
Vitrine	vitrinskåp -et -
Vokabel	glos/a -an -or
Vokabelliste	gloslist/a -an -or
Vokal	vokal -en -er
Volk	folk -et -
Volksabstimmung	folkomröstning -en -ar
Volkstracht	folkdräkt -en -er
voll	full
voll (satt)	proppmätt
volljährig	myndig
Vollzeit	heltid -en -er
von	av, från
von ... bis	från ... till
vor	framför, före, i
vor allem	framför allt
vor ein paar Wochen	häromveckan
vor kurzem	nyligen
vorangehen	gå -r, gick, gått fram
vorbei	förbi
vorbereiten	förbered/a -er, förberedde, förberett
Vorderscheibe	framrut/a -an -or, vindrut/a -an -or
Vorderseite	framsid/a -an -or
Vorfahrt	företräde
vorführen	spel/a -ar -ade -at upp
Vorführung	uppvisning -en -ar
vorhaben	ha -r, hade, haft för sig
vorher	förut
Vorlaube	förstu -n -r

vorläufig	tillfällig
Vorlesung	föreläsning -en -ar
Vormittag	förmiddag -en -ar
nach vorn	fram
Vorname	förnamn -et -
vornehm	förnäm
sich vornehmen	föret/a -ar, företog, företagit sig
Vorschlag	förslag -et -
vorsichtig	försiktig
vorsichtig sein	vara, är, var, varit varsam
Vorspeise	förrätt -en -er
vorspielen	spel/a -ar -ade -at upp
vorstellen	presenter/a -ar -ade -at
Vorstellung	föreställning -en -ar
Vorteil	fördel -en -ar
Vorwahl	riktnum/mer -ret -
vorwiegend	främst

W

Waage	våg -en -ar
waagerecht	vågrätt
wachen	vak/a -ar -ade -at
wachsen	väx/a -er -te -t
wackeln	vackl/a -ar -ade -at
wagen	våg/a -ar -ade -at
Wahl	val -et -
wählen	slå -r, slog, slagit, välj/a -er, valde, valt
während	medan, under
wahrsagen	spå -r -dde -tt
Wahrsagerin	spåkvinn/a -an -or
wahrscheinlich	antagligen
Wald und Feld	skog och mark
Waldanpflanzung	skogsplantering -en -ar
waldig	skogig
Walkman	freestyle -n
Wallgraben	vallgrav -en -ar
Walpurgisfeuer	majbål -et -
Walpurgisnacht	valborgsmässo/afton -aftonen -aftnar
walzen	vält/a -er, välte, vält
Wand	vägg -en -ar
Wanderer	vandrare -n -
wandern	vandr/a -ar -ade -at
(Wand-)Tafel	tavl/a -an -or
Wange	kind -en -er
Wann?	När/hur dags?
war	var
Ware	var/a -an -or
Warenwert	varovärde -t -n
wäre	vore
warm	varm
wärmen	värm/a -er -de -t
Warndreieck	varningstriang/el -eln -lar
warten	vänt/a -ar -ade -at
Warten	väntan
Wartepflicht	väjningsplikt -en
Warteraum	väntrum -met -
warum	varför
sich waschen	tvätt/a -ar -ade -at sig
Waschkeller	tvättstug/a -an -or
Waschmaschine	tvättmaskin -en -er
Waschpulver	tvättmed/el -let -
Wasser	vatt/en -net
Wasserlauf	vattendrag -et -
Wasserleitung	vattenledning -en -ar
Wassermann	vattuman -nen
waten	vad/a -ar -ade -at
WC	WC -t -n
weben	väv/a -er -de -t
Weben	vävning -en
Wechselkurs	växelkurs -en -er
wechseln	växl/a -ar -ade -at
wechselweise	växelvis
wecken	väck/a -er -te -t
Wecker	väckarklock/a -an -or
weg	bort, borta
Weg	väg -en -ar
seinen Weg machen	ta -r, tog, tagit sig fram
sich auf den Weg machen	ge -r, gav, gett sig av
weglassen	utelämn/a -ar -ade -at
wegrutschen	glid/a -er, gled, glidit iväg
wegwerfen	släng/a -er -de -t
wehen	blås/a -er -te -t
Weibchen	hon/a -an -or
weich	mjuk
Weihnachten	jul -en -ar
Weihnachtsbaum	gran -en -ar, julgran -en -ar
Weihnachtsgeschenk	julklapp -en -ar
Weihnachtsman	jultomt/e -en -ar
weil	eftersom
Weile	stund -en -er
Wein	vin -et
weinen	gråt/a -er, grät, gråtit
Weise	vis -et -
weiß	vit
Weißkohl (mit Sirup gekocht)	brunkål -en
weit	långt, vid
weiter	mer, vidare
weitermachen	fortsätt/a -er, fortsatte, fortsatt
welcher/welches/welche	vilken/vilket/vilka
Welle	våg -en -or
Welt	värld -en -ar
Wendung	fras -en -er
wenig, ein wenig	lite
wenigstens	åtminstone
wenn	när som
wer	vem
werden	bli -r, blev, blivit, komm/a -er, kom, kommit att, skola, ska, skulle, skolat, tänk/a -er -te -t
werfen	kast/a ar -ade -at, vräk/a -er -te -t
Werft	varv -et -
Werkstatt	verkstad -en, verkstäder
Werkzeug	verktyg -et -
Wespe	geting -en -ar
wessen	vems
Westen	väster
westlich	västlig
westlich von	väster om
Wetter	väd/er -ret -
Wetterbericht	väderleksrapport -en -er
Wetterrichtung	väderstreck -et -
Whisky	whisky -n
Wichtel	pyssling -en -ar
Wichtelmütze	tomteluv/a -an -or
Wichtelzwerg	tomt/e -en -ar
wichtig	viktig
Widder	vädur -en -ar
wie	hur, som
Wie ... ?	Vad ... ?
Wie bitte?	Förlåt?
wie immer	som vanligt
wieder	igen
wiederherstellen	återskapa/a -ar -ade -at
sich wiedersehen	ses, ses, sågs, setts igen
Wiege	vagg/a -an -or
wiegen	väg/a -er -de -t
Wiese	ängd -en -er
wild	vild
Wildgansschar	vildgåsflock -en -ar
willensstark	viljestark
willkommen	välkommen
Wind	vind -en -ar
Windbö	vindil -en -ar
Windmühle	väderkvarn -en -ar
Windrichtung	vindriktining -en -ar
Windschutzscheibe	vindrut/a -an -or
winken	vink/a -ar -ade -at
Winter	vint/er -ern -rar
winzig	pytteliten
wir	vi
wird, dürfte	lär
wirken	verk/a -ar -ade -at
für etwas wirken	verk/a -ar -ade -at för något
wirklich	minsann
Wirtschaft, Haushaltung	hushållning -en
Wirtsleute	värdfolk -et -
Wisent	visent -en -er
Wissen	kunskap -en -er
wissen	veta, vet, visste, vetat
wissen mögen	undr/a -ar -ade -at
Witwe	änk/a -an -or
Witwer	änkling -en -ar
Witz	skämt -et -
wo	där
von wo	varifrån
Wo ... ?	Var ... ?
Wochenende	helg -en -er
Wochenendhaus	sommarställe -t -n
Wochentag	veckodag -en -ar
Wochenübersicht	veckoöversikt -en -er
wohin	vart
wohl	väl
sich wohlfühlen	trivas, trivs, trivdes, trivts
wohnen	bo -r, -dde -tt
Wohnhaus	bostadshus -et -
Wohnstätte	bostad -en, bostäder
Wohnung	lägenhet -en -er, bostad -en, bostäder
Wohnwagen	husvagn -en -ar
Wohnzimmer	vardagsrum -met -
Wolf	varg -en -ar
Wolke	moln -et -, sky -n -ar
Wolle	ull -en
wollen	skola, ska, skulle, skolat, tänk/a -er -te -t, vilja, vill, ville, velat
Wort	ord -et -
Wortschatz	ordförråd -et -
wunderbar	underbar
Wurf	kast -et -, tärningskast -et -
Würfel	tärning -en -ar
Wurfscharte	kastglugg -en -ar

Z

z.B. (zum Beispiel)	t.ex. (till exempel)
Zahl	tal- et -
gerade Zahl	jämnt tal -et -
ungerade Zahl	udda tal -et -t
Zahnarzt	tandläkare -n -
Zahnfürsorge (öffentlich)	folktandvården
Zahnschmerzen	tandvärk -en
zäh	seg
Zange	tång -en, tänger
Zapfsäule	pump -en -ar
zart	mör
Zaun	staket -et -
Zebra	sebr/a -an -or

Zeh	tå -n -r
Zeichen	teck/en -net -
Zeichen geben	blink/a -ar -ade -at
zeichnen	rit/a -ar -ade -at, teckn/a -ar -ade -at
Zeichnung	ritning -en -ar, teckning -en -ar
zeigen	utvis/a -ar -ade -at, vis/a -ar -ade -at
zeigen was man kann	gå -r, gick, gått för
Zeit	tid -en -er
an der Zeit sein	vara, är, var, varit dags
Zeitadverb	tidsadverb -et -
Zeitausdruck	tidsuttryck -et -
zeitlos	tidlös
Zeitung	tidning -en -ar
zeitweilig	temporär
zeitweise	tidvis
zelten	tält/a -ar -ade -at
Zentiliter	centiliter -n
zentral	central
Zentrum	cent/er -ret -rer, centr/um -et -
zerlassen	smält/a -er -te -t
zerschlagen	kross/a -ar -ade -at
Zerstörung	förstöring -en -ar
Zettel	lapp -en -ar
Zeuge	vittne -t -n
Ziege	get -en, getter
Zieharmonika	dragspel -et -
ziehen	dra -r, drog, dragit
Ziel	mål -et -
ziemlich	ganska, rätt
sich zieren	göra, gör, gjorde, gjort sig till
Ziffer	siffr/a -an -or
Zigarette	cigarett -en -er
Zimmer	rum -met -
Zimmer für Allergiker	allergirum -met -
Zimmer und Küche	r o k (rum och kök)
Zimt	kanel -en
Zimtschnecke	kanelbull/e -en -ar
zirka	cirka
zirkelrund	cirkelrund
Zitrone	citron -en -er
ZOB	busstorg -et -
Zone	zon -en -er
Zoologe	zoolog -en -er
Zopf	flät/a -an -or
zottelig	tovig
zu	att, till
zu groß	för stor
zubereiten	lag/a -ar -ade -at
Zucker	sock/er -ret
zuerst	först
durch Zufall	av en slump
zufällig	händelsevis, tillfällig
zufällig (plus Infinitiv)	råk/a - ar -ade -at
zufrieden	nöjd
sich mit ... zufriedengeben	nöj/a -er -de -t sig med
Zug	tåg -et -
zugeben	medge -r, medgav, medgivit
von Zuhause	hemifrån
zuhören	lyssn/a -ar -ade -at på
Zukunft	framtid -en
Zukunftsaussicht	framtidsutsikt -en -er
Zulassungsnummer	registreringsnum/mer -ret -
zum Schluß	till slut
Zündkerze	tändning -en -ar
Zunge	tung/a -an -or
Zungenbrecher	tungvrickare -n -
zur Zeit	för närvarande
zur Zeit	för tillfället, numera
zurechtkommen	reda/a -er, redde rett sig
zurück	tillbaka
zurückkehren	åter/vända, -vänder, -vände, -vänt
zurückkommen	åter/komma -kommer -kom -kommit
zusammen	tillsammans
Zusammenarbeit	samarbete -t -n
zusammenfahren	fara, far, for, farit ihop
Zusammenhang	samband -et -
zusammenschlagen	lägg/a -er, lade, lagt igen
Zusammenstoß	krock -en -ar
zusammenstoßen	kollider/a -ar -ade -at, krock/a -ar -ade -at
zusätzlich	ytterligare
Zuschauer	åskådare -n -
in gutem Zustand	i gott skick
zustopfen	täpp/a -er -te -t
zustoßen	råk/a -ar -ade -at ut för
Zutat	ingrediens -en -er
zuteilen	tilldel/a -ar -ade -at
Zutritt	tillträde -t -n
zuverlässig	pålitlig
Zuwachs	tillväxt -en
zweckmäßig	ändamålsenlig
zwei	två
Zweig	kvist -en -ar
zweiter Weihnachtstag	annandag jul
Zwerge und Wichtelvolk	småfolk -et -
Zwiebel	lök -en -ar
Zwilling	tvilling -en -ar
zwischen	mellan
zwischendurch	emellanåt
Zwischenmahlzeit	mellanmål -et -

Lösungen zu einigen Grammatik-Übungen

Avsnitt 1

5b

1. Han
2. hon
3. du
4. Hon
5. ni
6. De
7. han
8. Jag

8b

en pojke, en man, ett samtal, en flicka

Andere Wörter: söt, i, ett, två, nej, ja, han, från, och, hon, adjö, goddag

Avsnitt 3

5b

1. kommer
2. tågluffar
3. ringer
4. låter
5. bor
6. mår
7. åker
8. är
9. heter
10. ligger
11. slår
12. har
13. tittar
14. står

Avsnitt 5

2b

1. Ikaros är en skulptur som står på Stora Torg.
2. Sverige är ett land som har cirka 8 miljoner invånare.
3. Lasse köper en glass som kostar 11:- .
4. Kristianstad har ett sjukhus som ligger utanför centrum.
5. Familjen Johansson har tre barn som heter Jan, Kalle och Anna.
6. Familjen har en hund som heter Karo.
7. De har en flicka som heter Lisa.
8. Lotta köper ett äpple som kostar 2:- .
9. Kristianstad är en stad som har 28 000 invånare.
10. Sten har en son som är 17 år gammal.

Avsnitt 6

4b

1. sig
2. mig
3. oss
4. sig
5. er
6. sig
7. sig
8. mig
9. dig
10. er
11. dig
12. sig
13. oss
14. oss
15. sig

Avsnitt 7

4b

1. Det här hotellet är inte bra.
2. Det här hotellet har inget garage.
3. Den där radion fungerar inte.
4. Det här hotellet har ingen pool.
5. Det där rummet har ingen TV.
6. Det här rummet har ingen telefon.
7. Den där nyckeln passar inte.
8. Det där parkeringshuset kostar 90 :- per dag.
9. Den här hissen fungerar inte.
10. Det här hotellet ligger inte i centrum.
11. Den där restaurangen är inte bra.
12. Det här rummet har ingen utsikt över parken.
13. Det här hotellet har ingen hiss.
14. Den där TV:n fungerar inte.

Avsnitt 9

2b

1. Stäng fönstret!/Stäng fönstret, är du snäll!/ Var snäll och stäng fönstret!
2. Rekommendera något gott!/ Rekommendera något gott, är du snäll!/Var snäll och rekommendera något gott!
3. Reservera ett bord!/Reservera ett bord, är du snäll!/Var snäll och reservera ett bord!
4. Beställ en taxi!/Beställ en taxi, är du snäll!/ Var snäll och beställ en taxi!
5. Köp en kopp kaffe!/Köp en kopp kaffe, är du snäll!/Var snäll och köp en kopp kaffe!
6. Bestäm dig!/Bestäm dig, är du snäll!/Var snäll och bestäm dig!
7. Sväng till höger!/Sväng till höger, är du snäll!/Var snäll och sväng till höger!
8. Titta på kartan!/Titta på kartan, är du snäll!/ Var snäll och titta på kartan!
9. Hjälp till!/Hjälp till, är du snäll!/Var snäll och hjälp till!
10. Tala långsamt!/Tala långsamt, är du snäll!/ Var snäll och tala långsamt!
11. Kom i morgon!/Kom i morgon, är du snäll!/ Var snäll och kom i morgon!
12. Handla mat!/Handla mat, är du snäll!/Var snäll och handla mat!
13. Boka ett hotellrum!/Boka ett hotellrum, är du snäll!/Var snäll och boka ett hotell rum!
14. Växla pengar!/Växla pengar, är du snäll!/ Var snäll och växla pengar!
15. Ring till Jan!/Ring till Jan, är du snäll!/Var snäll och ring till Jan!

Avsnitt 10

6b

1. henne
2. dig
3. den
4. oss
5. mig
6. dem
7. honom
8. henne
9. det
10. dig

Avsnitt 11

2b

1. Vems hus är det här?
   Det är hans hus.
2. Vems nycklar är det här?
   Det är era nycklar.
3. Vems paraply är det här?
   Det är hennes paraply.
4. Vems medicin är det här?
   Det är vår medicin
5. Vems blommor är det här?
   Det är dina blommor.
6. Vems sommarstuga är det här?
   Det är deras sommarstuga.
7. Vems almanacka är det här?
   Det är er almanacka.
8. Vems bil är det här?
   Det är min bil.
9. Vems korg är det här?
   Det är hans korg.
10. Vems kuvert är det här?
    Det är ditt kuvert.
11. Vems kaffekopp är det här?
    Det är min kaffekopp.
12. Vems resväskor är det här?
    Det är hennes resväskor.
13. Vems bollar är det här?
    Det är våra bollar.
14. Vems pengar är det här?
    Det är våra pengar.
15. Vems karta är det här?
    Det är hans karta.
16. Vems telefonnummer är det här?
    Det är deras telefonnummer.
17. Vems broschyrer är det här?
    Det är dina broschyrer.
18. Vems tidningar är det här?
    Det är hennes tidningar.
19. Vems påse är det här?
    Det är din påse.
20. Vems äpple är det här?
    Det är mitt äpple
21. Vems penna är det här?
    Det är hans penna.
22. Vems fiol är det här?
    Det är hennes fiol.
23. Vems foton är det här?
    Det är mina foton.
24. Vems bulle är det här?
    Det är hans bulle.

3b

1. hans
2. sin
3. sin
4. Hennes
5. sitt
6. sin
7. sin
8. hans
9. sina
10. sin
11. deras
12. sina

Avsnitt 12

2b

1. hjälpte
2. åkte
3. tankade
4. förmodade
5. hade
6. bogserade
7. tog
8. bytte
9. var
10. slängde
11. gick
12. tvättade
13. betalade
14. ringde
15. fyllde
16. kollade

3

1. backspegel
2. ratt
3. framruta/vindruta
4. vindrutetorkare
5. motorhuv
6. strålkastare
7. blinker
8. däck
9. avgasrör
10. stötfångare
11. bagagelucka

5b

1. Arne handlade i måndags. (I måndags handlade Arne).
2. Arne fyllde år igår. (I går fyllde Arne år.)
3. Arne körde till Stockholm i påskas. (I påskas körde Arne till Stockholm.)
4. Arne kopplade av/hade semester i somras. (I somras kopplade Arne av/hade semester)
5. Arne fiskade i april. (I april fiskade Arne.)
6. Arne tankade i onsdags. (I onsdags tankade Arne.)
7. Arne läste tidningen i morse. (I morse läste Arne tidningen.)
8. Arne reste med tåget i söndags. (I söndags reste Arne med tåget.)
9. Arne åkte skidor i vintras. (I vintras åkte Arne skidor.)
10. Arne besökte sina föräldrar/sin bror/sin vän i julas. (I julas besökte Arne sina föräldrar/sin bror/sin vän.)

Avsnitt 13

4b

1. Vi är i fjällen där det finns renar.
2. Jag var i Uppsala där jag deltog i universitetets sommarkurs i svenska.
3. Anna körde till macken där hon fick hjälp med bilen.
4. Sverige är ett land där man tackar mycket.
5. Jag är i Norrtälje där det är 25 grader i skuggan.
6. Vi åkte med TT-Line där det fanns en mycket trevlig restaurang.
7. Jan handlade på snabbköpet där det var långa köer.
8. Marie och Jan var i Lappland där de hyrde en liten, söt stuga.
9. I vintras var jag i Åre där jag åkte skidor.

7b

1. Jokkmokk ligger söder om Gällivare.
2. Kiruna ligger norr om Jokkmokk.
3. Lycksele ligger öster om Vilhelmina.
4. Sorsele ligger väster om Arvidsjaur.
5. Gällivare ligger söder om Malmberget.

6. Malmberget ligger norr om Jokkmokk.
7. Arvidsjaur ligger öster om Sorsele.
8. Storuman ligger norr om Vilhelmina.

Avsnitt 14

4b

1. lådan är tom - flaskorna är fulla
2. pojkarna är små - flickorna är stora
3. hunden är smutsig - katten är ren
4. prinsessan är vacker - trollen är fula
5. husvagnen är ny - tälten är gamla
6. huset är dyrt - bilarna är billiga

6b

1. vartannat
2. vart
3. varandra
4. man
5. varje
6. annan
7. varannan
8. allt
9. annat
10. alla
11. andra

Avsnitt 15

4b

1. långsamt
2. hastigt
3. snabbt
4. vackert
5. dåligt
6. sent
7. tydligt
8. tidigt
9. underbart
10. ordentligt

7b

1. där
2. bort
3. hit
4. hem
5. dit
6. uppe
7. där
8. uppifrån
9. hit
10. framme
11. ute
12. hemifrån
13. in
14. nerifrån
15. hemma
16. inne
17. härifrån
18. dit
19. ner

Avsnitt 16

2b

1. ... brukar sticka/rida
2. ... brukar laga mat/ titta på TV
3. ... brukar samla på frimärken/lyssna på radio
4. ... brukar skriva brev/åka skidor
5. ... brukar arbeta i trädgården/fotografera
6. ... brukar spela fotboll/resa
7. ... brukar cykla/spela trumpet
8. ... brukar läsa/fiska
9. ... brukar måla/spela kort

4b

1. alltid
2. bra
3. lite
4. ju
5. bara
6. åtminstone
7. också
8. mycket
9. nog
10. ganska
11. till och med
12. aldrig
13. kanske
14. alldeles
15. knappast

Avsnitt 17

6b

1. fascinerande
2. underhållande
3. strålande
4. flammande
5. fängslande
6. framstående
7. spännande
8. livsbejakande
9. gripande
10. förtjusande
11. havande
12. lysande
13. imponerande

Avsnitt 18

2b

1. Den gröna blusen kostar ... .
2. Den snygga ylletröjan kostar ... .
3. Den randiga dräkten kostar ... .
4. De svarta gymnastikskorna kostar ... .
5. Den prickiga klänningen kostar ... .
6. De små stövlarna kostar ... .
7. Den gröna sidenslipsen kostar ... .
8. De bruna läderhandskarna kostar ... .
9. Den lilla jumpern kostar ... .
10. Den mörkgröna jackan kostar ... .
11. De små strumporna kostar ... .
12. Den tjusiga kjolen kostar ... .
13. De ljusblå byxorna kostar ... .
14. Det långa skärpet kostar ... .
15. Den eleganta kostymen kostar ... .
16. De underbara kapporna kostar ... .
17. Den gråa sweatshirten kostar ... .
18. Den vita bomullsskjortan kostar ... .

5b

1. Zarah Leander debuterade på 20-talet.
2. Jussi Björling var sångare vid Operan i Stockholm på 30-talet.
3. Ingrid Bergman spelade in filmen Casablanca på 40-talet.
4. Astrid Lindgren skrev Emil i Lönneberga på 60-talet.
5. Björn Borg var Wimbledonsegrare på 70-talet.
6. Ingemar Stenmark vann VM-guld på 80-talet.
7. Den heliga Birgitta grundade en klosterstiftelse i Vadstena på 1300-talet.
8. Karl Knutsson Bonde var kung i Sverige på 1400-talet.
9. Gustav Vasa regerade på 1500-talet.
10. Gustav II Adolf lät bygga skeppet Vasa på 1600-talet.
11. Carl Michael Bellman levde på 1700-talet.
12. Alfred Nobel uppfann dynamiten på 1800-talet.

Avsnitt 19

3b

De har/hade ...

1. bestämt bröllopsdatum.
2. tagit ut lysning.
3. tagit ut sin semester.
4. lämnat in annonsen till tidningen.
5. kommit överens om i vilken kyrka vigseln ska äga rum.
6. skickat inbjudningskort.
7. köpt brudklänning och kostym.
8. gått till guldsmeden och köpt ringar.
9. talat med prästen.
10. beställt brudbuketten.
11. reserverat bord på en restaurang.
12. gjort bordsplaceringen.
13. hyrt en stor vit bil.
14. planerat bröllopsresan.
15. bokat hotell.
16. hämtat flygbiljetten.

Avsnitt 20

5b

1. Medan
2. Fastän
3. och
4. Eftersom
5. men
6. så .. att
7. eftersom
8. inte bara...utan även
9. och
10. Innan

11. och
12. eller
13. fastän
14. både ... och
15. för att
16. varken ... eller
17. Både ... och
18. att
19. för/därför att/eftersom
20. och
21. när

Avsnitt 21

2b

1. Diaprojektorn installerades.
2. Ljuset släcks.
3. Första bilden visas.
4. Fornborgen i Eketorp har rekonstruerats.
5. Domkyrkan i Uppsala grundlades 1260.
6. Kyrkan kunde invigas 1435.
7. Kyrkan i Uppsala har byggts av sten.
8. Efter bärgningen hittades 13. 000 trädelar.
9. Eva hade bjudits på en diakväll.
10. Borggården omslöts av en ringmur.
11. Det berättas om guden Tor.
12. Det talades mycket om regalskeppet Vasa på 60-talet.
13. Turistbussen kördes av Olle.
14. Det har fiskats mycket längs Saltsjökusterna i år.
15. Diabilderna hade fotograferats av Kaj.

6

1.	X.	Utanför Vimmerby
2.	2.	Gripsholms slott
3.	X.	ca 3 500 m
4.	1.	Drottningholmsteatern
5.	2.	Långe Jan
6.	X	Mora
7.	1.	På Riddarholmen
8.	2.	Uppsala domkyrka
9.	1.	Glimmingehus
10.	X.	Vänern
11.	X.	På Fårö
12.	1.	En stenåldersby
13.	2.	Dalahästar
14.	1.	Liseberg
15.	X.	Hällristningar
16.	2.	Kivik
17.	1.	Borgholms slottsruin
18.	X.	Mårbacka
19.	2.	Ett fjärilshus
20.	1.	Storkyrkan
21.	1.	155,5 m
22.	X.	Ö i Kalmarsund
23.	2.	Småland
24.	2.	I februari
25.	X.	Naturhistoriska riksmuseet
26.	X.	Kristinehamn
27.	X.	Hästsport
28.	2.	Norra Kvills nationalpark

Avsnitt 22

3b

1. svettades
2. föddes
3. hoppas
4. märks
5. fattas
6. andas
7. trivs
8. känns
9. träffats
10. kräktes
11. umgås
12. funnits
13. minns
14. lyckats
15. skilts

Avsnitt 23

3

Exempel på miljötips:

1. Diska inte under rinnande vatten!
2. Duscha i stället för att bada!
3. Använd inte köksfläkten i onödan!
4. Ha bara 17°C i sovrummet!
5. Kör bara bil när det är nödvändigt!
6. Välj förpackningar av papper och glas!/Köp inte förpackningar av plast!
7. Undvik att köpa konservburkar!
8. Överdosera inte tvättmedel!
9. Lämna tillbaka returglas till affären!
10. Sälj gamla kläder på loppmarknad eller lämna dem till en hjälporganisation!
11. Ta med en egen kasse när du handlar!

Avsnitt 24

6b

1. Jan sa att Eva har gått till julottan.
 Har Eva gått till julottan, undrar Jan.
 Jan undrar om Eva har gått till julottan.
2. Jonas sa att det är det finaste huset i stan.
 Är det det finaste huset i stan, undrar Jan.
 Jan undrar om det är det finaste huset i stan.
3. Anders sa att Sune hämtar julgranen i år.
 Hämtar Sune julgranen i år, undrar Anders.
 Anders undrar om Sune hämtar julgranen i år.
4. Lena sa att jultomten knackar på dörren.
 Knackar jultomten på dörren, undrar Lena.
 Lena undrar om jultomten knackar på dörren.
5. Kajsa sa att Maria tycker om stjärnorna.
 Tycker Maria om stjärnorna, undrar Kajsa.
 Kajsa undrar om Maria tycker om stjärnorna.
6. Tomten sa att det finns snälla barn här.
 Finns det snälla barn här, undrar tomten.
 Tomten undrar om det finns snälla barn här.
7. Kalle sa att mamma har planterat hyacinter.
 Har mamma planterat hyacinter, undrar Kalle.
 Kalle undrar om mamma har planterat hyacinter.
8. Olle sa att pappa gör sillsallad i köket.
 Gör pappa sillsallad i köket, undrar Olle.
 Olle undrar om pappa gör sillsallad i köket.
9. Maggan sa att Ove fick julklappar av tant Berg.
 Fick Ove julkklappar av tant Berg, undrar Maggan.
 Maggan undrar om Ove fick julklappar av tant Berg.
10. Mia sa att Lotta är hos Anna.
 Är Lotta hos Anna, undrar Mia.
 Mia undrar om Lotta är hos Anna.

Avsnitt 25

2b

1. Blommorna är vattnade.
2. Sophinken är tömd.
3. Badrummet är städat.
4. Brevet till mamma är skrivet.
5. Trapporna är sopade.
6. De gamla tidningarna är slängda.
7. Motoroljan till bilen är köpt.
8. Åkes älsklingsskjorta är struken.
9. Tågbiljetten till Anna är beställd.
10. Bilen är tvättad.
11. Köttbullarna är stekta.
12. Knappen är fastsydd på sommarjackan.
13. Gräsmattan är klippt.
14. Bilen är besiktigad.

5b

1. Det vore (skulle vara) kul!
2. Det vore (skulle vara) fint!
3. Det vore (skulle vara) skojigt!
4. Det vore (skulle vara) roligt!
5. Det vore (skulle vara) härligt!
6. Det vore (skulle vara) underbart!
7. Det vore (skulle vara) intressant!
8. Det vore (skulle vara) spännande!
9. Det vore (skulle vara) fantastiskt!
10. Det vore (skulle vara) snällt!

Avsnitt 26

3b

1 a. ... sålt hus.
 b. Det sålda huset ... .
2 a. ... hackad lök.
 b. Den hackade löken ... .
3 a. ... skrivna brev.
 b. De skrivna breven ... .
4 a. ... målad stol.
 b. Den målade stolen ... .
5 a. ... fastbunden hund.
 b. Den fastbundna hunden ... .
6 a. ... sydda kläder.
 b. De sydda kläderna ... .
7 a. ... utläst bok.
 b. Den utlästa boken ... .
8 a. ... packade väskor.
 b. De packade väskorna ... .
9 a. ... uppvärmd mat.
 b. Den uppvärmda maten ... .
10 a. ... kritiserade böcker.
 b. De kritiserade böckerna ... .
11 a. ... glömt paraply.
 b. Det glömda paraplyet ... .

12 a. ... strukna skjortor.
b. De strukna skjortorna ... .
13 a. ... ifylld blankett.
b. Den ifyllda blanketten ... .
14 a. ... ombyggt kök.
b. Det ombyggda köket ... .
15 a. ... hemgjort vin.
b. Det hemgjorda vinet ... .

7b

1. Anna blir/blev/har (hade) blivit konfirmerad i Färlövs kyrka.
2. Bilen blir/blev/har (hade) blivit stulen utanför biblioteket.
3. Arne blir/blev/har (hade) blivit inkallad till militärtjänsten.
4. De blir/blev/har (hade) blivit bjudna på middag hos Lena.
5. Sara blir/blev/har (hade) blivit opererad i benet.
6. Det stora huset på Kungsgatan blir/blev/har (hade) blivit renoverat.
7. Nils Holgersson blir/blev/har (hade) blivit förvandlad till en pyssling.
8. Mötet blir/blev/har (hade) blivit uppskjutet till tisdag.
9. Konserten blir/blev/har (hade) blivit uppskattad av publiken.
10. Många blir/blev/har (hade) blivit drabbade av jordbävningen.
11. Sven blir/blev/har (hade) blivit stoppad av polisen.
12. Två män från Kiruna blir/blev/har (hade) blivit anhållna för bedrägeri.
13. Kaj blir/blev/har (hade) blivit vald till föreningens ordförande.
14. Kalle blir/blev/har (hade) blivit påkörd av en annan bil.

Avsnitt 27

3b

1. Det var en platsbiljett som Heinz köpte.
2. Det var Olle som ringde igår.
3. Det är på fredag som Marie tänker åka.
4. Det är ifrån Spanien som Pedro kommer.
5. Det är med tåg som Karin ska resa.
6. Det var 540:- som biljetten kostade.
7. Det var en gammal brevvän som Axel hade hälsat på.
8. Det är i Gävle som Anna bor.
9. Det är tåget till Långsele som avgår klockan 16:01.
10. Det var på resebyrån som Hanna bokade sin färdbiljett.

4b

1. Susann köper vanligen en tidning på fredagarna./Jan säger att Susann vanligen köper en tidning på fredagarna.
2. Bussen kommer antagligen för sent./Jan säger att bussen antagligen kommer för sent.
3. Olle dricker alltid lättmjölk till maten./Jan säger att Olle alltid dricker lättmjölk till maten.
4. Birgitta handlar för det mesta på förmiddagen./Jan säger att Birgitta för det mesta handlar på förmiddagen.
5. Lottas lilla dotter är ofta sjuk./Jan säger att Lottas lilla dotter ofta är sjuk.
6. Svenssons bor inte i Stockholm./Jan säger att Svenssons inte bor i Stockholm.
7. Åsa kommer möjligtvis på söndag till Göteborg./Jan säger att Åsa möjligtvis kommer på söndag till Göteborg.
8. Anna dricker åtminstone en kopp kaffe till frukost./Jan säger att Anna åtminstone dricker en kopp kaffe till frukost.

Quellenverzeichnis

Seite 13: oben links: Annegret Kussatz (Sereetz), oben rechts: Sophia Natusch (Lübeck)
Seite 19: alle Fotos: Laholm Turist (Laholm)
Seite 20: Arlanda flygplats, Luftfartsverket (Stockholm), Fotograf: Lars Malm
Seite 22: Laholm Turist (Laholm)
Seite 24: alle Fotos: Malmö Turist & Kongress (Malmö)
Seite 25: Malmö Turist & Kongress (Malmö)
Seite 27: Sanna Ekholm-Jensen (Stockholm)
Seite 34: großes Foto und unten rechts: Turist & Fritid (Kristianstad), Fotograf: Tommy Gustavsson
Seite 35: Turist & Fritid (Kristianstad), Fotograf: Tommy Gustavsson
Seite 39: Nils Olsson Hemslöjd AB (Nusnäs)
Seite 41: oben rechts: Helena Falkman (Göteborg)
Seite 44: oben rechts: Bernd Kussatz (Sereetz), alle anderen Fotos: Göteborg & Co (Göteborg)
Seite 45: Hotel Eggers (Göteborg)
Seite 54: großes Foto: Wisby Hotell (Visby)
Seite 55: Wisby Hotell (Visby)
Seite 59: großes Foto: Ölands Turist AB (Öland), Fotograf: Berry Bergman, links: Siljan Turist AB (Rättvik), Mitte: Annegret Kussatz (Sereetz), rechts: Kirsten Kopiske (Wielen)
Seite 61: Annegret Kussatz (Sereetz)
Seite 63: Siljan Turist AB (Rättvik)
Seite 65: Everöds Sockenförening (Everöd)
Seite 68: Everöds Sockenförening (Everöd)
Seite 70: großes Foto: Annegret Kussatz (Sereetz), kleine Fotos: Uppsala Turist & Kongress AB (Uppsala)
Seite 74: Artikel und Foto: Stephanie Klöpf (Stuttgart)
Seite 75: großes Foto: Marita Thiel (Lübeck), oben links: Bernd Peisker (Lübeck), unten links: Kuossinjarka Stugby (Jokkmokk)
Seite 76: Kuossinjarka Stugby (Jokkmokk)
Seite 78: oben links: Engel-Marlen Wittern (Niendorf), oben rechts Dorothee Sachs (Lübeck), beide Fotos unten: Heiko und Karin Staak (Lübeck)
Seite 80: Kuossinjarka Stugby (Jokkmokk)
Seite 81: beide Fotos: Marita Thiel (Lübeck)
Seite 83: beide Fotos: Kolmårdens Djurpark, Fotograf: Inge Hallberg
Seite 87: beide Fotos: Lindvallen i Sälen AB
Seite 93: großes Foto und Foto unten links: Wibke Wittern (Hamburg), oben links: Fredrik Sandell (Stockholm)
Seite 94: Wibke Wittern (Hamburg)
Seite 95: rechts: Rolf Timmermann (Ratekau)
Seite 97: rechts: Marika Johansson (Anderstorp), links: Dolomite svenska AB (Anderstorp)
Seite 102: Skånes Turistråd (Lund)
Seite 105: großes Foto: Annegret Kussatz (Sereetz), Mitte und rechts: Bernd Peisker (Lübeck)
Seite 106: Åhléns AB (Stockholm)
Seite 109: Bernd Peisker (Lübeck)
Seite 110: Destination Stockholm
Seite 117: großes Foto: Wolfgang Natusch (Everöd), oben links: IKEA (Älmhult), oben rechts: Karin und Heiko Staak (Lübeck)
Seite 120: Carl Larsson - gården (Sundborn)
Seite 121: Nils Olsson Hemslöjd AB (Nusnäs)
Seite 123: Bärgningen - Vasamuseet (Stockholm)
Seite 124: ganz unten: Walter Schleiermacher (Lübeck)
Seite 125: Walter Schleiermacher (Lübeck)
Seite 127: links: Dykarklockan - Vasamuseet (Stockholm), rechts: Skeppet - Hans Hammarsköld -Vasamuseet (Stockholm)
Seite 135: großes Foto: Studio Glashyttan (Åhus), Fotograf: Conny Nilsson, unten links: Wasabröd, (Filipsstad), unten rechts: Rainer Grauheding (Nastätten)
Seite 137: Peter Schepke (Vellinge)
Seite 139: oben: Vattenfall Support AB (Stockholm), mitte: Norrbottens Turistråd AB (Luleå), unten: Studio Glashyttan (Åhus), Fotograf: Conny Nilsson
Seite 141: Engel-Marlen Wittern (Niendorf)
Seite 143: Fotograf: Lutz Jarre (Jarre Foto, Preetz)
Seite 151: Zeitungsartikel: Karin Hallengren, Foto: Tommy Svensson (Kristianstadbladet, Kristianstad)
Seite 153: Mårbackastiftelsen (Sunne)
Seite 162: Fahrkarte und Fahrplan: SJ Persontrafikdivisionen (Stockholm)
Seite 165: Artikel und Foto: Beata Niewinna (Göteborg)

Wir haben uns bemüht, alle Inhaber von Text- und Bildrechten ausfindig zu machen. Sollten Rechteinhaber hier nicht aufgeführt sein, so wären wir für entsprechende Hinweise dankbar.

Buch, 248 S., u. 8 CDs (ca. 420 min.)
ISBN 3-933119-30-8
€ 29,90

Uttala svenska

Ein Lehrwerk der schwedischen Aussprache

Das Lehrwerk Uttala svenska ist ein völlig neues Lehrkonzept, dass sich ausschließlich dem Thema der schwedischen Aussprache widmet. Es besteht aus einem Hörkurs auf **8 CDs** und einem **Begleitbuch**.
Sie können mit diesem Aussprache-Trainer Ihr Hörverstehen und Ihre Aussprache deutlich verbessern. Durch die klare grafische Aufbereitung, die vielen anregenden Zeichnungen und die motivierenden Audio-CDs zeigt das Lehrwerk Uttala svenska, dass Aussprache kein trockenes Thema sein muss.

Der Kurs beginnt mit einer Einführung in das Thema Aussprache. Das anschließende **Training der schwedischen Aussprache** ist in zwei Bereiche eingeteilt: Artikulation und Intonation. Der Bereich Artikulation umfasst die Aussprache der Vokale, Konsonanten und Konsonantenverbindungen. Der Bereich Intonation besteht aus Betonung und Rhythmus des Wortes, dem Rhythmus im Satz und der Sprech- und Satzmelodie.

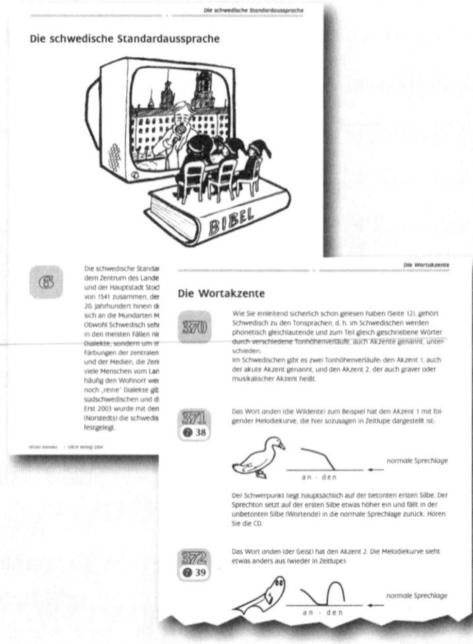

Die Teilbereiche der schwedischen Aussprache sind in **kleine, für sich selbstständige Lerneinheiten** gegliedert. So führt Uttala svenska einerseits systematisch durch die schwedische Aussprache, ermöglicht andererseits aber auch das gezielte Üben eines selbst bestimmten Teilbereichs.

Uttala svenska ist sehr gut als **Nachschlagewerk** zur schwedischen Aussprache geeignet. Fragen zur Aussprache können schnell geklärt und das neu Erlernte gleich in die Praxis umgesetzt werden.

Im **Begleitbuch** findet man die Sprech- und Hörübungen sowie Erläuterungen zur schwedischen Aussprache. Sämtliche Übungen sind auf den Audio-CDs eingesprochen. Das Begleitbuch enthält außerdem die Lösungen zu den Übungen, eine **alphabetische Wörterliste Schwedisch-Deutsch** und ein Glossar. Die vielen Lerntipps und motivierenden Zeichnungen helfen beim Üben.

Die **Audio-CDs** beinhalten sämtliche Ausspracheübungen aus dem Begleitbuch zum Hören und Nachsprechen. Aber auch ohne Begleitbuch kann man die Aussprache trainieren. Eine deutsche Sprecherin leitet die Übungen an und führt mit den nötigen Erklärungen systematisch durch diesen Kurs. Man kann beim Üben ohne Buch natürlich auch den Umstand nutzen, die Hände für andere Tätigkeiten frei zu haben und so gleichsam nebenbei die Aussprache verbessern.

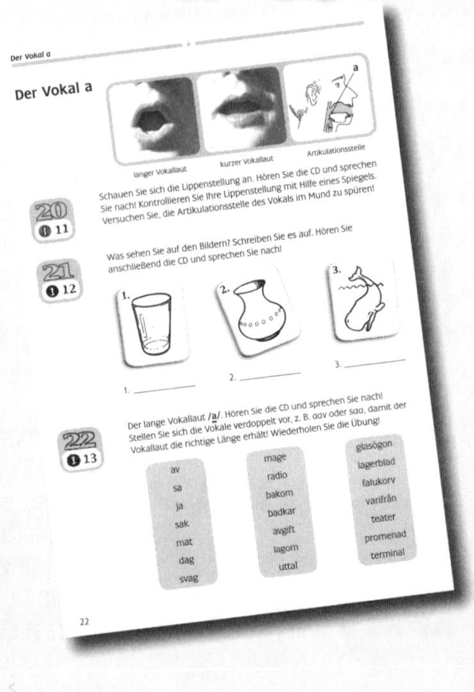

Uttala svenska:

- richtet sich an alle, die privat oder beruflich mit der schwedischen Sprache in Berührung kommen und die Aussprache erlernen, trainieren und festigen möchten
- eignet sich als Begleitmaterial in verschiedenen Kursarten und Institutionen
- eignet sich durch den leicht nachvollziehbaren Aufbau hervorragend für Selbstlerner
- bietet ca. 7 Stunden Audiomaterial, mit dem auch ohne Begleitbuch gearbeitet werden kann
- ist so konzipiert, dass es auch als Nachschlagewerk benutzt werden kann